춘향이와 그의 시대

1판 1쇄 발행 2025년 9월 1일
이윤석 지음 정철 편집
표지 디자인 yamyam 디자인 출판사 빈서재
이메일 pinkcrimson@gmail.com
ISBN 979-11-993582-1-8 (94810)

빈서재는 근현대사 고전 관련 서적을 출판합니다. 번역하고 싶은 고전이 있다면 연락주세요. 제타위키에서 '빈서재 출판사'를 검색하시면 다양한 정보를 더 얻을 수 있습니다. https://zetawiki.com/wiki/beanshelf
이 책의 본문은 LaTeX로 편집했습니다. 많은 도움을 주신 KTUG 회원 여러분께 감사드립니다. http://ktug.org

춘향이와 그의 시대

조선 역사 에세이

이윤석 지음

빈서재, 2025년

지은이 이윤석. 1949년 서울에서 태어났다. 연세대학교 국어국문학과 교수로 일하다가 정년퇴임한 한국고전문학 연구자이다. 『임경업전 연구』(1985), 『홍길동전 연구』(1997), 『남원고사 원전비평』(2009), 『조선시대 상업출판』(2016) 등 10여 권의 단독 저서와 『구활자본 야담의 변이양상 연구』(2001), 『세책 고소설 연구』(2003), 『교주 소대성전』(2018) 등 20여 권의 공저가 있다. 그리고 『을지문덕』(1983), 『완역 용비어천가』(1994), 『중국의 방각본』(2020), 『조선시대 불교통사』(2020) 등의 번역서도 있다. 고소설 전문 연구자로 「홍길동전 작자 논의의 계보」(2012), 「춘향전 연구자들의 상상력」(2017), 「구운몽 작자와 원본 재론」(2020) 등 90편 정도의 논문을 썼으며, 현재도 한국 고소설 연구를 하고 있다. 홍길동전에 관한 내용을 바로잡기 위해 『'홍길동전'의 작자는 허균이 아니다』(2018) 같은 교양서적도 썼다.

머리말

역사 연구는 주로 정치와 관련된 것이 중심이므로, 당대 서민들의 일상에 관한 연구는 쉽게 찾아보기 어렵다. 서민의 일상에 관한 자료는 남아 있는 것 자체가 적은데다가, 연구자들도 정치나 경제 같은 '중요한' 주제를 다루고 싶어 하기 때문으로 보인다. 근래에 연구의 주제가 확대되면서 당대 서민의 일상을 주제로 한 연구가 나오고 있지만, 기존에 알려진 한정된 자료를 쓸 수밖에 없으므로 새로운 내용이 나오기 어려운 실정이다. 그러므로 조선시대 서민의 일상에 관한 자료를 확대해볼 필요가 있는데, 이제까지 고전문학 연구자들 이외에는 별로 관심을 두지 않은 한글 고소설을 역사적 자료로 다루는 것도 괜찮을 것이다.

소설 속의 내용이 당대의 세밀한 부분을 잘 보여주고 있다는 것은 널리 알려진 사실이다. 18세기 청나라 작가 오경재의 『유림외사』는 과거시험을 둘러싼 다양한 모습을 사실적으로 보여주는 작품으로 유명하고, 19세기 영국의 문호 찰스 디킨스의 소설들은 당대 영국의 사회구조와 빈곤 문제를 잘 묘사했다는 평가를 받고 있다. 그리고 1953년에 염상섭이 쓴 『취우』는 6.25 전쟁 기간 서울이 공산군의 수중에 들어갔던 3개월 동안의 상황을 잘 그려낸 소설이다. 이런 소설들은 문학적으로 뛰어난 작품이면서, 동시에 소설의 배경이 된 시대를 세밀하게 잘 그려내었다. 그러나 유명하지 않은 소설에서도 당대의 사실을 찾아내기란 어렵지 않으므로, 어떤 면에서 모든 소설은 과거를 읽어낼 수 있는 자료가 되는 셈이다.

19세기 조선사회를 이해하기 위해서는 당시 조선에서 유행한 소설을 읽어보는 것도 하나의 방법이다. 그런데 조선시대 소설은 대부분 중국을 배경으로 하고 있어서, 작품 속에서 조선사회의 구체적 사실을 찾아내기가 쉽지 않다. 그런 점에서 『춘향전』은 특별한 의미를 지닌 소설이다. 남원이라는 구체적인 한 지방을 지리적 배경으로 하고 있으면서, 양반의 아들과 기생 사이의 사랑에 관한 이야기가 줄거리이므로, 이 소설을 통해서 당대 조선의 실상을 볼 수 있기 때문이다.

필자는 지난 수십 년 동안 『춘향전』 연구를 통해 여러 가지 새로운 사실을 확인했다. 이 소설의 창작시기는 19세기 초이고, 이 작품의 여러 버전 가운데 서울의 도서대여점에서 빌려주던 것이 원본임을 밝힌 바 있다. 그리고 여러 가지 『춘향전』에 세밀한 주석을 붙이는 작업을 했고, 또 『춘향전』의 내용을 통해 조선후기의 일상을 검토하는 연구도 해왔다.

지난 몇 년 동안 필자는 <월간중앙>에 '이윤석의 19세기 미시사 탐구'라는 제목의 글을 연재하고 있다. 독자들이 흥미를 느낄 만하면서도 동시에 과거에 대한 지식도 얻을 수 있는 내용을 쓰고 있는데, 그중 상당수는 『춘향전』의 내용에서 글의 주제를 찾아서 썼다. 연재한 글을 모아서 한 권의 책으로 묶으면서, 책의 제목을 '춘향이와 그의 시대'라고 붙인 것은 그런 이유가 있다. 당대의 저명한 인물들이 한문으로 쓴 수많은 글보다, 어쩌면 허구의 인물인 춘향과 이도령의 이야기를 통해 19세기 조선의 실상을 더 잘 알 수 있을지도 모른다.

2025년 5월
이윤석

차 례

머리말		5
서장 : 춘향과 이도령		11
제1장 춘향전과 연애		21
1	춘향의 신분과 외모	23
2	춘향의 헤어스타일	37
3	사랑의 각서	49
4	기생	60
제2장 식생활		73
1	백정과 소고기	75
2	유밀과	88
3	식사 예절	101
4	감동젓무깍두기	115
제3장 문화생활		129
1	담배	131

2	19세기 유행가	143
3	경치와 관광	156
4	가마	168

제4장　형사소송　**181**

1	정조의 재판	183
2	신문고와 격쟁	194
3	감옥	207
4	왈짜와 한량	220

제5장　제도　**233**

1	임금과 신하의 대화	235
2	신관사또 부임	246
3	책방과 낭청	258
4	중인과 잡과	270
5	풍수	282

제6장　외국 관련　**295**

1	비단	297
2	인삼	309
3	통역	322
4	황당선과 이양선	335

종장 : 춘향전과 한국 교육　**349**

서장 : 춘향과 이도령

미남과 미녀

영화나 연극은 배우가 작품 속의 인물을 연기하므로, 관객은 작품 속의 인물을 구체적인 배우를 통해서 만나지만, 소설의 독자는 문자로 읽고 작품의 등장인물을 머릿속에서 그려보게 된다. 그래서 배우의 얼굴을 직접 볼 수 있는 영화나 연극보다 소설이 독자의 상상력을 더욱 자극시킨다고 한다. 조선시대 『춘향전』의 독자들도 소설의 내용을 따라가면서, 주인공 춘향과 이도령의 이야기에 자신의 상상을 곁들이면서 즐겼을 것이다.

서장 : 춘향과 이도령

　한국의 고소설은 스토리가 매우 단순하고 구성이 복잡하지 않으며, 인물 또한 대체로 일정한 유형을 갖고 있다. 그리고 지리적 배경이 대부분 중국으로 되어 있기 때문에, 이야기의 설정상 조선인이 등장하는 일은 거의 없다. 그러나 『춘향전』은 이와 같은 일반적인 조선시대 한글소설과 달리 조선이 지리적 배경이고, 등장인물도 조선 사람이며, 소설의 배경이 되는 각종 세부적 사항들도 당대 조선인 독자들이 잘 알고 있는 것이다. 특히 남녀 주인공이 현격하게 신분의 차이가 나는 16세의 청춘남녀이고, 이들이 온갖 장애를 극복하고 사랑을 성취하는 내용으로, 19세기 조선의 소설 독자들에게 가장 인기 있는 소설이었다.

　주인공 이도령과 춘향을 모르는 한국 사람은 없을 테지만, 소설에서 주인공을 구체적으로 어떻게 그려냈는지는 잘 모르는 사람이 많을 것이다. 물론 『춘향전』의 남녀 주인공은 미남 미녀로 그려졌는데, 이들을 어떻게 묘사했는지 보기 전에, 먼저 조선시대 인물을 평가하는 기준을 알아보기로 한다.

　조선시대 남성을 평가하는 기준은 신언서판身言書判이고, 여성은 재색才色이라고 말할 수 있다. 신언서판은 중국 당나라 때 관료를 뽑을 때 적용한 기준으로, 신身은 생김새 등의 신체적 조건이고, 언言은 말하는 능력이며, 서書는 글씨 쓰는 솜씨이고, 판判은 판단력을 말한다. 그리고 재색은 미모와 지성을 말하는 것으로, 재색겸비라는 말은 이 두 가지를 두루 갖췄다는 의미이다.

　먼저 남자 주인공 이도령을 어떻게 묘사했나 보기로 한다.

작품의 첫머리에 이도령을 소개한 대목을 보면, "나이는 16세이고, 얼굴은 한나라의 개국공신 진평처럼 잘 생겼고, 풍채는 당나라 시인 두목처럼 아름다우며, 문장은 당나라 이백처럼 훌륭하고, 글씨는 진나라 왕희지처럼 잘 쓴다"라고 했다. 이도령이 닮았다고 한 인물들은 모두 중국인인데, 이를 통해 조선시대 이상적인 인물의 표준은 중국에서 구해왔음을 알 수 있다.

이도령을 묘사할 때 거론된 중국의 인물들은, 모두 뛰어난 재주와 능력을 갖고 있는 사람이다. 진평陳平은 한나라를 세운 유방의 책사였는데, 진평의 계책 덕분에 유방은 항우를 이길 수 있었다. 진평은 얼굴이 잘생긴 것으로도 유명했다. 당나라 때 시인 두목杜牧도 미남의 대표적인 인물인데, 그가 수레를 타고 양주의 거리를 지나가면 기생들이 그의 수레에 귤을 던져 수레에 귤이 가득했다고 한다. 귤을 던지면 두목이 한 번 돌아볼까 해서 던진 것인데, 그 정도로 풍채가 좋았다고 한다. 이도령은 이처럼 얼굴이 잘생기고 스타일도 좋은데다가, 여기에 더해 중국 최고의 시인 이백과 서예의 대가인 왕희지와 맞먹을 정도로 시와 서예에 재주가 있다고 했다. 이도령은 신언서판의 네 가지 중에 적어도 얼굴과 몸매, 시와 글씨는 완벽하게 갖춘 인물이다.

춘향이 처음 등장하는 대목은 그네를 뛰는 장면인데, 이 대목에서 이도령의 눈에 비친 춘향의 모습은 다음과 같다. "백옥처럼 고운 얼굴에 살짝 엷은 화장을 하고, 붉은 입술에 흰 이빨의 고운 얼굴은 복숭아꽃이 막 피어나려는 것 같은 모습

서장 : 춘향과 이도령

신윤복 «단오풍정», 간송미술관

이며, 눈썹이 아름답고 머릿결은 탐스럽다." 그리고 방자는 이도령에게 "저 아이는, 우리 고을 기생 월매의 딸 춘향입니다. 나이는 16세이고 인물은 뛰어난데, 행실도 깨끗합니다. 재질은 소약란이고, 풍월은 설도이며, 가곡은 섬월입니다"라고 설명해준다.

 이도령은 멀리서 춘향이 그네 뛰는 것을 본 것이므로 주로 춘향의 외모를 말한 것인데 비해, 방자는 춘향에 대한 남원 고을의 평판을 말했다. 방자의 말에 따르면, 춘향은, 미모와 재주가 뛰어난 중국 여성 소약란蘇若蘭 같고, 당나라 기녀 시인 설도薛濤처럼 시를 잘 짓고, 『구운몽』에 등장하는 계섬월처럼 노래를 잘했다. 문자 그대로 춘향은 재색을 겸비한 여성이다.

신분

이도령과 춘향은 이처럼 당대 최고의 미남과 미녀인데, 이들의 신분은 하늘과 땅 차이이다. 이도령은 남원 부사의 아들이므로, 그의 집안에 대해서는 특별히 따로 설명할 필요가 없다. 이도령의 아버지는 남원을 잘 다스렸다는 소식이 중앙에 알려져서 공조참의로 승진하는데, 남원 부사의 품계는 종3품이고 공조참의는 정3품의 당상관에 속하는 고급 관료이다. 이도령이 조선시대 고급 관료의 아들이라는 설정은 『춘향전』의 모든 버전에서 동일한 데 비해, 춘향의 신분에 대해서는 이본에 따라 다르게 나타나기도 한다. 이는 원본을 계속 옮겨 쓰는 과정에서 춘향의 신분을 달리 표현했기 때문에 일어난 현상이다. 원본에는 춘향이 퇴기 월매의 딸로 남원의 기생이라고 명시되어 있으므로, 『춘향전』은 양반 고위 관료의 아들과 천민계층 기생 사이의 사랑에 관한 이야기이다.

 작품의 내용에서 이도령 집안에 대해서는 특별한 언급이 없는 데 비해, 춘향의 신분과 가계에 관해서는 몇몇 구절에서 하층민임이 선명하게 드러난다. 방자가 이도령에게 춘향이 누구인가 설명할 때 가장 먼저 한 말은, "저 아이는 귀신도 아니고, 짐승도 아닌, 우리 고을의 기생 월매의 딸 춘향입니다."였다. 방자의 이 말을 들은 이도령은 크게 기뻐하며, "제가 만일 기생

서장 : 춘향과 이도령

이라면, 한번 만나봐야겠다"라고 하며 빨리 가서 불러오라고 하자, 방자가 춘향을 불러와서 둘의 첫 만남이 이루어진다.

춘향은 스스로 자신의 신분이 천하다는 것을 말하기도 하는데, 이도령이 춘향에게 백년가약을 맺자고 하자, 이도령의 청을 거절하며 다음과 같이 말한다. "제가 비록 창가의 천한 기생으로 시골구석에서 본 것은 없으나, 마음은 하늘처럼 높게 가져서, 결단코 남의 첩이 되는 것은 생각하지 않았고, 또 기녀의 생활은 원치 않습니다. 말씀은 간절하시나 분부를 시행하지 못 하겠습니다." 또 새로 부임한 변사또가 기생 점고에 나오지 않은 춘향에게 "네가 본디 창가의 천한 사람이고, 또 남원읍의 기생인데"라고 하며, 기생 점고에 불참한 것은 잘못이라고 말한다. 그러자 춘향은 준비해두었던 진정서를 제출하는데, 이 문서에서 춘향은, "소녀는 본시 기생의 후손이요, 하찮은 천한 계집이나"라고 말한다.

소설의 작가는 이도령과 춘향의 신분을 정확하게 설정했으므로, 소설 속에서 춘향과 이도령은 각자의 신분에 맞는 발언과 행동을 하고 있으며, 당대 『춘향전』독자들도 남녀 주인공의 신분 차이가 무엇을 말하는지는 당연히 알고 있었다. 조선시대 신분의 차이가 갖는 의미가 무엇인지를 피부로 느끼지 못하는 현대인들로서는, 이도령과 춘향 사이의 신분차이를 조선시대 독자만큼 느끼기는 어려울 것이다.

첫 만남

그네를 뛰는 춘향을 처음 보았을 때, 이도령은 흥분해서 "얼굴이 달아오르고 마음이 황홀해지며, 정신이 어지럽고 눈동자가 흐릿해졌다." 그래서 방자더러 그네 뛰는 처녀가 누구인지 묻자, 방자는 동네 처녀인 것 같다고 대답한다. 그러나 이도령은 방자의 말에 속지 않고, "저 처녀를 보아하니, 일반 여염집의 처녀는 아니다"라고 말하는데, 이도령은 그네 뛰는 모습만으로도 여염집 처녀인지 그렇지 않은지를 구별해낼 수 있었다. 이처럼 이도령이 처음 춘향을 보는 순간에 춘향의 신분이 무엇인지 어느 정도 짐작할 수 있었던 것은, 그가 이미 많은 기생들을 접해서 기생을 알아보는 눈이 있었기 때문이다.

춘향이 기생이라는 사실을 알고 이도령이 방자에게 춘향을 불러오라고 하자, 방자는 기생과 노는 법을 아느냐고 묻는다. 방자가 이렇게 묻는 이유는, 조선후기에 기생방에 출입하는 데는 정해진 격식이 있었기 때문이다. 이도령은 잘 알고 있다고 대답하고, 빨리 춘향을 불러오라고 재촉한다. 이도령이 서울에서부터 기생집에 자주 다녔다는 것은, 춘향을 만난 자리에서 "나도 서울 있을 때에 자주 술집과 기생집에서 술 마시며 춤과 노래로 호강했다"고 말하는 데서도 드러난다. 그리고 이도령은 춘향의 미모가 서울에서도 볼 수 없을 정도라고 생각한다.

이도령이 춘향을 부를 수 있는 힘은 이도령에게서 나오는 것이 아니라, 아버지인 남원 부사에게서 나오는 것이므로, 춘향으로서도 남원 부사 아들 이도령이 부르는데 안 갈 수는 없다.

서장 : 춘향과 이도령

신윤복 «미인도», 간송미술관

방자가 춘향을 이도령 앞에 대령시키자, 이도령은 바로 관계를 맺을 것을 춘향에게 요구한다. 춘향은 한눈에 이도령이 훌륭한 인물임을 알아보지만, 자신은 남의 첩이 되고 싶지 않으므로, 함부로 몸을 허락하지 않을 것임을 분명하게 밝힌다.

춘향이 거절의 의사를 분명히 밝히자, 이도령은 "길가의 버들과 담장에 핀 꽃은 누구나 꺾을 수 있다."는 속담「노류장화인개가절路柳墻花 人皆可折」을 말하면서, 기생은 누구나 데리고 놀 수 있는데, 이 기생은 왜 자신과 노는 것을 거절하는지 의아하게 생각한다. 그리고는 갖가지 말로 꾀어 춘향에게 허락을 받으려고 하지만, 어떤 말도 춘향의 마음을 붙잡지는 못한다.

소설『춘향전』은 순진무구한 처녀 총각이 한눈에 서로 반해 이루어지는 풋풋한 첫사랑으로 시작되는 것은 아니다. 신분의 차이를 바탕에 깔고 있는 압도적 힘의 강제와 여기에 순순히 복종하지 않는 하층민의 기지가 맞서는 팽팽한 긴장감이, 바로 춘향과 이도령의 첫 만남이 보여주는 핵심 내용이다. 남녀 주인공이 둘 다 미남 미녀이고, 둘이 서로에게 호감을 갖고 있다는 흥미 있는 이야기의 뒤에는 신분이 다른 두 남녀 사이의 팽팽한 긴장이 보이는데, 이 긴장이야말로 19세기 조선사회를 읽어낼 수 있는 키워드라고 할 만하다.

첫 만남에서 이도령과 춘향 사이의 이와 같은 긴장은, 춘향이 이도령에게 해결책을 제시함으로써 풀리기 시작한다. 춘향은 자신을 버리지 않겠다는 서약서를 써달라고 이도령에게 요구하는데, 이도령은 이 요구를 바로 승낙하고 서약하는 문서를 써준다. 이도령의 "잡말 말고 허락하라"는 끈질긴 요구는, 이

서장 : 춘향과 이도령

문서를 작성해주고 비로소 가능해진 것이다.

    춘향이 처음 이도령을 만나는 장면에서, 춘향은 이도령을 흘낏 보고는, 바로 그가 영웅의 기상을 갖고 있는 인물이라고 생각한다. 춘향이 이렇게 판단하는 근거로 제시하는 것은, 이도령의 풍채가 당나라 황제 현종이나 촉한의 유비, 또는 당나라 시인 이태백이나 두목, 그리고 적벽대전의 주유보다 훨씬 더 낫다고 생각하기 때문이다. 그런데 춘향은 이런 지식을 어디서 얻어온 것일까? 중국의 역사적 인물을 직접 볼 수는 없으니 서적을 통해서 얻은 지식임이 분명한데, 그 서적은 무엇이었을까? 아마도 『삼국지연의』같은 중국의 통속소설이었을 것이다.

    이와 같이 중국의 역사적 인물이 조선후기에 대중들의 인물 평가의 척도가 되었다는 것은, 중국의 통속소설이 조선에서 많이 읽혔다는 사실과 함께 중국 이야기 속의 내용을 조선인들이 별로 위화감 없이 받아들였음을 보여주는 것이다. 1960년대에 한국에서 미남미녀의 기준으로 서양인 배우가 거론된 것은, 이 시기 서양 영화 속의 남녀 주인공이 미남과 미녀의 대표로 한국에서 인식되었기 때문이다. 현재 한국인에게 누가 미남미녀인가를 묻는다면, 아마도 외국인보다는 한국인 배우의 이름을 댈 가능성이 훨씬 크다. 『춘향전』은 19세기 초반에 나온 작품이니, 될 수 있으면 이 시기 독자들의 생각에 맞춰서 이 소설을 읽을 필요가 있다.

제 *1* 장

춘향전과 연애

«춘향전» (1961) 포스터, kmdb

1 춘향의 신분과 외모

초상화의 내력

전라북도 남원시에는 소설 『춘향전』의 여주인공 춘향을 모시는 사당인 열녀춘향사烈女春香祠가 있다. '열녀춘향사'를 흔히 '춘향사당'이라고 부르는데, 이 춘향사당은 1931년에 지었으니 이제 거의 백 년이 다 되어간다. 춘향사당에는 춘향의 모습을 그려놓은 전신 초상화가 걸려 있는데, 근래에 이 초상화를 두고 이런저런 얘기가 나와서 전국적인 뉴스가 된 일이 있었다.

얘기의 내용은 다음과 같다. 애초에 춘향사당을 지으면서 여기에 초상화를 걸어놓았다. 그런데 1938년에 이곳을 방문한 식산은행 은행장 하야시 시게조林繁藏와 호남은행 은행장 현준호가 춘향의 초상이 너무 초라하다고 하여, 당시 조선의 저명한 화가 김은호에게 새 춘향 초상을 의뢰했다. 김은호가 그린 춘향의 초상은, 기존에 있던 초상화와 함께 1939년부터 춘향사당에 걸렸는데, 6.25 때 김은호가 그린 초상화는 없어졌다. 그 후 춘향사당에는 최초에 봉안한 초상화만 걸려 있다가, 1961년에 다시 김은호에게 의뢰하여 춘향의 초상화를 그려 걸면서, 애초의 초상은 치웠다고 한다.

김은호가 1961년 다시 그린 춘향의 초상화는 2020년까지

제1장 춘향전과 연애

춘향사당에 걸어놓았다. 원본은 남원시 향토박물관에서 보관하고 있었고, 복제품을 걸어놓은 것이었다. 후에 김은호 화백의 식민지시기 친일 이력이 문제가 되자, 남원시는 2020년에 이 초상화를 춘향사당에서 철거했다. 그리고 남원시는 2022년 김현철 화백에게 의뢰해 새로운 춘향 초상을 제작했고, 이 초상화를 2023년 5월 25일 춘향사당에 걸었다. 그런데 새로 걸은 초상화에 대해 남원시민들이 마땅치 않게 생각한다는 보도가 나오기 시작했다.

이 문제는 단순히 남원의 춘향사당에 거는 춘향의 초상화 문제를 넘어서, 춘향의 외모에 대한 전국적인 뉴스로 비화되었다. 거의 모든 언론사에서 뉴스로 보도하면서, "17세 춘향 얼굴 맞나", "도저히 10대로 보기 어렵다", "1억 7천만 원 들인 새 영정 논란" 등등의 선정적인 제목을 달았다. 여기에 남원시의회는 남원시와 남원문화원에, 작가와 협의해 새로운 영정을 제작할 것을 주문했다는 보도까지 나왔다.

춘향의 모습을 어떻게 그려야하는가에 대한 답변을 찾기 위해서는, 소설 『춘향전』을 잘 읽어보는 수밖에는 다른 도리가 없을 것이다. 왜냐하면 춘향은 실존 인물이 아니라, 소설의 주인공이기 때문이다. 먼저 『춘향전』의 원본과 후대에 나온 버전에서는 춘향의 신분과 외모를 어떻게 묘사했는지 보기로 한다.

김현철 «춘향 영정»(2023), 춘향사당

제1장 춘향전과 연애

춘향의 신분

소설 『춘향전』을 읽어보지 않은 사람이라도, 춘향의 어머니 월매가 기생이라는 것쯤은 잘 알고 있다. 기생의 신분은 조선의 신분 중에 가장 낮은 천민이므로, 월매는 천민 계층의 인물이다. 그리고 조선시대에는 노비종모법奴婢從母法에 의해 어머니 쪽의 신분을 따르게 되어 있어서, 어머니가 천민인 기생이라면, 아버지가 누구인가와 상관없이 자식은 당연히 천민이 되는 것이다. 그러니 춘향은 아버지가 누구인가와 상관없이 천민인 셈이다.

『춘향전』은 19세기 초 서울에서 창작된 소설이다. 여러 가지 다양한 버전의 소설이 있고 또 판소리로도 유행했지만, 춘향 이야기의 원본은 서울의 도서대여점에서 빌려주던 소설이다. 이 서울의 도서대여점에서 빌려주던 소설을 바탕으로 20세기 초에 전주에서 『열녀춘향수절가』를 만들었는데, 이 소설이 일반적으로 많이 알려져 있다. 『열녀춘향수절가』는 판소리 창자들이 많이 이용했기 때문에, 판소리 『춘향가』의 내용은 전주에서 간행된 이 소설과 같은 내용이 많다.

서울판이나 전주판이나 춘향의 어머니 신분이 기생이라는 것은 같다. 그러나 아버지의 신분은 전혀 다르다. 원본인 서울의 도서대여점에서 빌려주던 『춘향전』에서 춘향의 아버지의 신분은 정확하게 나타나지 않는다. 다만 춘향의 아버지가 하층민이라는 것은 추정이 가능하다. 작품의 후반부에서 옥에 갇힌 춘향이 지나가는 장님 점쟁이에게 점을 치는 내용이 있는데,

이 대목에서 춘향이 이 점쟁이에게 어릴 때의 기억을 얘기하는 내용이 있다.

    춘향의 말에 의하면, 이 장님 점쟁이와 춘향 아버지는 술친구였다. 점쟁이가 돈이 한 푼만 생겨도 춘향의 아버지를 불러내어 술집에 같이 갔고, 술집에 갈 때면 춘향이도 데려갔다고 한다. 춘향이 이 점쟁이에게 점을 부탁하면서, 어렸을 때 술집에서 안주도 주면서 달래주던 생각이 나니, 아버지를 다시 만난 듯 반갑다고 말하는 구절이 있다. 조선시대 맹인 점쟁이는 대체로 하층민이었으므로, 이런 하층민의 친구인 춘향의 아버지가 지체 높은 인물이 아니라는 것은 분명하다.

    서울의 『춘향전』에서 춘향의 아버지가 하층민인 것과는 달리, 전주판에서 춘향의 아버지는 남원 부사를 하다가 서울로 승진해 간 사람이다. 춘향의 어머니 월매의 말에 따르면, 성씨 성을 가진 남원 부사가 재임할 때 자신이 세 달 수청을 들었는데, 그때 춘향을 가졌다고 했다.

    서울판이나 전주판 모두 춘향은 기생의 딸이므로 그의 신분은 천민이다. 서울의 원본 『춘향전』에는, 춘향이 스스로 자신이 기생이며 천민이라고 말하는 대목이 여러 군데 나타난다. 그 중의 한 대목을 보면, 춘향이 변사또의 수청 요구를 거절하여 관가에 잡혀갔을 때, "소녀는 본래 기생의 후손이고, 하찮은 천한 계집"이라고 말한다. 소설에서 춘향의 신분은 기생인 것이 분명하다.

제1장 춘향전과 연애

춘향의 외모

한국의 영화시장에서 찍으면 반드시 흥행에 성공하는 이야기 중의 하나로 『춘향전』이 있다. 1923년 무성영화를 시작으로, 최초의 발성영화, 최초의 컬러 시네마스코프 영화, 최초의 70밀리 영화, 최초의 칸영화제 본선 진출 작품 등 다양한 분야에서 최초라는 이름을 얻은 영화는 모두 '춘향전'이다. 그리고 한국의 내로라하는 여배우들은 대부분 춘향 역을 한 번씩은 맡았다고 해도 과언이 아니다. 『춘향전』보다 더 많이 영화화된 고전 작품은 없으니, 춘향은 한국 최고의 전통 미인이라 말해도 될 것 같다.

이렇게 최고의 전통 미인으로 알려진 춘향의 외모는, 소설에서 구체적으로 어떻게 나타나고 있을까? 먼저 원본인 서울의 도서대여점에서 빌려주던 『춘향전』에서는 춘향의 외모를 어떻게 표현했나 보기로 한다.

이도령이 춘향을 처음 보는 장면에서, 작가는 춘향의 외모를, "모습은 옥처럼 깨끗한데, 엷게 화장을 하고, 붉은 입술에 이빨은 희며, 살짝 핀 복숭아꽃 같은 고운 얼굴에 눈썹이 예쁘고, 머리는 풍성하다"라고 그렸다. 그런데 이런 춘향의 외모에 대한 묘사는 당대의 미인을 묘사하는 일반적인 방식이다. 또 이도령이 춘향을 만났을 때, 춘향을 천향국색天香國色이니 화용월태花容月態라고 말하는데, 천향국색은 천하에 제일가는 향기와 빛깔이라는 의미로 모란꽃을 가리키는 말이고, 화용월태는 꽃 같은 얼굴과 달 같은 자태라는 의미로 아름다운 여인을 묘사하는 말이다.

　이런 표현은 너무나도 추상적이기 때문에, 구체적으로 어떻게 생긴 모습을 말하는지 알기 어렵다. 전주에서 나온 『열녀춘향수절가』도 마찬가지여서, 꽃 같은 얼굴과 달 같은 자태, 붉은 입술에 흰 이빨, 조촐한 얼굴, 고운 태도 등의 표현 이외에 구체적으로 외모를 알 수 있는 내용은 없다.

　소설 속에서 춘향의 외모만이 아니라, 성격을 파악할 수 있는 내용도 그렇게 많은 것은 아니다. 그런데 서울의 도서대여점에서 빌려주던 소설에는, 방자가 이도령에게 춘향의 성격을 얘기하는 대목이 있다. 방자는 춘향이 16세이고, 인물은 절색이며, 행실은 백옥 같이 깨끗하고, 재질이 뛰어나며, 시도 잘 짓고 노래도 잘한다고 말한 다음, "성품이 쌀쌀맞고, 사박스러우며, 교만하고, 말하는 수준이 높다"라고 했다.

　소설에서 구체적으로 외모와 성격을 얘기하는 대목은 이런 정도이다. 문자로 되어 있는 소설의 내용을 읽고, 주인공의 형상을 그려내는 일은 결코 쉬운 일이 아니다. 소설을 읽는 사람마다 각자 자신이 생각하는 춘향의 형상이 있을 것이므로, 모두의 마음에 맞는 춘향을 그려내는 일은 정말 어려울 것이다. 그러나 구체적으로 춘향의 모습을 그려내야 한다면, 먼저 소설을 자세히 읽는 길 이외에는 다른 방법이 없다.

제1장 춘향전과 연애

최초의 춘향 초상

춘향사당을 처음 만들었을 때, 여기에 걸린 춘향의 초상은 누가 그린 것인지 알 수 없다고 한다. 그러므로 첫 초상을 그린 화가가 어떤 과정을 통해 춘향의 초상을 그렸는지도 알 수 없다. 그런데 이 그림에 대해, 서울에서 나오는 일본어 신문 《경성일보》 1936년 7월 30일 자 기사에 다음과 같은 내용이 들어있다.

> 동북쪽 한 모퉁이에 한 묘가 있다. 춘향묘廟라고 한다. 춘향전으로 불후의 이름을 남긴 절개의 여성 춘향을 제사지낸다. 매년 5월의 제삿날에는 원근에서 와 참배하는 기녀와 그 외 사람들이 수천 명에 이른다고 한다. 사당의 한 가운데는 채색의 아름다운 춘향상이 있다. (중략) 참배하는 사람들은 모두 '춘향이 살아있다'라고 경이의 탄성을 지른다. 과연 춘향은 살아있다. 이 세상에 여성이 있는 한, 춘향은 영원히 아름답고 품위 있게 살아있을 것이다.

이 기사를 보면, 처음 춘향사당에 걸어놓은 춘향의 초상도 사람들에게 상당히 호응을 받았던 것으로 보인다. 그러나 이 초상이 일반인들에게는 살아 있는 것처럼 보였겠지만, 그림에 조예가 있는 사람들 사이에서는 이전부터 문제가 있다고 알려졌던 것으로 보인다. 아주 재미있는 글이 있어서 소개한다. 1934년 9월 11일 《동아일보》에 위당 정인보가 쓴 글이다. 위당은 민세 안재홍, 석전 박한영 등과 함께 충청도와 전라도를

작자 미상 «춘향 영정»(1931), 춘향사당

여행하면서 기행문을 썼는데, 남원의 춘향사당에서 춘향의 초상화를 보고 다음과 같은 내용을 남겼다.

> 광한루 앞에 작은 사당집이 있고, 그 속은 춘향가의 주인 춘향의 화상을 그려 걸었는데, 이 인물의 사실성이 있고 없음은 여기서 의견을 낼 것이 아니로되, 박한영 스님은 화법畵法에 안목이 있는 사람인만큼 그 그림의 십분 잘 되지 못함을 여러 번 안타까워하며, 이당 김은호 이야기를 하고 또 하여 마지아니합니다. 나는 화법을 모르는 까닭에 어떤 것이 된 것이고, 어떤 것이 아니 된 것임을 모르나, 안재홍 형도 나보다는 다소 안목이 있어 박한영 스님의 의견을 옳다 하고 지났습니다.

이 내용을 보면, 그림에 조금이라도 안목이 있는 사람은 당시 춘향사당에 걸린 춘향의 초상화가 썩 좋은 그림이 아니라고 말했다는 것을 알 수 있다. 그리고 당시 조선에서 인물화의 가장 권위 있는 인물로 김은호를 손꼽는다는 것도 아울러 알 수 있다.

김은호의 춘향 초상화

1938년 가을 남원의 춘향사당에 걸어놓을 춘향의 초상을 의뢰받은 김은호 화백은, 춘향을 어떻게 그려야할 것인가를 고심했다. 그는 자신의 상상력만으로 그리기보다는 역사적 고증도 하고, 또 각 방면의 전문가의 의견을 듣기로 하였다. 그는 민속학자 송석하, 미술가 이여성, 국문학자 김태준, 연극인 유치진 등 당대의 저명한 인사들과 회합을 갖고, 이들의 의견을 종합하여 다음과 같이 춘향 초상의 방향을 잡았다고 한다.

> 첫째, 처녀 춘향을 그리되 명랑하고도 총명하고 의지가 강하여 절개 있는 여성을 그릴 것.
> 둘째, 옷은 170년 내지 200년 전의 풍속을 참고하여 당홍치마에 연두저고리로 하고, 긴 치마에 짧은 저고리에 회장을 달아서, 아주 얌전한 옛 색시를 그릴 것.
> 셋째, 말할 것도 없이 미인을 그리고, 앉은 춘향보다는 서 있는 춘향을 그릴 것.

이와 같이 기본 방향을 정했지만, 사람마다 마음속에 그려둔 춘향이 있으므로, 이를 그린다는 것이 여간 어려운 일이 아니라고 김은호는 말했다. 그는 1939년 5월 26일(음력 4월 8일)에 열리는 춘향제 전에 초상화를 완성해서 남원으로 보내기로 하고, 약속대로 5월 22일에 남원으로 보냈다.

김은호가 그린 춘향의 초상은 남원으로 보내기 전에 이미 언론에 공개되어, 5월 21일자 «동아일보»에는 초상화 사진과

제 1 장 춘향전과 연애

김은호 «춘향 영정»(1961), 춘향사당

함께 이 그림을 극찬하는 보도가 나왔다. '조선의 모나리자', '아름답고 신비한 걸작', '동양미의 최고봉' 등의 찬사와 함께, 연두저고리에 다홍치마를 입은 19세 춘향의 입상에 대한 설명을 했다. 그리고 "선마다 춘향의 혼이 숨고, 색마다 이 땅의 신비한 꿈이 숨어, 흡사 춘향이 호흡하는듯하여 보는 사람으로 하여금 저절로 머리를 숙이게 한다"라는 평도 붙였다.

그러나 이 그림에 대해 비판이 없었던 것은 아니다. 5월 27일 자 《동아일보》에는, 춘향의 머리 모양과 치마꼬리를 잡은 손의 위치에 대한 문제를 지적하면서, 이 춘향은 현대 처녀의 모습이라고 비판한 글이 실렸다. 처녀를 그렸다면 머리를 땋아야 하는데 비녀를 꽂은 머리로 그렸고, 기생인 춘향이 서울 양반 여자들의 왼치마(왼손으로 치마꼬리를 잡는 것)를 했다는 것이다. 또 춘향이 열녀로 추앙을 받는 이유는, 이도령과 결혼 후 변사또의 수청을 거절했다는 점이 가장 중요한 것인데, 처녀로 그려놓았으니, 열녀가 되기 이전의 평범한 기녀의 모습을 그린 것이라고 주장했다.

김은호 화백은 그림 솜씨에 있어서는 당대에 최고의 수준을 자랑한 인물이다. 그러나 식민지시기에 친일행위가 문제가 되어, 광복 후 만들어진 조선미술건설본부에서는 그를 제외시켰고, 근래에 친일반민족행위자의 명단에도 들어갔다. 그리고 이 때문에 그가 그린 춘향사당의 춘향 초상도 철거하게 되었다.

남원에 춘향의 사당을 세운 후 이도령과 춘향이 처음 만난 음력 5월 5일 단오일에 성대한 제사를 올렸는데, 이때 전국 각지의 기생들이 와서 참배하고, 여러 가지 재미있는 행사가 많이 열렸다. 1931년 춘향 사당을 지은 후 시작한 이 행사는, 매해 수만 명의 관람객이 모이는 대단히 큰 축제가 되었다. 그리고 1935년부터는 서울의 원본 『춘향전』에 춘향의 생일이 음력 4월 8일로 되어 있다는 것을 알게 되면서 이 날로 춘향의 제사 날짜를 바꾸었다.

2023년에도 남원시에서는 음력 4월 8일(양력 5월 27일)을 전후로 닷새 동안 춘향제를 개최했고, 이 기간에 약 40만 명의 관광객이 남원을 방문했다. 2017년 90만 명보다는 적지만 대단한 숫자이다. 새로 그린 춘향의 초상을 봉안하는 행사도 이 춘향제 기간에 있었다.

소설의 주인공을 주제로 한 축제를 알차게 하려면, 당연히 소설의 내용을 잘 이해하고 축제를 구상해야 한다. 그리고 소설의 주인공의 형상을 그림이나 조각으로 나타내고 싶다면, 마찬가지로 그 소설을 잘 읽어봐야 할 것이다. 만약 춘향을 주인공으로 한 영화나 연극 또는 뮤지컬이나 창극을 만들고 싶은 사람이 있다면, 원본 『춘향전』을 꼼꼼히 읽지 않으면 안 된다.

2 춘향의 헤어스타일

머리숱의 중요성

장발을 휘날리며 공을 던지는 투수, 축구장을 누비는 머리를 짧게 깎은 여자 선수, '기묘한' 스타일의 머리 모양을 한 남녀 격투기 선수 등은 요즈음 쉽게 볼 수 있다. '스포츠머리'라고 해서 거의 획일적이던 남자 운동선수의 머리 모양도 다양해졌고, 여자 선수들의 헤어스타일도 각양각색이다. 운동선수나 연예인이 아니더라도 요즈음은 각자 개성적인 머리 스타일을 하고 있는데, 이런 풍조는 이제 남녀노소의 구별이 없다.

머리카락이 풍성하면 어떤 스타일의 머리 모양을 하더라도 괜찮지만, 머리숱이 적으면 머리를 예쁘게 꾸미기 어렵다. 그래서 남녀를 불문하고 사람들은 머리숱이 많은 것을 좋아한다. 머리숱이 적은 사람은 물론이고, 숱이 많은 사람들도 자신의 머리를 치장하기 위해 가발을 쓰는 경우가 있는데, 가발의 역사는 아주 오래되었다. 수천 년 전부터 중국이나 이집트에서는 가발을 착용했다는 기록이 있다.

한국의 사극에도 가발은 자주 등장한다. 주로 궁중의 여성이나 기생이 머리에 가발을 얹은 것을 볼 수 있는데, 여배우들이 화려한 의상과 함께 보여주는 다양한 머리 패션은 시청

자들의 시선을 사로잡는다. 사극 속의 머리 모양에 대해서는 전문가의 도움을 받는다고 하는데, 전문가들이 참고하는 것은 주로 조선 후기의 그림에 나오는 머리 모양이라고 한다. 실제로 단원 김홍도나 혜원 신윤복의 풍속화를 보면 다양한 머리 모양이 나타난다.

단원이나 혜원은 18세기 후반에서 19세기 초 사이에 활동한 화가이므로, 이들이 그린 그림에 나타나는 머리 모양은 주로 18세기 후반의 모습이다. 그러므로 19세기 헤어스타일을 알아보기 위해서는 다른 자료가 필요한데, 『춘향전』의 주인공 춘향과 이도령을 비롯한 여러 등장인물의 머리 모양을 묘사한 내용이 도움이 될 것이다.

조선후기 여성의 헤어스타일을 알아보는데 있어서 중요한 사건의 하나는, 정조 임금이 내린 가체금지령이다. 이 법령의 내용을 살펴보면서 이야기를 시작하기로 한다.

가체신금사목

정조 12년(1788) 10월에 왕은 특이한 명령을 내렸는데, 여성의 가체 착용을 금지한다는 내용이었다. 정조는 이 명령을 『가체신금사목』이라는 책자로 만들어서 전국에 배포했다. 이 책자에는 한문뿐만 아니라 한글 번역도 함께 실어서, 글자를 아는 사람은 모두 이해할 수 있도록 했다. '가체신금사목加髢申禁事目'이라는 말의 의미는 "거듭 가체를 금지하는 규정"이라고 할

순정효황후(1907년경), 국립고궁박물관

수 있는데, 영조 때도 가체를 금지한 적이 있었기 때문에 이런 제목을 붙인 것이다.

역사드라마 덕분에 현대인에게도 '가체加髢'라는 단어가 아주 낯선 것은 아니다. 사극을 촬영할 때 여성 연기자들이 머리에 얹는 무거운 가체 때문에 고생했다는 기사가 많이 나왔으므로, 조선시대 궁중 여성들이 사용한 가발을 가체라고 말한다는 정도는 대체로 알고 있다. 그런데 '가체'에서 '체髢'자의 의미는 '땋은 머리'라는 뜻이므로, '가체'라는 단어의 의미는 "본래 자기의 머리에 땋은 머리를 더한 것"이라고 보면 될 것이다.

『가체신금사목』에는 아홉 개의 조항이 들어 있는데, 그중 가장 중요한 첫 번째 규정은 다음과 같다.

제1장 춘향전과 연대

> 양반 집안과 일반 여염집 부녀자가 남의 머리털 땋은 것을 머리에 얹는 것과 자기 머리털을 머리에 얹는 것을 일절 금지한다.

이 금지 조항의 핵심은 머리의 모양을 높게 만들면 안 된다는 데 있다. 자기 머리에 다른 사람의 머리카락을 땋아 만든 가발을 머리에 올려 높게 만들거나, 또는 순전히 자기 머리카락만이라 하더라도 이를 높이 올리면 안 되는 것이었다.

여성이 자기 머리에 가발을 더해서 머리를 높게 장식하는 것을 금지하면서, 정조는 이를 대신할 방법도 제시했다. 머리 모양은 자기 머리를 땋아 뒤에다가 쪽을 찌도록 했고, 머리 위를 장식하는 것으로는 족두리 쓰는 것을 권장했다. 다만 족두리에 화려한 장식을 하는 것은 금지했다.

정조가 가체를 금지시킨 이유는 가체가 사치를 조장하기 때문이라고 판단했기 때문이다. 가체를 금지시키려던 시도는 이미 영조 때에도 한 번 있었다. 그러나 여러 가지 이유로 실행에 옮기지 못했는데, 정조는 할아버지 영조의 정책을 끝까지 관철시키겠다는 강한 의지를 보였다.

가체를 금지시키는 법령의 특이한 점은 법령 위반에 대한 처벌이다. 가체를 사용하다가 적발될 경우, 그 처벌은 가체를 사용한 당사자가 아니라, 그 집의 가장이 받게 되어 있었다. 정조는 신하들에게 가체 금지를 각별히 당부했는데, 모든 관리들이 자신의 집안에서부터 법을 지키고, 또 다른 집안에서 이 법을 위반하는지 살펴보며, 사법 관리들이 엄격하게 단속한다면 가체금지 정책은 성공할 것으로 보았다.

　이렇게 엄격하게 가체의 사용을 금지했지만, 여기에도 예외는 있었다. 먼저 궁중 여인들에게는 이러한 금지가 해당되지 않는다는 점이었다. 궁중에서는 가체도 쓸 수 있고, 또 머리를 높이는 것도 금지하지 않았다.

　그리고 또 하나는 천민 여성의 머리에 대한 규정이다. 양반과 평민 부녀자는 가체를 사용해서는 안 되고, 자신의 머리털로도 머리를 높여서는 안 되는 데 비해, 천민 여성은 자기의 머리털만으로 머리를 높이 올리는 것은 허용했다. 19세기에 기생이 머리를 높게 치장할 수 있었던 것은, 이 법령의 예외 규정이 있어서 가능했다. 그러므로 이 법령은 양반 사대부 집안의 부녀자들을 겨냥한 것이라는 점은 분명하다.

가체 금지 후 생긴 문제

여성의 아름다운 머리의 핵심은 숱이 많은 것이었다. 동양의 고전 『시경』에도 숱이 많은 머리를 아름답다고 표현한 대목이 있는데, "검은 머리는 구름 같아서, 가발을 붙일 필요가 없네"라는 구절이 바로 그것이다. 오래 전부터 풍성한 머리를 높이 꾸미는 것을 통해 여성의 아름다움을 드러낼 수 있다고 생각해 왔다.

　여성이 머리를 높게 꾸미는 오랜 전통이 새삼 문제가 된 시

제1장 춘향전과 연애

기는 영조 때였고, 다음 임금인 정조 시기에는 그 폐해가 심각할 정도라고 여기게 되었다. 대궐의 여인들만 사용하던 가체가 양반집 부녀자들에게 퍼져나가고, 이 유행을 여염집의 부녀자들까지도 따라하게 된다. 그러자 가체의 값이 너무 비싸져서, 가체를 구하기 위해 재산을 다 쓰는 사람도 생겨나고, 또 혼례 때 가체를 구할 수 없어서 혼례를 미루는 사람까지 생겨났다.

정조 임금이 가체를 금지하는 법을 발표한 이후, 조선에서 가체는 점점 자취를 감추게 된다. 대궐의 여인들을 제외한 궁 밖의 여성들은 가체를 사용하면 법을 위반하는 것이었다. 앞에서 얘기한 대로, 이 법을 위반했을 때 처벌은 가체를 사용한 당사자가 아니라, 그 집안의 가장이었다. 그러자 이런 사건이 일어난다.

서울 중부에 사는 이기성이라는 인물은, 자신이 가체를 적발하는 임무를 맡은 관청의 공무원이라고 사칭하며, 가체를 사용한 여자네 집의 가장을 협박하여 돈을 갈취한 일이 일어났다. 정조는 이기성의 재판을 공개적으로 하도록 지시하고, 사람들이 많이 다니는 큰길에서 몽둥이로 때리고 자백을 받아내도록 했다. 그리고 이런 자를 미리 잡아내지 못한 포도대장에게는 급료를 깎는 징계도 내렸다. 가체를 금지하는 법을 어기면 어떻게 되는지를 많은 사람들에게 보여준 것이었다.

가체의 금지는 사치의 풍조를 없앤다는 커다란 명분이 있었지만, 가체를 만들고 이를 판매하던 상인들로서는 생업을 잃은 것이었다. 국가에서 가체의 착용을 금지했으므로, 당장 재고 물량을 처리할 길이 없어졌다. 기왕에 물건을 준비하느라

들어간 많은 돈은 그대로 빚이 되어버렸다. 이들 가체 상인은 국가에 일정한 세금을 내고 장사하던 사람들인데, 국가는 이들의 손해에 대해서 아무런 책임을 지지 않았다. 심지어 가체 상인들의 가체 대신 다른 물건을 팔 수 있도록 해달라는 요청도 거절했다.

춘향의 헤어스타일

『춘향전』의 주인공 춘향은 패션의 최첨단에 서 있던 인물이므로, 춘향의 머리 장식은 당대의 유행을 잘 보여준다고 하겠다. 소설에서 춘향의 머리 모양을 묘사한 대목은 다음과 같다.

> 흑운 같은 허튼머리 반달 같은 화룡소로 아주 솰솰 흘리 빗어 전반같이 넓게 땋아, 옥룡잠 금봉차로 사양머리 쪽 쪘는데, 석웅황 진주투심 산호가지 휘얽은 도투락댕기 맵시 있게 달았으니

춘향의 머리 모양을 묘사한 이 대목에는 현재는 잘 쓰지 않는 단어가 많아서, 이런 용어에 익숙하지 않은 사람은 이 머리 모양이 어떤 것인지 얼핏 떠오르지 않을 수도 있다. 먼저 현재는 자주 쓰지 않는 낯선 단어 하나하나의 뜻을 풀이해보기로 한다.

- 흑운黑雲: 검은 구름. 머리숱이 풍성한 모양을 묘사한 것.
- 전반: 종이 자를 때 쓰는 좁다랗고 얇은 긴 나무판.

제1장 춘향전과 연애

- 허튼머리: 숱이 많은 머리를 말하는 것으로 보이나, 확실한 의미는 알 수 없다.
- 화룡소畵龍梳: 용무늬를 새겨 넣은 머리빗.
- 옥룡잠玉龍簪: 용의 형상을 새긴 옥으로 만든 비녀.
- 금봉차金鳳釵: 봉황의 형상을 새긴 금으로 만든 두 갈래로 된 비녀.
- 사양머리: 새앙머리.
- 쪽: 머리를 땋아서 뒤로 틀어 올리고, 비녀로 고정시킨 머리 모양.
- 석웅황石雄黃: 천연 돌인데, 잘 갈아서 장식용으로 사용했다.
- 진주투심眞珠套心: 진주로 만든 장신구.
- 산호珊瑚가지: 산호의 가지를 말하는데, 보석의 일종이다.
- 도투락댕기: 머리에 길게 늘어뜨리는 헝겊으로 만든 장식.

춘향의 머리를 묘사한 짧은 문장 하나에도 이렇게 낯선 단어가 많다. 위의 문장 중에 정확하게 어떤 의미인지 모르는 단어는 '허튼머리' 하나뿐이고, 나머지는 모두 그 뜻을 알 수 있다. 그런데도 춘향의 머리 모양이 어떤 것인지는 언뜻 떠오르지 않는 것은, 이런 머리 모양이 현대인에게는 익숙하지 않기 때문이다.

단어 풀이를 참고해서 춘향의 머리 모양을 현대어로 옮겨 보면 다음과 같다.

> 뭉게구름처럼 풍성하고 까만 머리털을 반달 모양의 고급 빗으로 쏼쏼 흘려 빗는다. 그리고 이 머리털을 깔끔하게 넓게 땋아서 새앙머리를 만들고,

옥으로 만든 비녀와 금으로 만든 비녀로 이 머리를
쪽을 쪄서 고정시킨다. 쪽찐 머리에 도투락댕기를
드리는데, 이 도투락댕기에는 석웅황, 진주, 산호
등의 보석을 달아 아름답게 꾸몄다.

춘향의 머리 모양의 핵심은, 새앙머리에 쪽을 지고 도투락댕기를 드린 것이다. 그러니까 춘향은 가발을 전혀 사용하지 않았다. 정조의 가체를 금지하는 법령이 나온 이후에는, 기생이라 하더라도 가체를 사용하지 않았음을 알 수 있다.

『춘향전』의 이 대목을 언급하면서, '허튼머리'를 가체라고 말하는 연구자도 있는데, 허튼머리는 풍성한 머리 모양을 가리키는 말로 보는 것이 좋을 것이다. 왜냐하면 『춘향전』에는 춘향만이 아니라 이도령의 머리를 묘사할 때도 '허튼머리'라는 말이 나타나기 때문이다.

이도령의 머리치장을 보면, "삼단 같은 허튼머리 반달 같은 화룡소로 아주 쌀쌀 흘리 빗어 전반같이 넓게 땋아, 수갑사 토막댕기 석웅황이 더욱 좋다"라고 했다. 춘향의 '흑운 같은 허튼머리'에 비해 이도령의 머리는 '삼단 같은 허튼머리'이다. 삼단은 '삼'을 베어서 묶어놓은 것을 말하는데, '삼단 같은 머리'는 숱이 많고 긴 머리를 비유하는 말이다.

제 1 장 춘향전과 연애

김홍도 (추정) «미인 화장», 서울대박물관

가체 금지의 의미

현재 '가발'이라고 하면 머리숱이 적은 사람이 이를 감추기 위해서 쓰는 것인데 비해, 18세기 조선의 '가체'는 여성이 치장을 위해 머리에 얹는 엄청나게 큰 가발이었다. 가체는 가격이 너무나 비쌌기 때문에, 이를 구입하느라 가산을 탕진할 정도였다고 한다. 요즈음도 비싼 맞춤형 가발이 있지만, 이런 가발이라 하더라도 가산을 탕진할 만큼 비싼 것은 아니다.

영조와 정조 시대에 가체를 금지시킨 명분은, 점점 심해지는 사치 풍조를 막는다는 것이었다. 그러나 좀 더 들여다보면, 궁중의 여인들이 사용하는 값비싼 가체를 왕가 이외의 부녀자들이 쓴다는 데 대한 불쾌감도 있었던 것 같다. 가장 높은

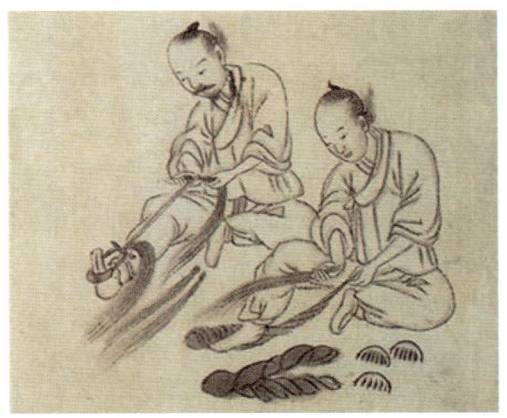
가체 만드는 모습, 기메 박물관(프랑스)

계층의 궁중 여인들은 가체를 사용할 수 있는데 비해, 사대부와 평민 부녀자들은 절대로 가체를 쓰지 못하게 했다. 그리고 가장 낮은 계층의 여성들에게는 머리 없는 것을 허용하면서도, 사대부와 평민 부녀자들은 자기 머리를 높게 얹을 수도 없게 했다.

1970년대 우리나라의 장발단속은, 겉으로는 미풍양속을 보호한다는 것이었지만, 실상은 군사독재정권이 자유의 확산을 두려워했기 때문이었다. "남녀를 구별할 수 없을 만큼 긴머리"를 한 남성을 처벌할 수 있다는 법률 조항은, 지금 생각하면 우습기 짝이 없는 것이었지만, 1988년 장발에 관한 처벌 조항이 삭제될 때까지 이 법률 조항은 여전히 유효했다.

19세기에 들어서기 직전인 1788년에 가체를 금지하는 명령을 내린 정조의 의도는, 사치를 금지하기 위한 것이라기보다는,

사대부를 통제하기 위한 방편의 하나였는지도 모른다. 현재 남아 있는 자료들은 대부분 정조의 가체 금지를 찬양하는 기록뿐이므로, 여기에 대한 다른 의견으로 어떤 것이 있었는지는 알 수 없다.

    정조의 가체 금지는, 국가가 개인의 일에 어디까지 간여할 수 있는가 하는 문제를 생각하게 한다. 사치의 풍조를 막기 위해 가체를 금지했지만, 가체를 없애면 다른 방식으로 머리를 장식할 것은 뻔한 일이다. 19세기 소설 『춘향전』의 주인공 춘향은, 가체로 머리를 장식하지는 않았지만, 그네 뛰러 나가면서도 화려한 비녀와 댕기로 머리를 장식했다. 아름다워지고 싶은 욕망은 법으로도 막기 어렵다는 사실을 잘 보여주는 예이다.

3 사랑의 각서

각서 쓰는 세태

부부 사이에 각서를 썼다는 얘기가 가끔 언론을 통해 보도되는 것을 볼 수 있다. 예를 들면, 술을 먹지 않겠다든지, 도박을 절대 하지 않겠다는 것 같은 약속을 문서로 작성하여 상대방에게 주는 것이다. 남편이 아내에게 써주기도 하고, 아내가 남편에게 써주기도 하는데, 부부가 함께 작성하고 같이 서명해서 가지고 있는 일도 있다고 한다. 이런 문서를 '부부각서'라고 말하는데, 결혼하기 전의 예비부부들도 이런 각서를 작성한다는 얘기도 있다.

인터넷에서 '부부각서'나 '결혼각서'라는 단어를 키워드로 검색해보면, 주로 변호사들이 쓴 글을 많이 볼 수 있다. 그 내용은 대부분 이혼과 관련된 것으로, 부부 사이에 작성해놓은 각서가 법률적으로 효력이 있는지 없는지에 대한 내용이다.

인간 사이의 수많은 갈등 가운데 가장 복잡하고 미묘한 것이 남녀 사이의 갈등이니, 이런 갈등을 방지하거나, 또는 갈등이 생겼을 때 이를 해결하기 위해 미리 각서를 작성하는 일이 많은 것 같다. 그리고 부부 사이에 분쟁이 일어났을 때, 이런 각서가 법률적으로 어떤 효력이 있는지를 자세히 설명해주는 인터넷

사이트도 꽤 있다.

　『춘향전』에도 이도령이 춘향에게 각서를 써주는 대목이 있다. 광한루에서 그네를 뛰는 춘향을 본 이도령이 같이 살자고 졸라대자, 춘향이 이를 허락하면서 훗날 증거로 삼을 수 있는 문서를 한 장 써달라고 한다. 허락을 받지 못할까 노심초사하던 이도령은 너무 신이 나서 그 자리에서 문서를 써서 춘향에게 준다.

　그 내용은, 평생 같이 살 것을 맹세할 뿐 아니라 절대로 약속을 어기지 않겠다는 것이다. 그리고 만약 자신이 이 약속을 어기면, 이 문서를 관가에 제출하여 증거로 쓰라는 말도 덧붙인다. 춘향은 이 문서를 받고는 바로 이도령과 함께 광한루에서 어울려 재미있게 놀다가, 해가 기울자 다시 만날 것을 기약하고 헤어진다.

　이도령이 춘향에게 써준 문서는, 오늘날 서로 사귀거나 결혼을 약속한 남녀 사이에 작성해두는 각서와 비슷하다고 할 수 있다. 그러나 근본적으로 차이가 있는 것은, 현대사회의 남녀는 신분의 차이 때문에 각서를 쓰는 일은 없지만, 이도령과 춘향 사이에는 넘을 수 없는 커다란 신분의 장벽 때문에 각서를 썼다는 점이다. 이도령이 작성한 '사랑의 각서'를 보기에 앞서, 먼저 조선시대에 각서는 어떤 것이 있었는지 알아보기로 한다.

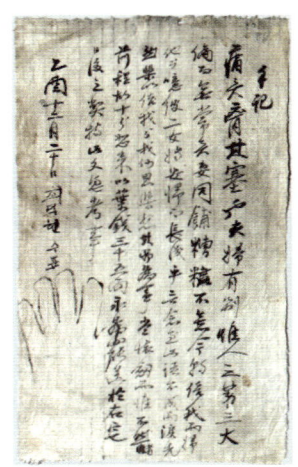

이혼 사연이 담긴 최덕현의 수기(19세기), 전북대박물관

조선시대 각서

'각서覺書'라는 단어는 조선시대에는 없던 말로, 이 단어는 일본어에서 온 것이다. 일본어로 '오보에가키覚え書き'는 잊지 않기 위해 간단히 적어두는 문서를 말하는데, 서양과의 접촉 이후에는 영어의 'memorandum'이라는 단어를 '각서'라고 번역하기도 했다. 흔히 '메모'라고 줄여서 말하는 메모랜덤은, 조약보다는 강제성이 약한 외교 문서를 말하는 것이다. 그런데 일본의 '각서'라는 단어가 우리나라에 들어와서는, "약속을 지키겠다는 내용을 적은 문서"라는 의미가 되었다.

　조선시대에 현재 우리가 쓰는 '각서'라는 의미로 사용한 용어로는 '수기手記'라는 말이 가장 많이 쓰였고, 이밖에 수표手標나 명문明文 같은 용어도 있다. 수기는 문자 그대로 손으로 쓴 것이라는 의미로, 어떤 약속을 할 경우, 이 약속의 내용을 적은 다음 서명하여 상대방에게 주는 것이다. 수표는 수기와 거의 같은 의미로 사용하는데, 주로 돈을 빌릴 때 작성했고, '명문'은 부동산 매매에서 주로 쓰였다.

수기를 작성하는 방식은 정해져 있어서, 먼저 날짜를 쓴 다음 수기를 받는 사람의 이름을 명시하고, 약속하는 일의 구체적인 내용을 기술한 후, 수기를 작성한 사람이 서명을 했다. 그리고 여기에 또 하나 정해진 문구가 덧붙여지는데, "만약 약속을 어길 경우, 이 수기를 가지고 관가에 고발하여 일을 바로잡아라"라는 내용이다. 문제가 생겼을 때, 받아둔 '수기'를 관청에 제출하여 자신의 권리를 주장할 수 있었다.

현재의 각서와 비슷한 성격의 조선시대 문서는 '수기'라고 볼 수 있는데, 각서와 수기의 근본적인 차이가 있다면, 아마도 약속하는 내용일 것이다. 조선시대 수기는 구체적인 물건을 두고 약속이 이루어지는 것이었다. 빌린 돈을 언제까지 갚겠다든가, 묘지를 언제까지 이장하겠다든가 하는 것 같이 돈이나 토지에 관한 내용을 약속하는 것이다. 그런데 요즈음의 각서에는, 구체적인 물질이 아닌 추상적인 내용에 관한 것도 들어 있다는 것이 과거와 다른 점이다.

부부각서에는 변함없는 사랑을 약속하는 내용이 들어가기도 하는데, 이는 물질적인 내용은 아니다. 또 결혼하면 상대방의 기념일을 반드시 챙기겠다든가, 또는 상대방의 전화는 꼭 받겠다는 것 같은 약속을 각서에 쓰는 일도 있다는데, 이런 것도 물질적인 것은 아니다.

이런 면에서 춘향이 이도령에게 요구한 각서는 당시 일반적인 '수기'와는 다르다. 왜냐하면, 춘향이 요구한 내용은 물질에 관한 것이 아니기 때문이다. "평생 같이 살기로 한 약속을 반드시 지키겠으며, 이 약속을 배반하면 이 각서를 관청에 내고 소송을 해도 좋다"라는 내용의 문서를, 물질적인 내용이라고 말할 수는 없다. 이도령이 작성해서 춘향에게 준 것은, 현대의 부부각서와 오히려 가까운 것으로 보인다.

이도령이 쓴 각서

이도령의 각서는 춘향의 요구로 쓴 것이다. 남원 부사의 아들이 남원 기생에게 "우리 둘이 백년해로하자"라고 요구하는데, 기생인 춘향이 이를 거절할 수는 없다. 그러나 춘향과 이도령의 관계는 이와 같은 신분 차이를 통한 강압으로만 이루어진 것이라고 보기는 어려운 면도 있다. 왜냐하면, 이도령이 처음 춘향을 보았을 때 춘향이 기생인 줄 모르는 상태에서 끌렸고, 춘향도 이도령을 처음 보는 순간 그의 풍채와 거동에 영웅의 기상이 있다는 것을 알아차렸기 때문이다. 비록 두 사람 사이에는 높은 신분의 장벽이 있지만, 둘은 청춘남녀로서 서로 끌린 면도 있었다.

춘향이 처음에 이도령의 요구를 거절한 이유는, 자신이 비록 천한 기생이지만 남의 첩 노릇은 하지 않을 것이고, 아무하고나 몸을 섞는 노류장화가 되지 않겠다는 뜻을 이미 세우고 있었기

제1장 춘향전과 연애

때문이다. 게다가 자신은 뛰어난 인물이 아니면 결혼하지 않고 홀로 살겠다는 말까지 이도령에게 한다.

　이와 같이 춘향이 이도령의 요구를 거절하자, 이도령은, 정식 의례를 갖춘 결혼식은 못 올리지만, 평생을 같이 살겠다고 말한다. 그러자 춘향은 이도령에게, "당장은 욕심으로 같이 살겠다는 말을 하지만, 나중에 지체 높은 가문의 여자와 결혼한 후에 나를 버리면, 나의 신세는 가련하게 된다"라고 하며, 아무리 양반의 분부지만 따를 수 없다고 말한다.

　조선 사회는 신분이 다른 사람끼리의 결혼은 규제의 대상이었으므로, 양반인 이도령이 기생 춘향과 정식 결혼을 할 수 없다는 것은 아주 평범한 상식이었다. 그러므로 처음에 춘향이 이도령의 요구를 거절할 때, "도련님은 귀공자시고, 저는 천한 기생"이라고 말하는 것은, 이와 같은 당대의 현실을 춘향이 잘 알고 있음을 보여주는 것이다.

　그러나 기생 춘향이 남원 부사의 아들 이도령의 요구를 끝까지 거절하기는 어려웠다. 게다가 이도령의 인물에 춘향 또한 반한 면이 없지 않아 있었다. 춘향이 영악한 기생으로 이도령을 호리려고 일부러 광한루에 가서 그네를 뛴 것이 아니라면, 춘향의 말은 액면 그대로 이해하는 것이 좋을 것이다.

　그러므로 춘향이 이도령에게 각서를 요구한 까닭도, 세상일은 알 수 없으니 훗날에 증거로 삼기 위해 문서를 작성해놓자는 당대의 일반적인 생각일 수도 있다. 일종의 다짐인 셈이다. 춘향의 요구로 이도령이 쓴 각서의 내용은 다음과 같다.

> 모년 모일 춘향에게 쓰는 각서. 이 각서를 작성하는 이유는 다음과 같다. 남원 구경을 하면서 광한루에 왔다가, 우연히 하늘이 낸 배필을 만나 백년가약을 맺기로 서로 약속하였다. 만약 약속을 어기는 잘못이 있으면, 이 문서를 가지고 관가에 고발하여 바로잡으라. 문서 작성자는 이몽룡.

조선시대에는 '종문권시행從文券施行'이라는 말이 있었다. 이 말은 분쟁의 해결은 "문서에 의하여 처리한다"라는 말인데, 특히 관청에서는 문서를 중요하게 여겼다. 춘향이 각서를 요구하면서, "관청은 종문권시행이니 수기 한 장 써 달라"라고 말한 것은 바로 이 때문이다. 춘향의 요구에 따라 이도령이 써준 각서에는, 앞에서 본 '수기'에 들어가야 할 내용인, 날짜, 상대방 이름, 핵심 내용, 고발해도 좋다는 말, 작성자 성명 등이 모두 들어있어서, 문서의 양식에 맞게 잘 작성한 것임을 알 수 있다.

조선시대의 남녀 관계

조선은 유교의 나라이고, 이 유교 도덕이 사회 전체를 지배하던 나라였다. 남녀의 관계도 예외가 아니어서, 이 지배 이데올로기를 충실히 따르지 않으면 안 되었다. 흔히 얘기하는 '남녀칠세부동석'이라는 말이 조선시대 남녀 관계를 단적으로 표현하는 말이라고 볼 수 있다.

남자와 여자는 일곱 살이 되면 함께 자리하지 않는다는 이

제1장 춘향전과 연애

말은, 원래 유교 경전 중의 하나인 『예기』에 들어있는 말에서 온 것으로, 『예기』에는 "일곱 살이 되면, 남녀가 같은 자리에 앉지 않고, 함께 음식을 먹지 않는다"라고 되어 있다. 그런데 이 대목이 주자가 제자와 함께 편찬한 『소학』에도 들어가게 된다.

앞에서 조선을 유교의 나라라고 했지만, 실제로는 주자학의 나라라고 해야 더 정확한 표현일 것이다. 주자가 한 말은 절대로 어겨서는 안 되는 것이었으므로, 『소학』에 들어있는 "일곱 살이 되면, 남녀가 같은 자리에 앉지 않고, 함께 음식을 먹지 않는다"라는 말은 조선시대에 반드시 지켜야 할 남녀 관계의 지침이었다.

『소학』에 들어있는 이 내용을 조선에서는 간단히 줄여서 '남녀칠세부동석'이라는 아주 단순하고 강력한 규제의 용어로 만들었다. 이처럼 일곱 살 이후에 남녀가 같은 자리에는 앉지도 않는 사회라면, 현대사회에서 볼 수 있는 평범한 남녀 사이의 사귐도 조선에서는 생각할 수 없었다.

조선 전기까지는 성리학이 그렇게까지 절대적인 규범이 아니었으므로, 남녀의 문제도 고려 시대의 자유로운 풍조가 남아 있었다. 그러나 임진왜란과 병자호란 이후 당쟁이 심해지고 성리학(주자학)이 체제이데올로기로 굳어지면서, 조선 후기에는 남녀의 관계도 성리학적 규범 안에서만 가능했다. 특히 지배층인 양반 사대부는 성리학적 남녀 관계의 규범을 따르지 않을 수 없게 된다. 그런데 '남녀칠세부동석'처럼 경직된 남녀 사이의 규범이 강제되는 사회에서는, 남녀의 자유로운 연애란

신윤복 «주유청강», 간송미술관

사실상 불가능하다.

조선시대에는 상층부로 올라갈수록, 남녀의 결혼은 완전히 부모나 조부모가 결정하는 것으로, 철저하게 가문 사이의 계약 형태를 띠게 된다. 그러므로 결혼의 당사자인 남녀가 자신들의 의지로 결혼을 한다는 것은, 조선의 상류층 사회에서는 상상할 수 없는 일이었다. 조선 후기의 수많은 기록에서 상류계층 남녀의 연애에 관한 기록을 찾아볼 수 없는 이유는, 이와 같은 조선사회의 특수한 남녀관에 따른 것이라고 할 수 있다.

조선 후기의 사랑 이야기라고 하는 것은, 대개 양반 남성과 기생 사이의 이야기들이다. 그러나 이런 이야기에 등장하는 남성은 지방에 부임한 관료인 경우가 대부분으로, 지금 우리가 생각하는 남녀 사이의 사랑과는 전혀 다른 차원의 이야기이다.

제1장 춘향전과 연애

사랑 얘기가 주로 양반 남성과 기생 사이에 이루어지는 이야기인 것 또한 이런 특수한 사정 때문이다.

그러나 성리학적 규범이 적용되는 범위는 주로 양반들에게 한정된 것이었으므로, 중인 이하의 계층에서는 남녀 관계가 양반들처럼 엄격하지는 않았다. 조선의 지배층은 성리학적 규범을 중하층까지 적용하려고 애썼으나, 그렇게 성공적이었다고 보기는 어렵다. 결국, 사랑 얘기는 중하층계급 사이에서나 가능한 저급한 것이 되고, 이들 중하층계급의 이야기는 기록으로 남겨지지도 못한다.

춘향전의 사랑

『춘향전』의 사랑은, 이도령과 춘향이 처녀와 총각으로, 각기 자신의 자유로운 의지로 결혼을 약속했다는 점에서 획기적이다. 앞에서 본 것처럼 조선 후기 남녀 관계는 현재와는 전혀 달라서, 젊은 남녀 사이의 자유로운 연애는 가능하지 않았다. 특히 상류계층 사이에서는 상상할 수 없는 일이었다.

작자의 상상력이란 당대 사회에서 통용되는 상식을 완전히 뛰어넘을 수 없는 것이므로, 현실적으로 존재하지 않는 양반사대부 집안의 젊은 남녀의 자유로운 연애를 주제로 삼기는 어려웠을 것이다. 그러나 기혼의 양반 남성과 기생 사이의 사랑 얘기는 사실상 일반적인 것이었으므로, 여기에 착안하여 양반집 도련님과 기생 사이의 사랑 이야기를 만들어 낸 것이라고 볼 수 있다.

그리고 이런 이야기는 현실적으로도 충분히 있을 수 있는 것이므로, 이들의 만남에 '사랑의 각서' 에피소드를 끼워 넣었다고 하겠다. 조선 후기에 '수기'는 일상적으로 작성하는 문서였기 때문에, 작자는 두 사람이 처음 만나는 장면에서 '수기'를 작성하는 기발한 착상을 해낼 수 있었다.

19세기 중반에 『춘향전』을 읽은 독자는, 남녀주인공 춘향과 이도령에 자신을 대입시키면서 읽었을 것이다. 독자 대부분은 이도령 정도의 높은 신분이 아니었을 테니, 이도령보다는 춘향의 편에 서서 이야기의 진행을 따라가게 된다.

열여섯의 양반 청년이 같은 나이의 기생에게 끌리는 장면에서, 독자들은 두 사람의 사랑을 응원하면서도, 한편으로는 춘향이 사랑의 주도권을 잡고 나아가는 것을 즐겼음이 틀림없다. 춘향이 이도령에게 각서를 요구하는 장면은, 돈을 빌려주는 사람이 돈을 빌리는 사람에게 '수기'를 쓰라고 하는 상황을 떠올리게 했을지도 모른다. 그리고 낮은 신분의 여성이 지체 높은 양반 도령에게 수기를 요구하는 대목에서, 여성 독자들은 이 장면에 자기를 대입시켜, 상상만으로도 통쾌함을 느꼈을 수도 있을 것이다.

4 기생

기생의 이미지

근래에 우리나라에서 제작한 영화도 천만 명 이상의 관객을 모은 영화가 심심치 않게 나오고 있다. 그리고 국내에서 대규모 관객을 동원하는 데 그치지 않고, 해외의 각종 영화제에서 높은 평가를 받으면서 흥행에도 성공하는 작품도 꽤 많아졌다. 이런 영화 가운데는 오리지널 시나리오가 아닌 원작이 있는 작품도 있는데, 최근에는 웹툰이 원작인 경우도 많다고 한다.

우리나라에서 처음으로 장편 상업영화를 제작한 시기는 1923년인데, 첫 3년 동안 제작된 영화 11편 가운데 6편이 『춘향전』이나 『심청전』 같은 고소설을 원작으로 한 작품이었다. 이후 한국영화사에서 『춘향전』은 특별한 의미가 있는 작품이 되었는데, 『춘향전』을 영화화한 작품 가운데는 '최초'가 붙는 작품이 많다. 1923년 최초의 장편 상업영화, 1935년 최초의 발성영화, 1961년 최초의 컬러 시네마스코프 영화, 1971년 최초의 70mm 영화 등등 일일이 다 열거할 수 없을 정도이다.

이처럼 『춘향전』의 영화화는 대체로 성공하여 일종의 흥행공식으로 자리잡았다. 따라서 『춘향전』의 주인공 이도령과 춘향 역의 남녀 배우는, 그야말로 당대 최고의 미남 미녀들이다. 특히 춘향 역을 맡는 배우는, 그 배역을 맡았다는 사실 하나만으로도 장안의 화제가 되었다. 소설에서 춘향의 신분은 기생이므로 영화에서도 춘향이 기생으로 등장하지만, 그동안 영화 제작자나 감독 그리고 출연 배우 등이 기생에 관해서는 잘 모르는 경우가 많았다. 만약 영화나 드라마 관련자들이 19세기 기생에 대해서 지식이 많았다면, 좀 더 재미있는 작품을 만들어낼 수 있었을지도 모른다.

일반적으로 현대인이 알고 있는 기생은, 일제의 식민지시대에 정착된 이미지이다. 20세기의 기생제도는 일본의 제도를 본떠서 만들었으므로, 19세기까지 조선의 기생제도와는 다른 면이 있다. 그런데 기생에 관한 전문 연구도 주로 20세기 기생제도를 밝히는 데 중점을 두었기 때문에, 19세기 이전의 조선시대 기생제도에 대해서는 잘못 알려진 것이 많다.

19세기 조선의 기생이 무엇이었나를 알아보기 위해서는, 19세기에 나온 자료들을 검토해야 한다. 5백 년을 지속한 조선왕조에서 기생의 역할은 시대에 따라 달라진다. 그러므로 조선시대 마지막 백 년의 기생에 관한 지식을 얻기 위해서는, 19세기 사람들이 기록해놓은 자료를 잘 검토해야 할 것이다. 아래에서 19세기 관청의 기록이나 개인의 일기 그리고 『춘향전』과 『계우사』같은 문학작품 등을 통해, 당대 기생의 모습을 알아보기로 한다.

제1장 춘향전과 연애

기생이란 무엇인가

조선시대 기생은 관청에 소속된 노비의 하나로, 이들은 서울이나 각 지방의 관아에서 열리는 행사에서 가무를 담당했다. 기생이 맡은 이와 같은 역할은 조선조 내내 크게 달라진 것이 없지만, 사회의 변화와 함께 세부적인 면에서는 다양한 면모를 보이게 된다. 기생이 가지고 있는 중요한 한 가지 특징은, 최하층 천민이라는 신분의 한계에도 불구하고 상층 남성을 상대했다는 점이다. 조선시대 기생 관련 기록은, 기생이 상대한 상층 남성들이 남겨놓은 것이 대부분이다.

기생은 서울의 몇몇 관청과 지방의 각 고을에 소속되어 있었다. 중앙관청인 내의원과 혜민서에는 의녀를 두었고, 상의원과 공조에는 침선비가 있다. 그리고 지방에는 8도의 감영과 각 고을에 기생이 있었다. 내의원과 혜민서는 모두 의료기관인데, 여기에 근무하는 의녀(여자 의원)가 기생의 일을 겸하기도 했다. 상의원도 임금의 의복을 만드는 기관이지만, 여기에서 근무하는 침선비도 기생의 일을 했다.

조선 전기에는 장악원에 소속되어 음악과 춤을 전문으로 하는 기생이 있어서, 서울에서 거행하는 행사에는 이들이 동원되었다. 그러나 조선 후기에는 이 제도가 폐지되었으므로, 국가 행사에 등원할 수 있는 기생이 부족했다. 그래서 국가의 주요 행사가 있으면 각 지방에서 필요한 인원을 뽑아 서울로 보냈는데, 이를 선상기選上妓라고 한다.

그러나 모든 제도가 그러하듯이, 기생과 관련된 제반 규정이 엄격하게 지켜지는 것은 아니었다. 예를 들면, 국가의 주요 행사나 필요에 따라 지방에서 뽑아온 기생은 행사가 끝나면 바로 돌려보내야 하지만, 실제로는 돌려보내지 않는 경우도 많았다. 소설 『계우사』의 여주인공 의양은, 평양의 기생으로 중앙의 내의원으로 뽑혀온 선상기이다. 그러나 평양으로 돌아가지 못하고 계속 서울에서 생활한다.

『춘향전』에서 신임사또 변부사는 춘향에게 수청을 강요하는데, 조선시대 법률에는 수령이 기생에게 수청을 요구하는 것 자체가 불법이었다. 게다가 춘향은 이도령과 부부의 약속을 지키기 위해 기생의 명단에서 빠졌다. 춘향은 자기 대신 다른 사람을 기생의 명단에 넣고 기생의 일을 그만둔다. 이렇게 법률로 정해진 합법적 절차에 따라 기생의 명단에서 빠졌지만, 변사또는 이런 규정을 모두 무시하고 춘향을 불러들여 수청을 강요한다.

세종은 여자 종이 아이를 낳게 되면 100일의 휴가를 주고, 애 낳기 한 달 전부터는 일을 시키지 못하게 했다. 그리고 그 종의 남편도 애를 낳은 지 30일 후에 일을 시키도록 했다. 그러나 이런 명령이 조선시대에 얼마나 통용되었는지는 의문이다. 하층민에게 가혹한 것이 봉건시대의 속성이므로, 기생이라는 하층민인 의양과 춘향은 법의 보호를 받지 못한다. 어쩌면 소설의 내용이 당대의 현실을 잘 보여주는 것인지도 모른다.

제1장 춘향전과 연애

기생의 나이

기생이 되는 나이가 몇 살인지, 그리고 몇 살이 되면 기생 노릇을 그만두는지 정확하게 알 수 있는 자료는 없다. 15세기 후반에 반포된 『경국대전』에는 서울의 기생은 50세가 되면 국가의 일에 동원되지 않는다고 했으나, 이런 규정이 지방에도 적용되었는지는 알 수 없다. 또 조선 후기에도 정확하게 지켜졌는지는 명확하지 않다.

기생과 관련된 각종 정보를 얻을 수 있는 자료로 『춘향전』보다 나은 것은 없을 것이다. 이 소설에는 19세기 지방 관청의 기생에 관한 여러 가지 내용이 들어 있어서, 살아 있는 기생 자료집이라고 해도 과언이 아니다. 소설에서 기생의 나이에 관한 내용을 하나 보기로 한다.

『춘향전』에서는 기생을 나이에 따라 아이 기생, 어른 기생, 늙은 기생의 셋으로 나누었다. 변사또가 새로 부임할 때, 남원 관아의 모든 사람이 신임사또를 맞이하는데, 기생들도 복장을 갖추고 환영 대열에 선다. "아이 기생은 푸른 치마에 붉은 저고리를 입고, 어른 기생은 무관의 복장을 했으며, 늙은 기생은 이들을 영솔한다"라고 했다. 기생들은 변사또의 생일잔치 때에도 같은 복장으로 참여한다.

이렇게 셋으로 나눌 때의 기준은, 아이 기생은 대체로 15세까지이고, 어른 기생은 16세 이상으로 보인다. 늙은 기생은 아이 기생과 어른 기생을 영솔한다고 했으므로, 기생 중에 나이가 많은 사람을 지칭한 것으로 보인다. 한 관아의 기생 우

무희 (Maurice Courant, *Souvenir de Séoul, Corée*, 1900)

두머리를 행수기생이라고 하는데, 『춘향전』에서 말하는 늙은 기생이 행수기생을 말한 것이라고 볼 수도 있다. 근래의 연구에서 16세에 장기^{壯妓}가 된다고 했으니(박영민의 연구), 『춘향전』의 어른 기생은 16세부터라고 보는 것이 타당할 것이다. 『춘향전』에서 기생의 나이와 관련된 흥미 있는 대목을 하나 더 소개하기로 한다.

변사또는 부임하자마자 다른 업무는 다 제쳐두고 바로 기생을 점고한다. 기생명단에 들어 있는 하나하나의 이름을 부르면, 기생이 대답하는 것이 기생점고이다. 변사또는 점고하는 도중에 그만두라고 하고, 기생 하나를 가리키면서 나이가 몇 살이냐고 묻는다. 그 기생이 서른한 살이라고 대답하자, 변사또는, "계집이 삼십이 넘으면 물이 다 빠진 것이다"라고

제1장 춘향전과 연애

평양의 기성기생양성소(1926), 국립중앙박물관

하면서, 저쪽으로 가라고 한다. 그런 후에 다음에 서 있는 기생 영애에게 또 몇 살이냐고 묻는다.

영애는 나이가 거의 40이 된 기생인데, 앞에서 31세를 물이 다 빠졌다고 하니까, 자신은 나이를 바짝 줄여보겠다고 하여 13세라고 대답한다. 변사또가 이 대답을 듣고 화가 나서 뺨을 때리려고 하니, 영애가 겁이 나서 사실대로 나이를 말하겠다고 하며 53세라고 한다. 이 대목은 소설을 재미있게 하느라고 만들어서 넣은 이야기이지만, 19세기 지방 관아 기생의 나이를 13세에서 53세까지라고 볼 수 있다는 것을 알려준다. 그리고 '늙은 기생'이라는 말이 나이에 따라 분류한 것이라면, 30세가 넘으면 늙은 기생으로 분류했을 가능성도 있다.

19세기의 몇몇 자료에서 아이 기생의 나이를 알 수 있는데, 춤을 추는 동기童妓의 나이를 기록해놓은 자료들이 있다. 1804년에 작성된 『지정연기』에는, 의주에서 검무를 추는 어린 기생

네 명은 모두 11세라고 했고, 1848년에 기록한 『몽유연행록』에는 승무를 추는 두 어린 기생의 나이를 14~15세라고 했다. 18세기 자료인 『연행일기』에도 검무를 추는 13세의 아이 기생에 관한 기록이 있다.

일기 속의 기생

현재 경기도 광주시 남종면 분원리는 조선시대 사옹원의 분원이 있던 곳이다. 이곳에서 그릇을 만들어 궁궐에 납품하는 일을 맡았던 지규식이라는 인물이 1891년부터 약 20년 동안 쓴 일기가 남아 있다. 이 일기는 분원의 사기그릇 제작 업무를 자세히 파악할 수 있다는 면에서도 중요한 자료이지만, 그뿐 아니라 당대 사회를 이해하는 데 도움을 주는 내용이 많이 들어 있다. 이 일기에는 기생과 관련된 내용도 들어 있어서, 19세기 말의 기생 모습을 구체적으로 살펴볼 수 있다.

한 예로, 지규식이 1891년 7월 1일부터 15일까지 공무로 서울에서 황해도 해주까지 출장을 다녀온 기록을 보기로 한다. 그는 서울에서 출발해서 7월 4일 해주에 도착했는데, 해주 인근의 주막에서 젊고 아름다운 여인을 만났다. 여인은 연안으로 가는 도중에 이 주막에 들렀다고 말하며 지규식과 더불어 연거푸 10여 잔 술을 마셨는데, 모두 취해서 노래도 부르고 농담도 주고받은 후 헤어진다. 지규식은 그 여인을 해주의 퇴기라고 생각한다.

제1장 춘향전과 연애

　　해주에서 일을 보면서 며칠을 머무는 동안, 지규식은 일찍이 이름을 들은 적이 있는 해주 기생 옥연을 만나려고 한다. 옥연의 집에 가니, 옥연이 웃으며 이야기하는 소리가 밖에서도 들렸다. 그러나 중문이 닫혀 있어서 그냥 돌아왔다. 왜냐하면, 해주에서는 기생의 집 중문이 닫혀 있으면, 손님이 들어가지 않는 것이 풍습이기 때문이다.

　　하루는 비가 와서 일을 보지 못하고 여관에서 무료하게 머물고 있었다. 지규식은 심심풀이로 금홍이라는 여덟 살 된 동기를 여관으로 불러 노래를 들었는데, 아직 목이 트이지 않았지만 들을만했다. 지규식은 금홍은 재주와 미모가 뛰어나서 크면 뛰어난 미인이 되리라고 생각하면서, 금홍에게 한시 한 수를 지어 주었다.

　　7월 9일 해주 감영에서 출장업무를 끝낸 지규식은, 지난번에 만나지 못한 옥연의 집을 찾아간다. 옥연은 해주의 퇴기로, 노래와 춤과 함께 미모도 해주에서 가장 뛰어난 인물이었다. 지규식은 옥연과 더불어 술을 마시고 이야기를 하다 저녁 무렵에 여관으로 돌아왔다. 상당히 많은 양의 술을 마셨는데도, 그는 옥연을 생각하며 한시를 지었다.

　　7월 11일 출장업무를 마치고 돌아오는 길에, 서울로 가는 여자 일행과 앞서거니 뒤서거니 하며 같이 갔다. 이들은 해주 기생 경옥의 일행으로, 경옥이 서울 재동에 사는 오씨 양반의 첩이 되어 서울로 올라가는 길이었다. 지규식은 이들과 낯을 익혀서 종일 함께 갔다.

보름 동안의 일기를 통해 조선 말기 기생에 관한 정보를 여러 가지 얻을 수 있는데, 일기는 매일 일어난 일을 기록해두는 것이므로, 문자 그대로 생생한 정보라고 할 수 있다. 일기의 내용을 통해 다음과 같은 사실을 알 수 있다.

　　기생은 남자들을 많이 접하기 때문에, 남자들과 어울리는 데 별로 스스럼이 없다는 것을 이 일기는 보여준다. 지규식이 황해도 해주로 가는 길에 주막에서 만나 10여 잔이나 술을 주고받은 여인은, 먼저 지규식에게 술을 같이 마시자고 권한다. 그리고 서울 사는 양반의 첩이 된 해주의 기생도, 처음 만난 낯선 남자 지규식과 종일 동행한다. 주막에서 만난 여인이 퇴기인 것을 알아차린다든가, 처음 만난 여인 일행과 온종일 동행할 수 있었던 것은, 지규식이 사십 평생 겪은 기생에 관한 경험을 바탕으로 한 것이다.

　　조선시대 각 지방의 기생집에는 각기 독특한 풍습이 있었음을 알 수 있다. 해주에는 기생집의 중문이 닫혀 있으면 들어가지 않는 것이 기생집의 예의였다. 그리고 어린 기생은 여관으로 불러서 노래를 듣지만, 어른 기생은 그 집으로 찾아가야 한다는 것도 알 수 있다. 또 관가의 기생이 서울에 사는 양반의 첩으로 가는 현장도 이 일기에서 확인할 수 있다.

제1장 춘향전과 연애

기생과 매춘

매춘과 기생이 연결된 중요한 계기는, 1965년 한국과 일본이 국교를 맺으면서 시작된 일본인 남성의 '기생관광'이다. '섹스관광(sex tourism)'의 다른 이름인 기생관광이라는 말이 퍼지면서, 사람들은 조선시대 기생을 주로 매춘과 연관시키게 되었다. 그러나 앞에서 보았듯이, 조선시대 기생은 관청에 소속된 노비로, 그들의 주된 임무는 춤과 노래를 익혀 관청의 행사에 참여하는 것이었다.

서울이나 지방을 막론하고, 기생은 소속된 관청에 행사가 있을 때만 참여하는 것이지, 매일 출근하는 것이 아니었다. 관청에서는 특별히 인원을 파악할 필요가 없는 한, 매달 1일과 15일에 기생을 불러 기생명부와 맞춰보았을 뿐이다. 그러므로 기생들은 관청에 행사가 없을 때는 자신의 집에 있었다.

위에서 지규식이 해주 기생 옥연의 집에 가서 놀았는데, 낮에 가서 술을 마시고 이야기하다 저녁나절에 돌아왔다고 했다. 『춘향전』에서도 이도령이 춘향의 집을 찾아갔을 때, 춘향의 어머니 월매는 이도령에게 춘향이와 얘기나 하다가 돌아가라고 말한다. 조선시대 기생의 집에 가서 논다는 것이 반드시 성적 관계를 의미하는 것은 아니었다.

공무로 지방에 간 관리들이 각 고을에서 기생의 접대를 받는 내용의 기록은 많이 있는데, 그중 두 가지를 보기로 한다.

> 밤에 달이 밝아 밖에 나와 뜰 안을 거닐다가 돌아오니, 늙은 기생 옥랑과 수청 기생 두 명이 와서 앉아

일제시기 엽서 «가야금을 타는 기생», 京城日之出商行

있었다. 잠시 후 두 기생은 가 버리고 옥랑 혼자서 남아 옛말을 지껄였는데 한참 있다가 그녀도 돌아가 버렸다.(『연행일기』, 1713년)

수청 기생 네댓 명과 같이 술을 마시면서, 나직이 노래를 부르면서 악기 연주로 호응하게 하였다. 두보의 시에 차운하여 시 한 수를 지었다. 밤이 샐 무렵에 정사와 부사가 모두 모이니, 결국 기악妓樂이 성대하게 베풀어졌다.(『지정연기』, 1804)

기생의 접대란 이처럼 음악과 이야기로 상대를 즐겁게 하는 것이었다. 성적 접대가 전혀 없는 것은 아니지만, 주로 춤과 노래 그리고 적절한 대화가 중심이다. 명기란 성적 매력이 아닌 지적 매력이 있는 기생을 말하는 것이었다.

제 2 장

식생활

김홍도 《주막》, 국립중앙박물관

1 백정과 소고기

소고기 소비량의 증가

통계청 자료에 의하면, 2023년 우리나라 1인당 연간 육류 소비량은 62.3kg이라고 한다. 소, 돼지, 닭, 오리의 고기를 합한 것인데, 이 중에 소고기가 14.8kg이고 돼지고기는 30.1kg이다. 그리고 쌀, 보리, 밀 등 곡물의 전체 소비량은 64.6kg이고, 이 중에 쌀은 56.4kg이라고 하니, 이제 한국은 육류와 양곡의 섭취량이 비슷한 나라가 되었다. 1980년의 쌀 소비량이 132.4kg이고 육류 소비량은 11.3kg이었다고 하는데, 이 통계에 의하면, 40여 년 동안 육류 소비는 5배가 늘어났고 쌀 소비는 절반 이하로 줄어들었다. 소고기만 본다면, 1980년에는 1인당 2.6kg이었는데, 2023년에는 14.8kg이 되어, 약 5배 이상 먹는 양이 늘어났다.

현재 한국 사람들이 소비하는 육류 가운데 가장 많은 것은 돼지고기이다. 삼겹살이나 돼지갈비를 파는 음식점은 수없이 많고, 야외의 바비큐나 가정에서 먹는 고기 중에서도 돼지고기가 차지하는 비율이 가장 높다. 이렇게 돼지고기를 많이 소비하지만, 육류 중에서 으뜸으로 치는 것은 역시 소고기이다. 예로부터 손님을 대접하거나 잔치를 벌일 때, 그리고 제사상에는 소고기가 빠질 수 없었다.

제 2 장 식생활

성협 «야연», 국립중앙박물관

조선시대에 1인당 소고기를 얼마나 먹었는지 정확한 통계는 없지만, 돼지고기보다 소고기를 더 많이 소비한 것은 분명하다. 소는 농사를 짓기 위해서는 꼭 필요했으므로, 전국에서 기르는 소의 숫자는 매우 많았다. 그러나 돼지는 순전히 고기를 얻기 위해서 기르는 것이므로, 그렇게 많이 기르지 못했다. 지금은 소고기가 돼지고기보다 훨씬 비싸기 때문에 돼지고기의 소비가 많지만, 조선시대에는 소가 돼지보다 훨씬 많았기 때문에 소고기 소비가 많았고, 값도 소고기가 돼지고기보다 저렴했다.

그러나 농업국가인 조선에서는 농사에 필요한 소를 함부로 도살해서 식용으로 사용하는 것을 엄격하게 통제했으므로, 아무나 자유롭게 소를 잡아 소고기를 판매할 수는 없었다. 국가는 농사짓는 데 필요한 소를 보호하지 않으면 안 되었지만, 한편으로는 국가나 개인이 지내는 제사에서는 소고기를 써야 했다. 그리고 무엇보다도 소고기는 맛이 있는 음식의 재료였으므로, 당연히 소고기 수요가 있었다.

조선후기에 국가에서는 공식적으로 소를 잡아서 판매할 수 있는 권한을 성균관의 노비들에게 주었다. 그러므로 이들 이외에는 소를 잡고 소고기를 판매할 수 없었지만, 이익이 나는 곳에는 반드시 불법이 생기기 마련이므로, 허가받지 않은 도축업자와 소고기 판매점 또한 많이 생겨났다.

백정

'백정'이라는 단어는 요즈음에는 별로 쓰이지 않는 말인데, 과거에 소나 돼지 같은 짐승을 잡는 사람을 일컫는 말이었다. '백정'은 '백장'이라고 발음했는데, 이제 '백정'이나 '백장'이라는 말은 거의 쓰지 않아서, 사전에나 남아 있는 말이 되었다. 근래에 백정이라는 말이 단독으로 쓰이기보다, 주로 잔인한 살인자에게 붙여져서 '인간백정'이라는 표현을 쓰기도 한다. 그리고 말이나 행동이 막된 사람에게 쓰는 '개백장(개백정)'이라는 단어도 어쩌다 쓰이고 있다.

그런데 백정이라는 단어는 이제 곧 사어死語가 될 것으로 보인다. 이 글을 쓰면서 '개백장'이라는 단어를 인터넷에서 검색하다가 재미있는 것을 보았는데, 필자로서는 전혀 예상치

제 2 장 식생활

전주의 남녀 백정 사진 (1915), 국립중앙박물관

못한 뜻으로 개백장을 이해하고 있었다. 어떤 사이트에 올려놓은 개백장의 이미지들은, 올가미를 들고 개를 잡으려는 그림들이었다. 국어사전에 '개백장'의 뜻이 '개를 잡는 것을 직업으로 삼는 사람'이라고 하니, 개를 도살하는 사람이 아니라, 개를 올가미 같은 것으로 잡아가는 사람으로 잘못 이해한 것이다. 개백장을 이런 뜻으로 이해하게 되면, 조만간 원래의 뜻은 없어질지도 모르겠다.

　우리나라 헌법 제15조에서는, "모든 국민은 직업선택의 자유를 가진다"라고 하여, 누구나 자유롭게 자신의 의지에 따라 직업을 선택할 수 있다. 그러나 조선시대에는 각자의 신분에 따라 정해진 일이 있어서, 이를 위반할 수 없었다. 특히 힘들고 천한 것으로 여겨지는 일은 대대로 그 직업을 계속할 수밖에 없었다. 짐승을 도축하는 일이 직업인 백정도 마찬가지여서,

백정들은 함께 모여 살면서 대대로 이 일을 계속했다.

19세기 중반 서울에서 백정이 많이 모여 살던 곳은 성균관 부근이었다. 1916년 3월 19일 『매일신보』의 기사를 보면, 혜화문 안쪽으로 백정들이 모여 살았고, 이들은 다른 사람들에게 천시를 받아서 교제나 혼인이 자유롭지 못하다고 했다. 이들은 자녀들의 교육을 위해 1910년 그 동네 한가운데에 '사립숭정학교'를 기와집으로 만들었는데, 이 학교가 혜화초등학교의 전신이다.

조선시대 전국에 수많은 백정이 있었지만, 이들은 하층의 천대받는 존재였으므로, 이들에 대한 자세한 기록은 찾아보기 어렵다. 19세기 백정에 관한 자료는, 대부분 세금 문제나 범죄와 연관된 기록에서나 확인해볼 수 있다. 고종 9년(1872)에 경상도 영천에서 일어난 살인사건은 백정 사이에 일어난 일인데, 이 사건의 기록을 통해 백정의 실태를 보기로 한다.

1872년 살인사건

경상도 영천군 내동면 교촌동에 사는 백정 정대가 도장동에 사는 백정 말종을 2월 6일에 구타해서 사흘 후인 8일에 말종이 죽은 사건이다. 교촌동과 도장동은 붙어 있는 동네이므로, 같은 동네에서 사는 사람 사이에서 일어난 살인사건이었다.

사건의 발단은, 영천에 사는 백정들이 관청에 납부하는 말

제2장 식생활

가죽과 개가죽에 관련된 문제였다. 정대가 말종에게 기준보다 더 많이 부담을 지라고 했기 때문에, 말종이 정대를 꾸짖은 일이 있었다. 그러자 정대가 자신의 조카 선록·함춘과 함께 말종을 다른 백정의 집으로 끌고 가서 구타하였고, 말종은 쓰러져 음식을 제대로 먹지 못하다가 사흘 후에 죽었다.

말종의 부인 월절과 아들 춘억이 관청에 고발하여 정대는 감옥에 갇히게 되었는데, 정대는 자신이 말종을 구타한 일은 없고, 말종이 모욕을 당했다며 비상을 먹고 자살한 것이라고 주장했다. 그리고 이러한 정대의 주장을 옹호하는 여러 증인의 증언이 있었다.

우선 정대의 조카로 정대와 함께 말종을 구타한 선록이다. 선록은, 말종이 정당한 세금을 내지 않으려고 하며 정대에게 입에 담지 못할 욕을 하기에 자신이 말종에게 욕을 했는데, 아저씨인 정대가 자기 뺨을 때리며 참견하지 말라고 했다고 정대를 옹호했다. 그리고 말종이 비상을 먹었다는 얘기는 다른 사람에게 들었다고 증언했다.

선록의 증언과 거의 비슷한 내용의 증언을 한 증인으로는, 정대의 육촌 동생인 한돌과 칠손이 있다. 이들은 모두 백정으로, 말종의 조카딸 회열에게서 말종이 비상을 먹고 죽었다는 말을 들었다고 했다. 또 정대의 이웃인 백정의 아내 정심과 매이도 회열에게서 말종이 비상을 먹었다는 말을 들었을 뿐 아니라, 말종이 비상을 먹고 괴로워하는 것을 직접 보았다고 증언했다.

그런데 회열은 자신은 숙부가 비상을 먹었다는 말을 하지 않았을 뿐 아니라, 정대가 조카들과 함께 말종을 구타하는 것을 목격했다고 증언했다. 그리고 백정 어출은 정대와는 오촌이고, 말종과는 외오촌인데, 자신은 직접 싸우는 것은 보지 못했고, 말종이 비상을 먹었다는 말은 정대에게 들었다고 했다. 정대와 선록을 말종의 아내와 아들과 대질시켰는데, 서로 자신들의 주장을 굽히지 않았다.

백정 이외에 증언한 사람들로는, 도장동의 동네일을 맡아보는 한량 구삼한과 교촌동의 동네일을 맡아보는 양인 조팔복이 있는데, 구삼한은 정대와 말종이 싸운 내용은 자세히 모른다고 했고, 조팔복은 "백정 마을에서 떠들썩한 소리가 났다"라는 정도로 말했다.

이 사건을 처음 조사한 영천 군수와 경산 현령은, 시체를 검사한 소견과 함께 이 사건에 대해 다음과 같은 의견을 제시했다. 시체의 목에 은비녀를 넣었을 때 색이 변하지 않았으므로, 말종이 비상을 먹었다는 것은 사실이 아니다. 그리고 정대 등이 구타하지 않았다고 하나, 검시한 결과 사인이 구타에 의한 것이 분명하다. 또 "저 정대는 풍요롭게 살고 무리가 많았으며, 불쌍한 이 말종은 가난하고 외로운 혈혈단신이었다"라고 하여, 여러 사람이 정대를 위해 거짓 증언을 했다는 점을 말했다.

이 살인사건의 보고서를 통해 백정에 대한 두 가지 사항을 확인할 수 있다.

첫째는, 대부분의 범죄 관련 기록에는 성과 이름을 함께 쓰는데, 이 자료에서 백정은 성이 없이 이름만 기재되어 있다는 점이다. 정대와 말종을 비롯한 백정 집안 사람들은 성은 없이 이름만 나타난다. 같은 기록에 들어 있는 군수와 현감은 말할 것도 없고, 양인, 한량, 유학 등은 모두 성과 이름을 쓴 것과 비교하면, 백정은 성이 없이 이름만 썼다는 것을 알 수 있다. 백정은 성을 쓸 수 없는 엄청난 차별을 당하고 있었음을 보여준다.

둘째는, 영천군에는 '백정 마을'이라고 부를 정도의 상당히 큰 백정의 집단거주지가 있었다는 점이다. 이 사건에 이름이 나오는 백정 집안 사람들만 해도 꽤 숫자가 많은데, 이들 이외에도 더 많은 사람이 이 집단거주지에 거주했다. 영천이라는 한 군에 이 정도의 백정 마을이 있었으니, 전국적으로 백정의 숫자는 상당히 많았던 것으로 추정해볼 수 있다.

지금부터 101년 전인 1923년 4월 25일, 경상도 진주에서는 백정들이 신분의 차별을 철폐하고 평등을 쟁취할 것을 주장하는 형평사가 창립되었다. 갑오개혁으로 백정의 신분해방이 이루어졌음에도, 백정에 대한 차별과 멸시가 계속되었으므로, 백정들이 자신들의 강력한 의지를 보여주기 위한 조직을 결성한 것이다. 형평사의 창립은, 백정에 대한 차별이 얼마나 심했는지를 잘 보여주는 하나의 예이다.

안동 하회면의 '백정탈', 국립중앙박물관

소고기 파는 가게

소고기를 파는 가게를 부르는 명칭은 푸줏간, 고깃간, 육고간, 식육점, 정육점 등등 여러 가지가 있는데, 근래에는 정육점이라는 이름이 가장 널리 쓰인다. 요즈음 정육점에서는 국산 소고기나 돼지고기 이외에도 미국산이나 호주산 소고기, 스페인산 돼지고기, 또는 호주산 양고기를 파는데, 이런 수입 육류가 국산 육류보다 싼 시대가 되었다.

조선시대 음식 관련 기록에는 소고기로 만든 음식이 여러 가지 나온다. 『춘향전』에서 이도령이 춘향의 집에 처음 갔을 때 차려온 안주상에 놓인 많은 음식 가운데 소고기로 만든

제2장 식생활

것만 보더라도 여러 가지이다. 갈비찜, 양지머리, 차돌박이, 염통산적, 양볶이, 신선로, 전골, 포육, 편포 등이 나오는데, 소의 염통으로 만든 산적이나 밥통으로 만든 양볶이가 맛있는 요리로 되어 있다. 그리고 포육이나 편포 같은 소고기 육포도 고급 안주였다.

19세기 조선 사람들은 어디에서 어떻게 소고기를 사서 먹었을까?

안타까운 일이지만, 소고기를 어디에 가서 얼마나 사서 먹었는지 알 수 있는 자료는 참으로 보기 어렵다. 분명히 꽤 많은 양의 소고기를 먹었는데, 그 많은 양을 어디서 어떻게 구해서 먹었는지, 값이 얼마나 했는지 제대로 알려진 바가 없다. 서울과 지방을 막론하고 제사상에 소고기를 올리는 집도 많고, 잔치에 쓰기 위해 소고기가 필요한 집도 많았다. 그리고 전국의 수많은 주막에서 손님에게 국밥을 팔기 위해서도 소고기가 있어야 하는데, 이 소고기를 어디서 어떻게 구해왔는지 알 수 있는 자료도 거의 없다. 이제까지 필자가 본 바로는, 『계우사』라는 소설에 집주인이 하인에게 "급히 뛰어가서 꾸미고기를 사 오너라"라고 심부름을 시키는 대목 정도가 나올 뿐이다. '꾸미고기'는 '고기꾸미'를 말하는 것으로, 국이나 찌개에 넣는 고기를 말한다. 소설에 이런 대목이 있는 것으로 보아, 19세기 중반 서울에는 고기를 파는 가게에서 소량의 고기도 살 수 있었음을 알 수 있다.

한 가지 흥미 있는 자료를 소개한다. 19세기 말에 경기도 광주에 살던 지규식의 일기에는 다음과 같은 대목이 있다.

저녁 무렵 이원유가 들어와서 돼지 한 마리를 잡아먹자고 말하여, 즉시 백정을 불러 돼지를 잡아 삶아서 바로 한 상을 다 먹었다.(1892년)

사기그릇 굽는 곳에서 소를 잡으려고 하여 소 한 마리를 500냥에 값을 정하고 왔다. 200냥은 먼저 주고 나머지는 오는 장날에 모두 주기로 기한을 정했다. 백정이 외부에 나가서 밤이 깊은 뒤에 비로소 잡았다.(1894년)

이 기록을 보면, 소나 돼지를 산 채로 사서 백정을 불러 잡았다는 것을 알 수 있다. 또 이 일기에는 소고기를 샀다는 기록도 몇 군데 보이는데, 소고기를 파는 가게는 소를 도축하는 곳과 같은 곳으로 나와 있다. 그리고 경기도 광주에는 소고기를 판매하는 가게가 여러 군데 있었다는 내용도 있다.

현방

19세기 중반에 서울에는 국가에서 허가한 소고기 판매업소가 있었는데, 이를 현방懸房이라고 했다. 소고기를 매달아 놓고 판매하기 때문에 '매달다'라는 한자 '현懸'을 붙인 것이다. 현방이 처음 생긴 시기에 대해서는 정확하게 알려진 바가 없는데, 대체로 임진왜란 이후 현종 때부터 기록이 보인다. 처음에는 40군데가 넘는 현방이 있었으나, 19세기 중반에는 23곳이 있었다.

서울에는 현방 이외에도 사사로이 소를 잡아 판매하는 사

제 2 장 식생활

김홍도 «논갈이», 국립중앙박물관

람들도 또한 많았다. 그리고 지방에는 각 고을에 한 곳의 푸줏간을 설치할 수 있게 하였으나, 지방에도 공식적으로 허가받은 푸줏간이 아닌 사사로이 소를 잡는 사람들이 있었다. 철종 9년(1858) 5월 20일 『승정원일기』의 기사를 보면, 영의정 김좌근은, 지방에는 각 고을에 한 군데의 푸줏간만을 허가하고 그 이외에 법을 어기는 자는 철저하게 처벌해야 한다고 철종에게 진언했다. 철종은 이에 동의하고 각 고을에 한 개 이상의 푸줏간이 있는 것은 모두 없애라고 명령했다.

고종 11년(1874)에도 이런 논의는 또다시 반복되어, 서울의 23곳 현방 이외에 사사로이 소를 잡는 것을 엄하게 금지하라는 명령을 내린다. 그런데 이런 명령이 계속된다는 것은, 사사로이 도축하는 일이 이미 광범위하게 퍼져 있어서, 더 이상 막을 길이 없음을 보여주는 것이기도 하다.

1884년 11월 전주의 전라감영을 방문한 미국 외교관 조지 클레이튼 포크(George Clayton Foulk)는, 전라감영에서 대접하는 밥상의 그림을 그리고 밥과 반찬 등 17가지 음식의 내용을 다음과 같이 적어놓았다.

> 콩밥, 소고기뭇국, 닭구이, 돼지고기구이, 소고기 편육, 김치, 깍두기, 소고기 육전, 콩나물무침, 조개젓과 굴젓, 오리탕, 꿩탕, 불고기, 수란, 생선 젓갈, 간장, 초간장.

위의 17가지 음식 중 김치, 깍두기, 조개젓, 생선 젓갈, 간장, 초간장 등 밑반찬을 뺀 11가지 중에 소고기뭇국, 소고기 편육, 소고기 육전, 불고기 등 네 가지가 소고기를 재료로 한 음식이고, 그 외에 닭고기, 돼지고기, 오리고기, 꿩고기가 각기 한 가지씩이었다. 육류가 여덟 가지이고, 밥 이외에 콩나물과 계란 반찬이 한 가지씩이다. 이것만을 보더라도, 한국인이 육류를 좋아하고, 특히 소고기를 좋아한다는 것을 잘 알 수 있다. 그리고 소고기를 재료로 한 요리도 풍성했음을 아울러 알 수 있다.

2 유밀과

정조의 효성과 음식 그림

서울 동대문구에는 휘경동이라는 동네가 있다. 지금은 초등학교부터 대학까지 여러 종류의 학교가 있고, 상가를 비롯한 아파트와 빌라가 꽉 들어차 있지만, 20세기 초까지도 이 지역은 서울 근교의 한가한 마을이었다. 휘경동에는 배봉산이라는 야트막한 산이 있는데, 이 산자락에 순조의 생모인 수빈 박씨의 묘가 있었다. 수빈 박씨는 정조의 후궁이므로, 왕비의 묘에 붙이는 능陵은 쓸 수 없고, 임금을 낳은 후궁에게 붙이는 원園을 썼다. 수빈 박씨 묘의 명칭은 휘경원이다.

휘경동이란 지명은 이 휘경원에서 유래한 것이니, 수빈 박씨가 돌아간 1823년 이후에 생겨난 이름이다. 후에 두 차례 묘를 옮겨서, 현재 휘경원은 남양주시에 있다. 사람의 다리를 묘사하는 말로, "다리가 휘경원 정자각 기둥 같다"라는 말이 있는 것으로 보아, 19세기 중반에는 서울 사람들이 잘 알고 있었던 곳이다.

휘경원이 있던 배봉산에는 또 하나 왕족의 묘가 있었는데, 바로 사도세자의 무덤이다. 처음 사도세자의 묘를 배봉산에 썼을 때의 이름은 수은묘垂恩墓였으나, 정조가 즉위한 후에 영

『원행을묘정리의궤』 속 «반차도»의 부분, 국립중앙박물관

우원永祐園이라고 격을 높여 불렀고, 정조 13년(1789)에 화성(현재 수원)으로 이장하면서 현륭원으로 고쳤다. 그리고 고종 때 사도세자를 왕으로 추존한 다음에는 현륭원을 융릉이라는 왕릉의 명칭으로 격상시켰다. 정조 임금이 아버지의 묘를 수원으로 옮기고, 여기를 여러 차례 행차한 일은 잘 알려져 있다.

효성이 지극한 정조는, 어머니 환갑잔치를 위해 1795년 윤2월 9일부터 16일까지 8일 동안 화성을 왕복하는 여행을 했다. 정조의 아버지 사도세자와 어머니 혜경궁홍씨는 1735년 같은 해에 태어났으므로, 1795년은 부모님 두 분의 회갑이 되는 해였다. 이미 세상을 떠난 아버지는 어쩔 수 없었지만, 살아계신 어머니를 위해 정조는 성대한 회갑연을 화성에서 열었다. 8일 동안의 상세한 내용을 책으로 간행한 것이 『원행을묘정리의궤』이다.

서울 청계천의 타일로 만든 벽화로 유명한 반차도는, 이 의궤에 들어있는 행렬의 내용을 바탕으로 제작한 것이다. 근래에 이 책에 나오는 음식에 관한 기록을 중심으로 여러 가지 궁중음식 연구가 이루어졌고, 다양한 음식 관련 책자도 간행되었다. 그 중에서 기름에 지지거나 튀긴 과자인 유밀과油蜜果와 관련된 내용을 살펴보자.

왕실의 제사상

정조 임금은 1776년 3월 10일에 즉위했는데, 즉위한 지 이틀 후에 아버지 사도세자 사당의 명칭을 바꾸라고 지시해서, 열흘 후에는 기존의 수은묘垂恩廟라는 이름을 경모궁景慕宮으로 바꿨다. 그리고 수원으로 묘소를 옮기기 전에 여러 차례 직접 배봉산의 아버지 묘소에 가서 제사를 지냈다.

정조는 아버지의 생일인 1월 21일이면, 어떤 형식으로든지 아버지를 기렸다. 아버지 사당에 가서 제사를 지낸다거나, 신하를 아버지 산소로 보내 묘를 살펴보는 일 등을 통해 꾸준히 아버지를 잊지 않는다는 것을 내외에 밝혔다. 아버지의 묘소를 수원으로 옮긴 1789년 이후에도, 정조는 10여 차례 아버지 묘소를 찾아갔다.

1795년에는 윤2월에 어머니 회갑연을 화성에서 열기로 되어 있었으므로, 1월 21일 사도세자의 60회 생일에는 서울에 있는 사당인 경모궁에서 제사를 지냈다. 『일성록』에는 이날 제사에 올린 제물의 목록을 기록해놓았는데, 전체 음식 그릇 수는 100그릇이었다. 그 종류를 보면, 조과造果 20그릇·다미茶味 20그릇·과일 20그릇·저냐 14그릇·탕 10그릇·떡 7그릇이고,

이 밖에 젓갈·절육切肉·각종 적炙·국수·만두·떡국·꿀·겨자·초장이 각각 1그릇이다.

이 제사상의 음식에서 요즈음에 별로 익숙하지 않은 이름은 조과造果와 다미茶味이다. 사전에는 조과를 찾아보면, "과일에 대하여 유밀과나 과자 따위를 이르는 말"이라고 풀이해놓았다. 이익의 『성호사설』에도 조과가 나오는데, 과일의 모양을 본떠 만든 과자를 우리나라에서는 조과라고 한다고 했다. 그리고 처음에는 과일 모양이었겠지만, 그릇에 담기 편하게 네모나게 잘라서 만들었을 것으로 추정했다.

사도세자 60회 생일의 제사상에 올린 조과의 종류는, 약과·중박계·산자·한과·차수과·만두과 등인데, 현재는 이를 모두 유밀과로 분류하고 있다. 그런데 다미는 무슨 의미인지 알 수 없다. 여기저기 찾아보았으나, 이 자료 이외에는 용례가 없는 것으로 보인다. 다미로 분류한 20그릇은 여러 가지 강정과 다식이 중심이고, 그밖에 조란棗卵·전약煎藥·산약山藥 등이 더 있다.

과실 20그릇 중에는 잣·밤·감·대추·호두·은행·배 등의 국내산 이외에 용안이나 여지 같이 외국에서 들여온 것도 있다. 그런데 과실 항목에는 실제 과실뿐만이 아니라, 과실이 들어간 여러 가지 음식이 포함되었다. 밀조나 호두당처럼 대추나 호두를 꿀에 잰 것이라거나, 귤병이나 건포도처럼 귤이나 포도를 가공한 것도 들어있다. 그리고 연근이나 도라지 등을 꿀에 조린 각종 정과는 물론이고, 배나 감이 들어간 수정과와 대추나 모과 등을 넣어 부친 전煎도 과실 항목에 넣어놓았다.

제2장 식생활

제사상에 올린 100그릇의 제물 가운데 60그릇이 과자와 과실이고 그 나머지 40그릇 중에 가짓수가 많은 것은 저냐와 탕과 떡이다. 그런데 저냐와 떡은 한 그릇에 여러 종류를 담는 것도 많아서, 전체의 음식 종류는 그릇 수의 몇 배가 된다. 예를 들어 저냐에 들어있는 누르미는 한 그릇이지만, 하나의 그릇에 전복·대합조개·생선·쇠고기 등 네 종류의 누르미를 담았다. 이렇게 보면, 저냐는 14그릇이라고 하지만, 전체 종류는 42가지가 된다.

종묘에서 지내는 제사에 진설하는 음식이 50여 그릇 정도인데, 사도세자의 제사상에 100그릇의 음식을 차려놓은 것을 보면, 정조가 아버지를 어떻게 생각했는지 잘 알 수 있다.

혜경궁홍씨의 생일잔치

정조는 즉위한 후 어머니 혜경궁홍씨의 탄생일이 되면, 생일 전날인 6월 17일에 돈과 옷감을 보내곤 했다. 그리고 어느 해에는 어머니의 탄신을 축하하는 행사를 창경궁의 명정전에서 열었다. 혜경궁홍씨의 생일잔치 중 가장 큰 잔치는 회갑을 맞이한 1795년에 열린 여러 가지 행사이다. 먼저 윤2월에는 화성에서 회갑연이 있었고, 6월 18일의 탄신일에도 명정전에서 성대한 생일축하 행사가 있었다.

화성에서 열린 회갑연의 기록인 『원행을묘정리의궤』에는 윤2월 9일부터 16일까지 여드레 동안 일어난 일의 모든 내용이

수원에서 재현한 '주다소반과', 수원전통문화관

들어있다. 특히 8일 동안 혜경궁홍씨와 정조의 매 끼니 음식상의 자세한 내용이 정리되어 있어서, 궁중요리를 연구하는 사람들에게는 매우 유용하게 쓰이고 있다. 이 여드레 동안에 올린 음식들이 혜경궁홍씨의 일상적인 음식상의 모습인지는 모르겠으나, 아무튼 화려한 궁중음식의 일면을 엿볼 수 있다.

8일 동안의 수라상 중 윤2월 11일과 12일의 상차림을 보기로 한다. 11일에는 다섯 차례 상을 올렸는데, 각 상의 명칭은 죽粥수라·조朝수라·주다소반과晝茶小盤果·석夕수라·야다소반과夜茶小盤果 등이다. 12일은 조수라·주다소반과·주晝수라·미음·석수라·야다소반과 등 여섯 차례이다. 대체로 하루에 대여섯 번 음식을 바쳤는데, 혜경궁홍씨의 상에는 매 번 15그릇 정도의 음식이 올라갔고, 정조의 수라상 그릇 수는 그 반 정도였다.

이처럼 정조는 자신의 음식 그릇 수를 어머니의 반 정도로 해서, 음식을 통해서도 어머니를 공경하는 뜻을 보였다. 그런데 이 회갑연에 그치지 않고 혜경궁홍씨의 생일인 6월 18일에도 생일잔치를 치렀는데, 화성의 회갑연보다 훨씬 화려하고 성대했다. 음식상에 올린 음식 숫자만 보더라도, 화성의 회갑연에는 70그릇을 올렸는데, 명정전에서 열린 본 생신에서는 82그릇을 올렸다. 그리고 꽃장식도, 화성에서는 42개의 꽃을 꽂았지만, 본 생신에서는 83개의 꽃을 꽂았다.

화성에서 열린 회갑연에서 신하들에게 내린 음식상은 상, 중, 하의 세 가지 구분이 있었는데, 모두 280명에게 음식을 제공했다. 그리고 군사 7716명에게는 떡 두 개, 탕 한 그릇, 건대구 한 조각씩을 나누어주었다. 6월 18일의 생일잔치에는, 남녀 친척과 함께 문신과 무신 합해서 약 1800명의 신하가 참석해 식사했다. 그리고 유생·장교·병사·서리·하인·기생 등 5천 명 정도 되는 인원에게는 떡과 참외 등을 주었다.

혜경궁홍씨의 회갑을 맞이한 해의 생일잔치가 얼마나 성대했었는지는, 다음 해에 열린 생일잔치에 올린 음식이 59그릇이고, 이후에는 대체로 40그릇 정도의 음식을 진설한 것을 통해서도 알 수 있다.

유밀과의 대표격인 '약과' ([ccsa] wikimedia commons)

유밀과

조선 후기에 가면, 왕실에서 지내는 제사는 1년에 수백 회나 되었으므로, 여기에 들어가는 제사 음식을 장만하는 일은 매우 중요한 일이었다. 그리고 왕실의 혼인이나 장례 때에도 많은 음식을 준비해야 했으므로, 큰일이 있을 때는 임시로 조과청 造果廳이라는 기구를 만들어서 운용했다. 그러나 때때로 제사 음식을 허술하게 만들어서, 관리가 처벌을 받는 일도 있었다.

영조 4년(1728년)에 왕이 선릉과 정릉을 친히 살펴보았는데, 이 두 능은 현재 서울 강남구 삼성동에 있다. 영조는 배를 타고 한강을 건너 먼저 선릉에 올라가 예를 올렸는데, 제사를 마치고 나서 제사를 담당하는 관리를 조사하라고 명령했다. 그 이유는, 제사상에 올린 과자의 색이 옅었기 때문이었다. 이처럼 왕이 왕릉에서 직접 제물의 질을 언급하고, 담당 관리를 처벌하는 일은 그렇게 드문 일이 아니었다.

임금이 제사 음식을 직접 맛을 보기도 했다. 정조는 현재 고양시 서오릉 경내에 있는 홍릉과 창릉 등에 가서 친히 제사를 지낸 일이 있었는데, 제사가 끝난 다음 담당 관리를 파직시키고 요리사도 엄하게 신문하여 처벌한 다음 보고하라는 명령을 내린 일이 있다. 이는, 창릉의 조과造果를 규정대로 만들지 않아서, 유밀과의 맛이 제대로 나지 않았기 때문이었다.

　제물 가운데 특히 유밀과는, 들어가는 재료의 양이나 만드는 방식과 규격이 엄격하게 정해져 있었다. 그런데 제사를 담당하는 관리와 요리사가 제대로 일을 하지 못하면, 이와 같은 규정에 맞지 않는 유밀과를 만들게 되고, 제사상에 진설했을 때 모양이 바르게 되지 않았다. 정조는 제물의 고임새뿐만 아니라 맛까지 확인했다.

　위에서 본 사도세자의 제사상이나 혜경궁홍씨의 잔칫상에도 여러 종류의 유밀과가 들어있다. 사도세자의 제사상에 올린 조과造果 20그릇은 대부분 유밀과이고, 다미茶味는 사탕이거나 꿀로 조리한 것이다. 현재의 개념으로 본다면, 조과와 다미는 과자와 사탕이라고 할 수 있다.

　혜경궁홍씨의 생일잔치 상차림에도 이런 과자 종류가 상당수가 들어있다. 화성의 회갑연에서는 전체 70그릇 중 반 정도가 유밀과를 포함한 과자 종류이고, 6월 18일 명정전에서 열린 생일잔치에서는 82그릇 중 20그릇 정도가 과자 종류이다. 잔칫상보다는 제사상에 과자를 더 많이 진설한 것으로 보인다.

　잔칫상이나 제사상에 올리는 음식 중에 과자와 사탕의 비

만두과 ([ccsa] wikimedia commons)

율이 높은 것은, 맛도 좋지만, 상에 차려놓았을 때 보기가 좋기 때문이었을 것이다. 이 가운데 유밀과가 차지하는 비중이 큰 것은, 당시에는 기름에 튀기거나 지진 것이 최고급 과자였기 때문이다.

유밀과의 금지

지금은 유밀과를 특별히 고급 과자라고 말하기 어려운데, 유밀과의 대표라고 할 수 있는 약과의 가격이 그렇게 비싸지 않은 것으로도 알 수 있다. 그러나 밀가루로 만들어 기름에 튀긴 유밀과는, 조선시대에는 대단히 사치스러운 과자였다. 국가에서는 유밀과가 사치를 조장할 수 있다고 여겨서, 특별한 경우가 아니면 유밀과 쓰는 것을 금지했다.

조선을 건국한 지 5년째 되는 해에, 태조 이성계는 유밀과를 금지했다. 이후에 이 명령은 여러 왕을 통해 반복적으로 내려졌고, 마침내 조선을 통치하는 기준이 되는 법전인 『경국대전』에도 실리게 된다. 『경국대전』에는, "환갑잔치, 결혼식, 제사 이외에는 유밀과를 쓸 수 없다. 이 규정을 어기는 자는 볼기 60대를 때린다"라는 규정이 있다.

15세기에 만들어진 『경국대전』 이후에 나온 여러 가지 법령에도 이 대목은 그대로 들어갔는데, 1785년의 『대전통편』이나 1865년의 『대전회통』에도 들어있다. 그러므로 법에서 정한 행사가 아니라면, 유밀과를 만들어 먹는 것은 조선시대 내내 불법이었다.

조선시대 유명한 지식인 가운데는, 자신의 제사에 유밀과를 쓰지 말라는 유언을 남긴 사람이 많이 있다. 대표적인 인물로 퇴계 이황을 들 수 있는데, 퇴계는 돌아가기 며칠 전에 세 가지 유언을 남겼다. 첫째는 국가에서 주관하여 장례를 치르겠다고 하면, 유언이라고 말하고 굳게 거절할 것. 둘째는 장례에서 유밀과를 쓰지 말 것. 셋째는 커다란 비석을 만들지 말고, 아주 작은 돌에 이름과 집안 정도의 간략한 내용만을 새길 것 등이다.

조선시대 지식인들이 이런 유언을 남긴 이유는, 국가의 시책을 따른다는 의미도 있지만, 그것보다는 사치를 경계하기 위한 것이었다. 제사에 유밀과를 쓰는 것은 불법이 아니지만, 제사를 검소하게 지내는 것이 바람직하다는 강한 의지를 표명한 것이라고 볼 수 있다.

이렇게 유밀과는 엄격하게 통제하는 먹거리였으므로, 19세기의 대중소설에도 유밀과는 나타나지 않는다. 『춘향전』에서 이도령이 처음 춘향의 집에 갔을 때, 여러 가지 음식을 차려서 대접하는 장면이 있다. 이 대목에 나오는 음식을 보면, 갈비찜·돼지고기볶음·신선로·닭찜·생선회 등과 함께 송편·설기·두텁떡·각종 웃기떡이 나온다. 그리고 각종 과일과 과자 중에는, 중국에서 수입한 용안이나 여지 같은 과일이나 민강이나 귤병 같은 과자도 등장한다.

또 『계우사』라는 작품에도 기생집에서 차려낸 음식상에 각종 화려한 음식이 나온다. 귤병·편강·민강·호두당·포도당·옥춘당·인삼당·인삼정과·모과정과·새앙정과 등의 꿀에 조린 과자와 사탕이 있고, 메밀완자·신선로·벙거짓골·영계찜·갈비찜·승기악탕·어육·제육·어만두·떡볶이 등의 음식도 등장한다. 그런데 이렇게 여러 가지 음식이 나오지만, 유밀과는 찾아볼 수 없다.

유밀과가 대중의 먹거리와는 거리가 먼 음식이라는 것은, 서울의 상점가에 유밀과를 파는 가게가 없었던 것으로도 알 수 있다. 19세기 서울의 시장에 대한 자세한 기록이 있는 『만기요람』이나 『동국여지비고』 같은 책에도, 엿을 파는 상점은 보이지만, 유밀과를 파는 가게는 나타나지 않는다.

제사, 결혼식, 회갑연 등에서는 공식적으로 유밀과를 쓸 수 있었지만, 이는 돈이 있는 사람들에게 국한된 얘기이지, 가난한 사람들은 꿈도 꿀 수 없는 일이었다. 1895년 어떤 사람이 쓴 일기를 보면, 아들의 혼례에 조과造菓를 만드는 사람에게

52냥을 지급했다는 기록이 있다. 19세기 말까지도 유밀과는 가게에서 구입하는 것이 아니라, 유밀과 만드는 전문가를 따로 불러서 만들었던 것으로 보인다.

19세기 말에 외세가 밀려들면서 외국인이 운영하는 상점이 많아지는데, 이런 가게에서는 각종 과자나 사탕도 팔았다. 이제 유밀과는 더 이상 금지된 먹거리가 아니었다. 진고개의 일본인 상점에서 유밀과 두 근을 12냥에 샀다는 1895년의 기록은 이런 사정을 잘 보여준다.

약과나 사탕을 높이 고여 놓은 회갑상을 받는 것보다는, 고급 호텔에서 케이크를 자르는 회갑연이 더 인기가 있고, 유밀과보다는 초코릿 과자가 더 일반적인 세상이 되었다. 마치 배봉산의 왕족 무덤이 있던 자리에 학교와 아파트가 들어선 것처럼, 이렇게 세상은 계속 변하고 있다.

3 식사 예절

나이프로 썰어먹던 크림빵

아침 식사나 브런치로 빵을 먹는 사람은 꽤 있지만, 점심이나 저녁 식사에서 빵을 주식으로 하는 한국 사람은 많지 않은 것 같다. 그래서 한국인의 육류나 밀가루 소비량이 이전에 비해 크게 늘어났지만, 대부분의 한국 사람은 여전히 쌀밥을 주식이라고 생각한다. 근래에 빵집은 이전에 비해 많이 늘어났고, 베이커리 카페라는 이름의 대형 빵집도 매우 많아졌는데, 이런 가게에서 파는 여러 가지 빵은 주로 간식용이다.

요즈음 베이커리 카페에 가보면, 1950년대나 60년대처럼 접시나 트레이 위에 빵과 함께 포크와 나이프를 얹어주는 가게가 있다. 1회용 플라스틱 제품도 있지만 꽤 고급스러운 것도 있다. 필자가 어렸을 때는, 서양식 식사에서 포크와 나이프를 쓰는 방법을 학교에서 가르치기도 했던 것 같다. 그러나 서양 음식을 먹을 기회가 별로 없었으므로 포크와 나이프를 쓸 기회는 흔치 않았다. 그런데 빵집에서는 이 서양식 도구를 이용해서 빵을 먹었다.

고려당이나 무과수 같이 큰길에 있는 이름난 제과점이 아니라, 동네의 작은 빵집에서도 빵을 담은 접시에 포크와 나이프를

제2장 식생활

함께 올려놓았다. 빵집에서 사 먹는 빵이라는 것이 기껏해야 팥빵이나 소보로 또는 크림빵 정도인데, 이런 빵을 거추장스럽게 포크와 나이프를 사용해서 먹었다. 빵집에서 포크와 나이프를 내어놓는 풍습이 어디서 온 것인지는 모르겠으나, 어렸을 때 빵집에서 포크와 나이프라는 서양의 식사도구를 사용하는 일은 재미있는 일이었다.

식사할 때 쓰는 도구에 따라 세계의 문화권은 셋으로 나뉜다고 하는데, 첫째는 젓가락 문화권, 둘째는 포크와 나이프 문화권, 셋째는 손으로 먹는 문화권이다. 한국 중국 일본 등 동양 삼국이 대표적인 젓가락 문화권이고, 유럽과 남북 아메리카 대륙이 포크와 나이프 문화권이며, 인도와 중동지역 그리고 아프리카가 손으로 먹는 문화권이다.

손으로 음식을 먹는 문화는 아직 우리나라에서는 익숙하지 않지만, 포크와 나이프는 이제 식생활에서 일상적인 문화가 되었다. 서양 음식이나 서양식 식당이 흔하지 않던 시절에는, 포크와 나이프를 사용하는 방법에 대해서 사람들이 무척 신경을 썼다. 그러나 이제 이런 일에는 별로 관심이 없다. 그만큼 우리의 식생활이나 문화가 서구화되었다는 의미일 것이다.

문명화된 사회에서 식사 때 예절을 지키는 것은 매우 중요하므로, 조선시대에도 다양한 식사 예절이 있었다. 19세기 무렵 조선에서 지켜야 할 식사 예절은 어떤 것이 있었는지, 그리고 서양의 문물이 들어오면서 조선에서는 서양의 식사 예절을 어떻게 받아들였는지 보기로 한다.

김홍도 «점심» ([ccsa] wikimedia commons)

조선시대 식사 예절

조선은 유교의 나라였으므로, 대부분의 예절은 유교식이었다. 특히 중요하게 여긴 것은, 관혼상제라고 하는 관례, 혼례, 상례, 제례 등 네 가지이다. 이 네 가지를 사례四禮라고 하는데, 관례는 어른이 되는 의식, 혼례는 부부의 관계를 맺는 결혼식, 상례는 사람이 죽어서 장사를 치르는 의식, 제례는 죽은 사람을 기리는 제사를 말한다.

19세기가 되면 이 네 가지 의식이 양반 계층에 국한되지 않

제 2 장 식생활

고, 웬만한 서민들까지도 반드시 지켜야 하는 것으로 인식되어, 사례에 관한 다양한 서적이 나오게 된다. 이런 서적들을 보면, 각각의 의식의 절차에 대해서 자세한 설명을 해놓았고, 이때 음식을 어떻게 준비해야 하는지도 써놓았다. 그러나 사례에 관한 자세한 내용을 써놓은 책에 식사 예절에 관해 언급한 것은 찾아보기 어렵다.

율곡 이이의 저작인 『격몽요결』은, 공부를 시작하는 초학자들이 알고 있어야 할 사항이 무엇인가를 정리해놓은 책이다. 16세기에 나온 이후에 조선에서는 계속 읽혔는데, 이 책에는 식사 때에 지켜야 할 예절에 관한 구체적인 내용은 없다. 맛있는 것을 먹으려고 하거나 배불리 먹으려고 하지 말라는 정도의 말이 들어 있을 뿐이다.

성리학을 집대성한 주자가 그의 제자에게 편찬하도록 해서 만든 『소학』은, 유학을 가르치기 위해서 초보자가 익혀야 할 예의범절을 써놓은 책이다. 이 책에는 식사 예절에 관한 내용이 여러 가지 들어 있는데, 특히 '음식의 예절을 밝힌다'라는 항목을 따로 정해놓았다. 이 중의 몇 가지를 보면,

> 밥을 크게 떠서 많이 먹으려고 하지 말고, 국도 한꺼번에 많이 들이마시지 말라.
> 뜨거운 밥을 식혀서 빨리 먹으려고 밥을 헤젓지 말라.
> 국에 들어 있는 건더기는 마시지 말고 젓가락으로 먹는 것이 좋다.

등등인데, 대체로 빨리 먹거나, 많이 먹는 것을 경계한 내용이다.

조선시대에 『소학』은 식자층에게 널리 퍼진 책이므로, 어느 정도 공부를 한 사람이라면 이 정도의 내용은 모두 잘 알고 있었을 것이다. 그러나 이런 내용은, 선비로서 먹는 것을 어떻게 대할 것인가에 대한 일반적인 권고사항이지, 세밀한 규정이라고 말하기는 어렵다.

18세기 후반에 이덕무가 쓴 『사소절士小節』은 '선비가 지켜야 할 작은 예절'이라는 의미인데, 여기에는 선비만이 아니라 부녀자와 어린이가 지켜야 할 예절도 들어 있다. 이덕무는 이 책에서 식사 예절에 대해서 상당히 많은 내용을 구체적으로 적어놓았다.

사소절의 식사 예절

이덕무가 살던 시대와 현재는 매우 다른 세상이므로, 『사소절』에서 말한 식사 예절 중에는 지금은 별로 문제가 되지 않는 내용도 여러 가지 있다. 예를 들면 쌈을 싸서 먹는 것에 관한 내용이다. 이덕무는,

> 상추나 곰취 또는 김 같은 것에 밥을 싸 먹을 때, 손바닥에 직접 놓고 싸지 말라. 그 지저분한 것이 좋지 않다. 먼저 숟가락으로 밥을 동그랗게 떠서 그릇에 걸쳐 놓고, 젓가락으로 쌈 쌀 것 두세 장을

이덕무 『사소절』, 국립중앙도서관

　밥 위에 덮은 다음, 숟가락을 들어 입에 넣는다. 그리고 장을 찍어 먹는다. 또 입에 넣을 수 없을 만큼 크게 싸서, 볼이 크게 불거져서 흉한 모습이 되지 않도록 하라.

라고 했다.

　이덕무는 특히 여자들이 상추쌈을 크게 싸서 먹는 것은 보기에 좋지 않다고 다시 강조하기도 했다. 요즈음에도 채소나 김을 손바닥에 놓고 그 위에 밥을 싸서 먹는 것이 일반적임을 생각해보면, 이덕무의 이러한 지적은 매우 흥미롭다.

　게장을 먹는 방식을 얘기한 것도 재미있는데, 이덕무는,

"게딱지에 밥을 비벼 먹지 말라. 너무 좀스러워 보인다"라고 했다. 요즈음 꽃게의 등껍질에 밥을 비벼 먹는 것을 매우 맛있는 것으로 치는 것과 비교해보면, 이덕무의 이 발언을 의아하게 생각하는 사람도 있을지 모르겠다. 아마도 이덕무 시절의 게장은 민물에서 나는 작은 게로 담갔기 때문이었던 것으로 보인다. 작은 게딱지에 밥을 먹는 것이 너무 좀스럽게 보였는지도 모르겠다.

이처럼 요즈음과는 다른 면이 있지만, 『사소절』에서 얘기하는 식사 예절은 지금 보아도 수긍할 만한 것이 대부분이다. 예를 들면,

> 생선국을 먹을 때는, 생선을 숟가락이나 젓가락으로 휘저어서 생선살이 흩어지게 하지 말라. 수제비를 먹다가 입에 남아 있는 것을 국물에 어지럽게 떨어뜨리지 말라. 그리고 밥을 먹다 모래가 있더라도 이를 상에 뱉으면 안 되고, 생선 가시를 김치나 장에 떨어뜨리면 안 된다.

라고 한 것이라든가, 음식을 먹을 때 소리를 내지 말라고 한 것 등이다. 특히 물을 마실 때, 목구멍으로 꿀꺽꿀꺽 물 넘어가는 소리가 나지 않도록 조심하라는 말도 들어 있다.

술도 음식의 하나이므로, 『사소절』에는 술 먹을 때의 예절에 관한 내용도 들어 있다. 술을 마실 때 남에게 억지로 술을 권하지 말아야 하는 것은 물론인데, 나보다 나이 많은 사람이 술을 권하면, 약간 입술을 적시는 정도로 적당히 받아두라고

했다. 그리고 과음으로 실수하는 일을 예방하려면, 취하기 전에 술잔을 내려놓으라는 충고도 해두었다.

이처럼 식사 때의 구체적인 예절에 관한 내용과 함께, 이덕무는 음식을 조리하는 자세나 음식을 대하는 태도에 대해서도 언급했다. 음식을 만드는 사람은 청결을 유지해야 하므로, 음식을 만들 때는, 머리가 가려워도 긁지 말아야 하고, 말하거나 웃는 일도 조심해야 하며, 겨자장을 만들 때는 재채기를 조심하라고도 했다.

그리고 아무리 화가 나는 일이 있더라도, 음식을 먹을 때는 화를 가라앉혀 마음을 평화롭게 해야 한다고 했다. 또 음식을 탐해서 마구 먹는다든가, 식사할 때 지저분한 얘기를 꺼내지 말아야 하고, 또 남의 잔치에 가서 그 집의 음식을 흉보는 것 같은 일도 좋지 않다고 했다.

이덕무가 식사 예절에서 강조한 여러 가지를 한마디로 얘기한다면, 품위를 지키라는 말로 요약할 수 있을 것 같다. 이를 뒤집어보면, 당시 많은 사람이 품위 있게 음식을 먹지 않고 있었음을 보여주는 것이기도 하다. 음식 먹는 것만으로도 한 사람의 교양 정도를 알 수 있다는 생각은, 예나 지금이나 마찬가지이고, 동양이나 서양이나 마찬가지였다.

서례수지

조선이 여러 나라에 문호를 개방하면서, 19세기 후반에는 서양 사람들과 접촉도 많아지게 된다. 서양과 우리나라는 여러 면에서 매우 다르다는 것을 점차 알게 되면서, 서양인들을 만날 때 필요한 예절을 알아두지 않으면 안 된다는 것을 조선 사람도 깨닫게 된다. 1896년 조선 정부에서 『서례수지西禮須知』라는 중국 책을 간행한 것은, 이런 깨달음에서 나온 것이다. '서례수지'라는 말은 '반드시 알아야 할 서양의 예절'이라는 의미이다.

『서례수지』는 중국에 와 있던 영국 성공회 선교사 존 프라이어(John Fryer)가 1886년에 중국 상해에서 간행한 책이다. 프라이어는 이 책의 서문에서, 영국에서 1866년에 나온 유명한 책을 자신이 번역했다고 말했는데, 원저의 제목은 밝히지 않았다. 전체적인 내용은, 사교, 음식, 의복, 교제 등등 일상에서 지켜야 할 예절에 관한 것으로 본문의 분량은 55페이지이다.

조선 정부의 학부學部에서는, 중국의 『서례수지』에 들어 있는 서문은 빼고 본문만을 그대로 실은 책을 같은 이름으로 1896년에 간행했다. 학부는 현재의 교육부에 해당하는 관청이다. 여기서는 여러 가지 도서도 편찬하여 판매했는데, 1902년에는 기존의 한문본과 함께 국문으로 번역한 책도 내게 된다.

순 한글로 된 『서례수지』는 한문으로 된 원본과 마찬가지로 전체 9장으로 되어 있지만, 구체적인 내용은 조선의 실정에 맞춰서 수정하거나 뺀 것이 많다.

예를 들면, 외출할 때 화려한 장식을 하는 것은 좋지 않다고 한 대목에서, "밖으로 나가 예배당이나 극장에 갈 때"라는 구절을 빼고 번역했는데, 조선에는 예배당이나 극장이 생소하기 때문이었을 것이다. 그리고 음식과 관련된 항목에서 인도의 카레라는 음식을 설명하는 대목은 아예 빼어버렸다. 또 댄스파티 대목은 제대로 번역하지 못해서 무슨 의미인지 알 수 없게 되기도 했다. 아마 번역자가 원문의 내용을 제대로 이해하지 못한 것 같다.

『서례수지』의 '연객宴客' 항목을 한글본에서는 '손님을 청하여 잔치하는 법'이라고 번역했는데, 이 항목에 서양의 식사 예절에 관한 내용이 들어 있다. 여러 가지 가운데 포크와 나이프와 관련된 내용을 보기로 한다.

> 무슨 음식이든지 칼로 찍어 먹지 말고 삼지창 같이 만든 양저와 또 양시를 쓸지니, 대저 칼이란 것은 음식을 자를 뿐이니라.

여기서 '삼지창 같이 만든 양저洋箸'는 서양식 젓가락인 포크를 말하는 것이고, '양시洋匙'는 서양식 숟가락인 스푼을 말한다. 그리고 '칼'은 나이프이다. 이 내용은 여러 차례 반복되는데, "대저 양도란 것은 음식을 자를 뿐이요, 삼지창이란 것은 음식을 찔러 입에 넣는 것이니라"라는 대목도 있다. 여기서 양도洋刀는 서양 칼이라는 의미로 나이프를 말한다.

원래 이 책이 19세기 중반 영국에서 나왔다고 했으니, 이 무렵 영국에서도 포크와 나이프를 제대로 쓸 줄 모르는 사람이 많이 있었던 것 같다. 특히 나이프로 음식을 찍어 먹지 말라는

조선 왕실에서 사용한 필리뷔트 양식기의 일부(국립고궁박물관 사진)

것을 강조한 것으로 보아, 영국에는 음식을 '칼로 찍어 먹는' 습관이 널리 퍼져있었음을 알 수 있다.

영국의 술 마시는 예절을 써놓은 것을 보면, 수십 년 전까지는 잔치할 때 술을 많이 먹었으며, 남에게도 억지로 술을 권했다고 했다. 그러나 근래에는 이 풍속이 변했다고 하며, "술이란 것은 손님의 마음을 화창하게 하려는 것"이므로 억지로 권해서는 안 된다고 했다. 『사소절』에서 이덕무가 말한 것과 거의 같은 내용이니, 문명인의 술을 대하는 태도는 동양이나 서양이나 마찬가지라고 하겠다.

최초의 포크와 나이프 사용 기록

조선인 중에 처음으로 포크와 나이프를 써서 서양 식사를 해본 사람은 누구일까? 먼저 생각해볼 수 있는 것은, 1883년 조선

제 2 장 식생활

에서 최초로 서양에 파견한 외교사절단이나, 이후에 조선의 외교관으로 서양에 간 사람들이다. 이들이 서양에서 연회에 초대받거나, 식당에서 식사를 할 때에 당연히 서양 식사도구를 썼을 것이다. 그러나 기록으로 남아 있는 것이 없다.

그런데 일본에 간 외교사절이 남긴 기록에 포크와 나이프를 사용했다는 기록이 나타난다. 1876년 조선에서는 일본에 수신사를 보냈는데, 사절단의 대표인 김기수가 남긴 『일동기유』에는 다음과 같은 기록이 나온다. 일본이 베푼 조선사절단 환영 연회에서의 음식을 묘사한 장면인데,

> 빈 접시의 왼쪽에는 대·중·소 세 가지의 이빨이 달린 숟가락이 있는데, 이것으로 음식을 찌르거나 들어 올릴 수 있다. 그리고 오른쪽으로는 칼이 두 개 있고, 뒤쪽으로는 숟가락이 둘 있는데, 두 가지 모두 하나는 크고 하나는 작다.

라고 하고, 이어서 "고기 덩어리는 이빨이 달린 숟가락으로 누르면서 칼로 잘랐다"라고 했다. 이 식사에서 묘사한 '이빨이 달린 숟가락匙有齒者'은 포크이고, 칼刀과 숟가락匙은 각각 나이프와 스푼이라는 것은 명백하다.

김기수 일행이 이때 포크와 나이프의 사용법을 알고 있었는지는 분명하지 않다. 그러나 조선의 관리들은 낯선 이국의 문화를 대할 때, 별로 어색해하지 않았던 것으로 보인다. 1816년 서양인의 식탁에서 포크와 나이프를 써서 식사를 한 기록을 보면, 이런 사실을 잘 알 수 있다.

영국 군함 두 척이 충청도 마량진(현재 충남 보령시 고대도)에 1816년 음력 7월 13일(양력 9월 4일) 오후 3시쯤에 들어와 정박했다. 마량진은 충청도 해안을 지키는 수군의 여러 진鎭 중의 하나로, 이곳의 우두머리인 수군첨절제사(약칭 첨사)는 종4품의 무관이다. 이때 마량진의 첨사는 조대복이었는데, 조대복은 곧바로 이 두 척의 영국 군함에 가서 조사를 시작했다. 그러나 전혀 언어가 통하지 않아서, 손짓과 발짓으로 의사소통을 했다.

다음날에도 아침 일찍 조사하러 이 배에 갔는데, 영국 군함의 선장인 바실 홀(Basil Hall)이 펴낸 책에는 이때의 상황을 다음과 같이 적어놓았다.

> 아침 식사가 준비되자, 우리는 조선인 대장(조대복)을 설득해서 함께 앉도록 했다. 그는 포크와 나이프 그리고 스푼을 사용해서 그의 앞에 놓인 해쉬(감자와 고기를 얇게 썰어 기름에 볶은 요리)와 다른 음식을 배불리 먹었다. 그가 사용한 이런 식사 도구는 아마 생전 처음 보는 것일 텐데, 그는 어색해하지 않았다. 그뿐 아니라, 그를 위해 준비한 중국식 젓가락과 이 식사 도구를 바꿔서 쓰지 않겠다고 진심으로 정중하게 사양했다.

조대복이 상부에 보고한 보고서에는, 자신이 영국 군인들과 함께 식사를 했다는 말은 적혀 있지 않다. 그렇지만 영국인이 감탄할 만큼, 처음 보는 서양의 식사도구를 기꺼이 사용했음은 분명하다. 조선인 중 최초로 포크와 나이프를 사용한 사람은 조대복인 것으로 보인다.

　냉면이나 고기를 구워서 파는 음식점에서 가위를 함께 내어주는 풍습이 시작된 것은 그리 오래 된 것 같지 않다. 처음에는 낯선 풍경이었지만, 그 편리함 때문에 이제는 모든 음식점에서 가위를 사용하고 있다. 인터넷에서 빵집을 검색해보니, 어떤 베이커리 카페에서는 포크와 나이프뿐만 아니라 가위도 제공하고 있다. 또 하나의 새로운 풍경인 것 같다.

4 감동젓무깍두기

서울 토박이와 김치

몇 해 전에 세상을 떠난 한상태 박사는, UN의 전문기구인 세계보건기구(WHO) 서태평양지역 사무처장을 역임한 의사이다. 그는 1989년부터 10년 동안 사무총장으로 재임하면서, 이 지역의 소아마비를 박멸하는 역사적인 공적을 남긴 바 있다. 근래에 한국은 UN 사무총장도 배출할 정도로 UN에서 높은 지위를 가진 사람이 많아졌지만, 회원국이 아니던 1990년 무렵까지는 UN에서 한국인으로 높은 직책을 맡은 사람은 거의 없었다. 그는 한때 UN에서 가장 높은 지위를 가진 한국인이기도 했다.

얼마 전 어떤 모임에 한박사의 따님이 참석해서, 집에서 해온 김치니 잡숴보라며 내어놓았다. 서울의 대갓집에서 전해오던 감동젓김치인데, 생전에 아버지가 좋아하던 김치라고 했다. 따님의 말에 의하면, 은퇴한 후 서울로 돌아온 아버지가 어려서 먹던 이 김치를 먹고 싶다고 해서, 집안의 어른들에게 담그는 방법을 물어서 만들었다고 한다.

모임 자리에는 서울 토박이가 여러 명 있었는데, 감동젓김치라는 말을 들어본 사람이 없는 것 같았다. 우선 감동젓이 무엇인지 몰라서 모두 고개를 갸웃했다. 그리고 모양과 맛은

제 2 장 식생활

감동젓무김치, 사진제공 한지현

섞박지나 보쌈김치 비슷한 이 감동젓김치의 정체를 모두 궁금해했다. 한상태 박사는 대대로 서울에서 살았으니까, 그 집안에서 전해오는 김치라고 생각하는 것 같았다.

　감동젓김치는 그렇게 잘 알려진 김치는 아니다. 우선 감동젓이라는 단어 자체가 낯설기 때문이다. 필자는 감동젓이라는 단어를 기억하고 있는데, 『춘향전』에서 이도령이 처음 춘향의 집에 갔을 때 술안주로 내어놓은 음식 가운데 '감동젓에 무깍두기'가 들어 있기 때문이다. 전주에서 나온 『춘향전』에는 없는 말이지만, 19세기 서울의 도서대여점에서 빌려주던 『춘향전』에는 나오는 말이다.

감동젓김치를 알아보려면 먼저 감동젓이 무엇인지 알아야 할 것이다. 그리고 언제부터 감동젓김치를 먹기 시작했는지 알기 위해서는 김치의 역사를 파악할 필요도 있다. 이런 정보는 인터넷에서도 얻을 수 있지만, 대체로 인터넷의 정보는 한두 사람의 얘기를 복사한 것이 많으므로, 정확한 지식을 얻기 위해서는 과거의 기록을 들춰보지 않으면 안 된다.

감동젓

감동젓이 무엇인지 알아보기 위한 가장 쉬운 방법은, 현재 사람들이 많이 이용하고 있는 사전에서 이 단어의 뜻을 확인해보는 것이다.

먼저 국립국어원의 『표준국어대사전』에서 감동젓을 검색해보니, '푹 삭힌 곤쟁이젓'이라고 설명해놓았다. 그리고 곤쟁이젓을 찾아보면, '곤쟁이로 만든 젓'이라고 했다. 그래서 다시 『표준국어대사전』에서 곤쟁이를 검색하니, "곤쟁잇과의 털곤쟁이, 까막곤쟁이, 민곤쟁이 따위를 통틀어 이르는 말"이라고 되어 있다.

이런 설명으로는 곤쟁이젓도 감동젓도 정확하게 그 내용을 알 수 없어서, 오래된 사전에서 이 단어를 찾아보았다. 1920년에 나온 『조선어사전』을 보니, 감동젓은 곤쟁이젓과 같은 말이고, 한자로는 감동해甘冬醢라고 한다고 했다. 그리고 곤쟁이는 새우의 일종으로 매우 작고 부드러우며, 한자로는 노하鹵

서산 곤쟁이, 국립민속박물관

鰕 또는 자하紫鰕라고 부른다고 하고, 곤쟁이는 소금에 절여서 먹는다는 설명도 덧붙여놓았다.

　백 년 전 사전에서는 감동젓을 아주 쉽게 설명해놓아서, 감동젓은 곤쟁이로 담근 젓갈이라는 사실을 알 수 있다. 곤쟁이는 크기가 1~2cm 정도의 새우와 비슷하게 생긴 갑각류인데, 학술적으로는 새우와 곤쟁이가 같은 목目에 속하는 것은 아니라고 한다. 그러나 전문가가 아닌 일반인이 보기에 둘은 생김새가 비슷하므로, 곤쟁이를 작은 새우라고 여기는 사람이 많다.

　조선시대 기록에서 곤쟁이는 대부분 한자로 자하紫鰕라고 썼고, 곤쟁이젓은 자하해紫鰕醢 또는 감동해甘冬醢로 되어 있다. 조선 초기에 간행된 『동국여지승람』에는 각 도의 토산물을 기록해놓은 것이 있는데, 조선의 거의 모든 바다에서 곤쟁이가 난다고 했다. 그러니까 곤쟁이는 매우 흔한 수산물이다. 곤쟁이는 매우 작으므로 젓갈을 만들어서 식용으로 썼지, 이를 생으로 음식의 재료로 쓴다거나 말려서 먹지는 않았다.

　인터넷에서 곤쟁이젓 판매하는 사이트를 확인해보니, '곤쟁이젓(어린 새우젓)'이라고 표시해놓은 곳도 여러 군데 있었다.

판매자도 곤쟁이를 작은 새우라고 여기는 사람이 많이 있는 것 같다. 그리고 곤쟁이젓의 가격은 1㎏에 대략 1만 3천원 내외이다. 새우젓의 가격이 1㎏에 1만 원에서 10만 원까지 다양한 것에 비하면, 곤쟁이젓의 가격은 일정한 편이다. 이는 새우젓에는 다양한 품질이 있지만, 곤쟁이젓은 그렇지 않다는 사실을 보여주는 것이라 하겠다.

조선시대 감동젓 가격

그렇다면 조선시대 곤쟁이젓과 새우젓의 가격은 얼마였을까? 마침 『일성록』의 정조 20년(1796) 기록에 정부에서 정한 여러 가지 농수산물의 가격을 보여주는 자료가 있어서, 이 자료를 통해 곤쟁이젓의 가격을 알 수 있다. 여기에 나오는 여러 가지 젓갈 한 되의 가격은 다음과 같다.

- 세하해細蝦醢(작은 새우로 만든 젓갈) 3전.
- 교침해交沈醢(여러 가지 생선 알로 만든 젓갈) 4전.
- 대구란해大口卵醢(대구 알로 만든 젓갈) 5전.
- 석화해石花醢(굴로 만든 젓갈) 3전.
- 감동해甘冬醢(곤쟁이로 만든 젓갈) 3전.
- 감동해유甘冬醢油(곤쟁이젓의 기름) 5전.
- 생복해生鰒醢(전복으로 만든 젓갈) 1냥.
- 홍합해紅蛤醢(홍합으로 만든 젓갈) 1냥.
- 석란해石卵醢(조기 알로 만든 젓갈) 5전.

제 2 장 식생활

- 아감해牙甘醢(생선 아가미로 만든 젓갈) 4전.

이 기록에 의하면, 세하해(새우젓)와 석화해(굴젓) 그리고 감동해(곤쟁이젓)는 한 되의 값이 3전으로 같다. 위에서 본 몇 가지 젓갈 중에 가장 싼 것이 새우나 곤쟁이 또는 굴로 담근 젓갈이고, 전복이나 홍합으로 만든 젓갈의 가격은 곤쟁이젓의 3배가 넘는다.

위에서 예로 든 몇 가지 중에서 감동해유甘冬醢油라는 것은 곤쟁이젓의 기름을 말하는 것으로, 곤쟁이젓보다 가격이 비싸다. 그런데 곤쟁이젓기름에 관한 조선시대 기록은 찾아보기 어렵다. 1924년에 나온 어떤 요리책에서는, "곤쟁이젓을 담았을 때 위에 떠오르는 기름조각을 '감동유'라고 하는데, 이것을 떠내어 모았다가 고기를 지져 먹는 데나 육회를 먹을 때 조금 떠서 먹으면, 모양이 참기름 같고 맛이 달고 고소하다"라고 하여, 곤쟁이젓기름을 음식에 찍거나 쳐서 먹는 현재의 '소스'처럼 얘기하고 있다.

『일성록』에 나오는 다른 식료품의 가격 몇 가지를 보기로 한다. 먼저 곡식으로, 백미는 한 말에 6전, 콩이나 팥도 한 말에 6전, 참깨가 한 말에 8전이다. 다음으로 과일을 보면, 홍시는 열 개에 3전, 곶감 열 개에 2전, 배 열 개에 1냥 5전, 감귤은 한 개에 2전 등이다. 그리고 큰 닭은 한 마리에 4전이고, 영계는 한 마리에 2전이라고 했다. 또 소고기는 한 근에 2전 5푼이고, 돼지고기 한 근은 3전이다.

이와 같은 식료품의 가격은 19세기 중반까지는 대체로 유지되었을 텐데, 당시의 농수산물 가격은 현재와 비교하면 다른 점이 많다. 2024년 쌀 10㎏ 가격은 2만5천 원 정도인데, 참깨 가격은 38만 원이다. 정조 20년에는 같은 양의 참깨 가격이 쌀보다 조금 비싼 정도였지만, 현재는 약 15배쯤 된다. 그리고 감귤 3개의 값은 콩이나 팥 한 말과 같은 값이었다. 요즈음 팥 한 말은 약 20만 원쯤이고, 감귤 3개는 1500원이면 살 수 있을 것이다. 한 가지 재미있는 것은, 조선시대에는 소고기 값이 돼지고기 값보다 쌌다는 점이다.

두 가지 감동젓

앞에서 조선시대와 현재의 감동젓 시장가격을 알아보았는데, 조선시대나 지금이나 감동젓은 그렇게 비싼 식재료가 아니다. 그러므로 감동젓을 넣어 만든 김치가 고급김치가 될 수 있는 것은, 감동젓이 귀하거나 가격이 비싸기 때문이 아니라 다른 요인이 있을 것이다.

감동젓이 귀한 음식이 될 수 있는 이유는, 감동젓이 단순히 곤쟁이로 만든 젓갈을 의미하는 것만이 아니기 때문이다. 19세기 초반에 완성된 『임원경제지』는 서유구가 30여 년에 걸쳐 저술한 방대한 내용의 책으로, 여기에는 농촌 생활과 관련된 2만8천 개의 항목이 들어 있다. 이 책에 자하해紫蝦醢 만드는 방법도 들어 있는데, 그 내용은 다음과 같다.

곤쟁이는 일반적인 방식으로 소금에 절이고, 여기

에 손가락만 하게 자른 전복과 소라, 미리 절여두었던 오이와 무를 모두 섞어서 항아리에 넣는다. 항아리에 넣을 때, 한 층은 곤쟁이와 섞은 여러 재료, 또 한 층은 소금을 켜켜로 넣어서 항아리에 가득 채운다. 항아리의 아구리를 기름종이로 봉한 다음 땅에 묻고 뚜껑을 덮는다. 그리고 회로 항아리 둘레를 잘 메워서 벌레나 개미가 들어가지 못하게 하고, 비와 습기도 막는다.

이와 같은 감동젓 만드는 방법은, 『임원경제지』가 나오기 60여 년 전에 나온 『증보산림경제』에 이미 소개된 방식이다. 감동젓은 곤쟁이를 소금에 절인 것에 전복, 소라, 오이, 무를 섞어서 다시 절인 것이다. 『증보산림경제』에는 오래 두면 더욱 맛있다고 했다. 이처럼 19세기에는 감동젓에 두 가지 의미가 있었던 것으로 보인다. 하나는 곤쟁이로 만든 젓갈이고, 다른 하나는 곤쟁이젓에 다른 재료를 섞어서 만든 또 다른 저장식품이다.

이안눌李安訥(1571~1637)의 시에도 곤쟁이와 오이를 소금에 절인 것을 자하해紫蝦醢라고 하고 술안주로 먹었다는 기록이 있다. 그리고 조선시대 중국에 사신으로 다녀온 사람들의 기록을 보면, 현재 중국의 요녕성 서부 지방을 지날 때 감동해나 자하해를 먹었다고 했는데, 곤쟁이와 오이를 소금에 절인 것이다.

그러나 조선시대 기록에서 사물의 명칭은 대부분 한자로 되어 있어서, 우리말로 어떻게 썼는지 정확하게 알 수 없는 경우가 많다. 한자로 감동해甘冬(同)醢나 자하해紫蝦醢라고 쓴 이 음식의 우리말 표기가 무엇인지는 잘 알 수 없다. 한글로 곤쟁이젓이나 감동젓이라고 쓴 기록은 찾아보기 어렵기 때문이다.

이제까지 필자가 본 19세기 한글 자료에서 곤쟁이젓이라는 낱말이 나온 것은 없었고, 감동젓은『춘향전』에 나오는 것이 유일하다. 『춘향전』에 감동젓이 등장하는 대목은, 이도령이 춘향의 집을 처음 찾아갔을 때, 춘향의 집에서 안주를 준비해서 내어놓는 장면이다.

이도령에게 주안상을 올리는 장면에서, "약주가 한 병이요, 고추장에 과메기 찐 것, 감동젓에 무깍두기, 열무김치 들기름 친 것"이라고 서술한 대목이 있다. 이 대목에 나오는 '감동젓에 무깍두기'가 한글로 된 자료 가운데 '감동젓'이 나오는 유일한 것으로 보인다.

필자는 '감동젓에 무깍두기'가 어떤 음식일까 하고 오랫동안 생각해보았는데, 정확한 의미를 알 수 없었다. 근래에 인터넷에 등에서 볼 수 있는 '감동젓무'와 연관이 있지 않을까 하는 것이 고작이었다. 그런데『임원경제지』의 자하해紫蝦醢 만드는 방법을 읽으면서, 이 자하해와『춘향전』의 '감동젓무깍두기'가 같은 것이라는 사실을 깨달았다.

『춘향전』과『임원경제지』는 거의 같은 시기에 나온 책이다. 그리고 서유구는 서울 근교에서『임원경제지』를 저술했고, 『춘향전』은 서울에 사는 소설가가 쓴 작품이다. 춘향의 집에서 이도령을 대접하려고 내놓은 음식은 상당히 고급일 것이므로, 『춘향전』의 '감동젓무깍두기'는 서울에서도 귀한 음식이었을 가능성이 크다.

20세기의 감동젓

현재 『표준국어대사전』에서 풀이해놓은 감동젓과 곤쟁이젓의 의미는 큰 차이가 없다. 푹 삭힌 것인가 아닌가의 차이만 있을 뿐이지 그 내용물이 다른 것은 아니다. 그러나 조선시대에 감동젓은 현재 시장에서 파는 곤쟁이젓을 말하는 것이기도 하고, 또 곤쟁이젓과 여러 가지 다른 재료들을 섞어서 만든 음식을 말하기도 했다.

『춘향전』에서 춘향이 이도령 술상의 술안주로 내놓은 '감동젓에 무깍두기'는 감동젓과 깍두기를 각각 말하는 것이 아니라, 감동젓에 여러 가지 해산물과 야채를 넣어 만든 깍두기를 말하는 것으로 보아야 한다.

20세기 전반기에 나온 조선요리에 관한 책 가운데 대표적인 것은, 1917년 방신영이 간행한 『조선요리제법朝鮮料理製法』과 1924년 이용기가 저술한 『조선무쌍신식요리제법朝鮮無雙新式料理製法』 둘을 들 수 있다. 방신영의 책은 1965년까지 34판이 나온 베스트셀러였고, 이용기의 책도 여러 판을 찍어낸 책이다.

이화여대 교수를 역임한 방신영(1890~1977)이 개화여성이라면, 풍류인이라고 할 수 있는 이용기(1870~1933경)는 전통

방신영 『조선요리제법』, 국립한글도서관

지식인이었다. 방신영이 영양학 같은 새로운 학문을 바탕으로 한 조선음식 조리법을 얘기했다면, 이용기는 조선시대 한문서적에 들어 있는 내용을 바탕으로 조선음식의 조리법을 말했다.

방신영의 『조선요리제법』은, "구전으로 이어지던 우리나라 전통 음식의 제조법을 체계적으로 완성한 요리서이고, 재료의 분량을 계량화하여 소개하는 등 조리과학의 발전과 대중화에 이바지하였다"라고 평가받아, 2017년 국가등록문화유산으로 등록되었다.

방신영과 이용기의 책에는 모두 '감동젓'이 들어있는데, 방

제2장 식생활

신영의 책에는 '감동젓김치'가 표제로 나오고, 이용기의 책에는 '감동젓'이 표제어로 등장한다. 방신영은 감동젓김치 담그는 법을 다음과 같이 소개했다.

> 배추와 무를 깨끗이 씻어, 배추는 2cm 길이로 자르고, 무는 가로와 세로 1.2cm, 두께는 0.3cm로 썰어 소금에 잘 절인다. 소금물을 따라버린 후에 고추와 파는 채 치고, 마늘과 생강은 다져서 함께 넣고 섞는다. 여기에 곤쟁이젓으로 간을 맞추고 항아리에 넣어 익힌다.

이용기는 감동젓과 곤쟁이젓은 같은 것이라 말하고, 황해도 해주에서는 무를 채쳐서 감동젓에 넣어 익혀 먹는다고 했다. 그리고 감동젓은 깍두기를 담그는 데 넣으면 좋다고도 말했다.

근래에 '감등젓무'나 '감동젓무김치' 같은 말을 인터넷상에서 볼 수 있는데, 이 둘은 같은 의미라고 한다. 이 김치에 대한 설명은, "절인 배추와 무를 생굴, 전복, 낙지, 황태, 밤, 배, 잣 따위와 섞고, 감동젓과 고춧가루 따위의 양념에 버무려 만든 김치"라고 되어 있다.

이와 같은 김치와 담그는 방법의 출처가 어디인지 알 수 없으나, 20세기 후반에 김치 연구가 본격적으로 시작되면서 각 지방에서 발굴해낸 것으로 보인다. 1980년대부터 각종 언론에 '감동젓', '서울 감동젓', '감동젓깍두기', '감동젓무우' 등이 소개되고, 이런 김치 담그는 방법이 상세히 알려지게 된다. 감동젓이 들어간 김치는 대부분 서울 토박이들이 자신의 집안에서 전해오던 조리법을 소개하는 과정에서 알려진 것이다.

이렇게 얘기하다보니 감동젓과 관련된 김치를 꽤 자세히 정리한 것 같으나, 여전히 미진한 것이 많다. 『춘향전』에 나오는 '감동젓에 무깍두기'와 한박사 따님이 가져온 '감동젓김치'가 어떤 관련이 있는 것일까 하는 것도 그중 하나이다.

제 3 장

문화생활

이경윤 《송하대기도》, 고려대학교박물관

1 담배

담배 수난 시대

오래전에 나온 영화 «마음의 행로(Random Harvest)»는, 제1차 세계대전 전투 중의 부상으로 기억상실증에 걸린 한 군인이 다시 기억을 회복하는 내용의 멜로드라마이다. 주인공이 기억을 찾는 계기는 담배와 관련이 있다. 지나가다 우연히 들어간 담뱃가게임에도 불구하고 언제가 들은 적이 있는 것 같은 느낌이 들면서, 주인공은 서서히 잃었던 기억을 되찾게 된다. 물론 여자 주인공의 헌신적인 노력이 그 뒤에 있었음은 말할 것도 없다.

기억상실증은 영화나 드라마의 소재로 지금도 여전히 쓰이고 있는 데 비해, 과거에는 소도구로 빠지지 않았던 담배가 이제는 영화나 드라마에서 쉽게 보기 어렵다. 성인을 대상으로 하는 연예물이라면 담배를 피우는 장면이 나와도 문제가 없는 것 같은데, 그렇지 않은 작품에는 담배를 피우는 장면은 넣을 수 없게 된 모양이다. 옛날 영화나 드라마를 방영할 때도, 담배 피우는 장면은 '모자이크 처리'를 하는 것이 일반적이다.

담배가 설 자리는 점점 더 줄어들고 있는 것이 분명하다. 이제 길거리에서 모르는 사람에게 담뱃불을 빌리는 풍경은 더 이상 볼 수 없다. 빌딩 사이의 어두컴컴한 공간이나 거리의 후미진 구석에서 뭔가 못 할 짓을 하고 있는 것 같은 흡연자들의 모습을 보는 것만으로도, 현재 이 사회에서 담배가 차지하고 있는 위상이 무엇인지 충분히 알 수 있다. 여기서는 조선시대 담배 이야기 몇 가지를 『춘향전』과 함께 엮어서 보기로 한다.

아이들도 피운 담배

조선시대에 담배는 여러 가지 명칭이 있었는데, 초기에는 남쪽에서 온 신령스러운 풀이라는 의미의 '남령초'라는 이름이 있었고, 남쪽에서 전해졌다는 의미로 '남초'라고도 했다. 그리고 연기가 나는 풀이라는 의미의 '연초'도 많이 쓰였다. 담배는 전국적으로 재배했으므로, 각 지방의 지명 뒤에 풀 '초草'자를 붙여 생산지를 표시했다.

    잘 알려진 대로, 담배의 원산지는 아메리카 대륙으로, 15세기 말에 콜럼버스가 유럽으로 가져왔고, 16세기 말에 유럽인이 일본에 전했으며, 17세기 초에 일본을 통해 조선에 들어왔다고 한다. 중국도 17세기 초에는 남쪽 지방으로 전해졌다는 기록이 있다. 동아시아의 모든 지역에서 담배는 폭발적인 인기를 끌어서, 삽시간에 담배를 피우지 않는 사람이 없을 정도로 유행하게 된다.

    담배의 중독성은 조선에서도 잘 알려져 있었다. 담배가 들어온 아주 초기의 기록에도, 담배의 해독을 알고 이를 끊으려

이교익 «휴식» ([ccsa] wikimedia commons)

해도 끊을 수 없다는 말이 보인다. 그래서 담배를 '요망한 풀'이라는 의미로 요초妖草라고 불렀다고 한다. 조선에는 전해진 지 5년 정도 지나서 전국적으로 크게 유행했고, 어린아이까지도 담배를 피우게 된다.

정조 임금의 총애를 받았던 당대 최고의 지식인 이덕무는, 어린이의 교육에 관한 글에서 담배의 폐해를 다음과 같이 말했다. "어린아이가 담배 피우는 것은 좋은 행실이 아니다. 연기에 찌들어 골수와 혈기가 마르며, 독한 진액으로 책이 더러워지기도 하고 담뱃불로 의복을 태우기도 한다."

그리고 어린애가 어른과 맞담배를 하는 문제도 지적했는데, 이러한 이덕무의 글을 통해, 18세기 후반 조선에서는 어린아이들도 담배를 피웠다는 사실을 알 수 있다. 19세기 초에 한치윤이 지은 『해동역사』에도 "높은 벼슬의 양반들부터 부녀자나 어린아이 그리고 종까지도 모두 담배를 즐기지 않는 사람이 없다"라고 하였다. 17세기 중반에 조선에 표류했다가 탈출한 헨드릭 하멜의 『하멜표류기』에도 조선에서는 4~5세의 아이들도 담배를 피운다고 했으니, 담배가 조선에 들어온 후에 어린아이들도 줄곧 담배를 피웠음을 알 수 있다.

일본이 빌려준 돈을 갚자는 '국채보상운동'이 일어난 1907년에, 국채를 갚기 위해 담배를 끊을 것을 촉구하는 글이 잡지에 실리기도 했다. 이 글에서 이규영은 담배의 해로움을 논하면서, "우리나라에는 남녀, 노소, 상하, 빈부의 모든 사람이 담배를 피우지 않는 사람이 드물다"라고 했다. 그러니 담배를 끊고, 그 돈을 모아 나라의 빚을 갚자고 호소했다. 20세기 초에도 조선에서는 여전히 어린아이도 담배를 피우고 있었던 것이다.

영국 성공회의 의료선교사로 주로 제물포 지역에서 활동했던 랜디스(E. B. Landis)는 1898년 미국의 민속잡지에 한국 동요 몇 편을 소개했다. 여기에는 "고추 먹고 맴맴. 담배 먹고 맴맴."이라는 노래가 들어 있는데, 이 노래의 가사는 1928년 윤석중이 발표한 동시「집 보는 아기 노래」에도 들어 있다. 윤석중의 동시는 그 후 제목이 여러 번 바뀌어서 현재는「맴맴」이라고 한다. 발표 당시 1절의 내용은 다음과 같았다.

아버지는 나귀 타고 장에 가시고,
할머니는 건너 마을 아저씨 댁에.
고추 먹고 맴맴.
담배 먹고 맴맴.

김홍도 «담배 썰기» ([ccsa] wikimedia commons)

그런데 이 노래가 해방 후에 초등학교 교과서에 실리게 되면서, 후렴구의 '담배 먹고 맴맴'이 '달래 먹고 맴맴'으로 바뀌었다. 어린이가 '담배'를 피우는 내용을 초등학교 교과서에 실을 수는 없다고 생각해서 '달래'로 바꾼 것이다. 그래서 요즈음은 이 노래의 원 가사가 "고추 먹고 맴맴. 담배 먹고 맴맴."이라는 것을 모르는 사람도 많다.

아무튼, 조선에서는 20세기 초까지 아이들이 담배를 피우는 것을 크게 문제라고 보지 않았던 것 같다.

제 3 장 문화생활

작자 미상의 민화 ([ccsa] wikimedia commons)

먹다와 피우다

호랑이는 민화의 소재로 자주 쓰이는데, 호랑이를 소재로 한 그림 가운데는 호랑이가 담배를 피우는 그림이 있다. 사찰의 벽화 중에는 토끼가 호랑이에게 담뱃대를 바치는 형상을 그린 그림도 있다. 왜 호랑이가 담배를 피우게 된 것인지는 알 수 없으나, 우리나라 속담에도 '호랑이 담배 먹던 시절'이라는 것이 있다. 오랜 옛날을 가리키는 이 속담을, 요즈음에는 "호랑이 담배 피던 시절"이라고 말한다.

'담배를 먹다'라는 표현이 낯선 것이 되면서, 익숙한 표현인 '피우다'로 바꾼 것이다. 현재 '담배를 먹다'라는 표현을 잘 쓰지 않으므로, 이 표현을 잘못된 것으로 아는 사람도 있는 것 같다. 인터넷에 보면, 호랑이 담배 먹던 시절의 '먹던'이란 표현을, 호랑이가 담뱃잎을 먹는 것으로 잘못 이해하는 경우도 있다. 요즈음 담배를 먹는다는 표현은 거의 쓰지 않지만, 그렇다고 해서 틀린 말은 아니다. 국립국어원의 표준국어대사전에서 '먹다' 항목을 보면, "담배를 피우다"라는 설명이 들어있다.

앞에서 본 동요에서도 '담배 먹고 맴맴'이라고 했듯이, 조선시대에도 담배는 '먹는' 것이었다. '피우다'라는 단어도 사용하지만, 주로 '먹다'라고 표현했다. 『춘향전』에도 담배 피우는 장면이 여러 군데 나오는데, 어떤 대목에서는 '피우다'라고 하고, 어떤 대목에서는 '먹는다'라고 했다. 『춘향전』에서 담배가 등장하는 장면 몇 군데를 보기로 한다.

이도령이 방자의 안내를 받아 처음으로 광한루 구경을 갈 때, 이도령은 "백통대에 삼등초를 피워 물고" 길을 나선다. '백통대'는 담뱃대의 담배 넣는 부분을 백통으로 만든 고급 담뱃대를 말하는 것이고, '삼등초'는 평안도 삼등 지방에서 나는 담배로 조선시대 고급 담배이다. 이 대목에서 19세기 중반에는 '담배를 피운다'라는 표현이 쓰였음을 알 수 있다.

그런데 이 대목 이외의 담배가 나오는 장면에서는 대부분 담배를 먹는다고 했다. 이도령이 처음 춘향의 집을 찾아가서 춘향과 대면하는 대목에서는, 춘향이 담뱃대에 담배를 넣고 불을 붙여 이도령에게 주며, "도련님 잡수시오"라고 말하며 담배를 권한다. 이 장면은 담배와 관련된 재미있는 표현을 보여주는데, 윗사람에게 담배를 권할 때는 '먹다'의 존댓말인

'잡수시다'를 썼다는 점이다.

　　암행어사가 된 이도령이, 변사또 생일잔치에 가서 음식을 얻어먹다가 담배를 달라는 대목이 있다. 이 장면에서 이도령은 기생을 보내주면 "담배까지 붙여 먹겠소"라고 하여, 담배를 먹는다고 표현했다.

　　우리나라 최초의 근대소설이라고 하는 이광수의 『무정』에도 '담배를 피우다'와 '담배를 먹다'는 함께 쓰였다. 자세히 조사를 해보면, 두 가지 표현의 차이를 알아낼 수도 있을 테지만, 이 글에서는 20세기 초까지 담배는 먹는 것이기도 하고, 피우는 것이기도 했다는 것만 말해두기로 한다.

조선의 명품담배

우리나라의 법률 가운데는 담배에 관한 것이 여러 가지 있는데, 담배전매법이나 담배사업법처럼 '담배'라는 단어가 들어간 법률 이외에도 국민건강증진법이라든가 청소년보호법에도 담배 조항이 있으며, 산림보호법이나 철도안전법에도 담배와 관련된 내용이 들어 있다. 여러 가지 법률 가운데 특히 담배전매법에는, "담배는 정부가 전매한다"라고 정해놓았다. 이 말은 사사로이 담배를 제조하거나 팔면 법률 위반으로 처벌을 받게 된다는 의미이다.

　　이처럼 정부가 담배의 제조와 판매를 독점하는 이유는, 이를 통해 국가의 재정수입을 늘릴 수 있기 때문이다. 조선시대에도 정부는 담배 판매의 권한을 특정 상인에게 주어, 이들의 이익을 보장해주었다. 담배 상인들은 담배 판매를 독점하는 대신 국가에서 필요로 하는 경비를 대었다. 그러나 국가에 세금을 내지도 않으면서 담배를 파는 사람들도 많았기 때문에, 담배 판매를 둘러싼 분쟁은 끊이지 않았다.

조선시대에 담배 소비량은 상당히 많아서, 담태 재배는 전국적으로 이루어졌다. 이렇게 많은 지역에서 담배를 생산했는데, 그 가운데 특히 맛이 좋은 특정 지역의 담배는 명품담배가 되었다. 『춘향전』에도 명품담배가 등장하는데, 이도령이 처음 춘향의 집에 갔을 때, 춘향이 여러 가지 담배를 내어놓는 대목이 있다.

춘향은 먼저 "평안도 성천초, 강원도 금강초, 전라도 진안초, 양덕 삼등초" 등을 내어놓지만, 정작 이도령에게 주는 담배는 '경기도 남한산성초'이다. 여기서 말하는 남한산성초는 남한산성 근처에서 재배한 담배로, '금광초'를 말하는 것이다. 『춘향전』에서 언급하는 명품은 당대 최고의 물건이그로, 19세기 초에 조선에서 가장 좋은 담배는 삼등초나 진안초가 아니라 '금광초'였음을 알 수 있다.

고종 때 영의정을 지낸 이유원의 『임하필기』에는 '금광초'라는 항목이 있는데, 여기에서는 금광초를 다음과 같이 설명했다. "경기도 광주 남한산성 남문 밖 세촌면 금광리의 김씨 밭에서 나는 담배는 우리나라에서 품질이 가장 뛰어나다고 말한다. 세촌면에서 생산되는 담배를 통틀어 금광초라고 하는데,

지금은 그 일대에서 생산되는 담배를 모두 금광초라고 한다."

이유원은 이 글에서 금광초 이외에도 전라도의 상관초, 경상도의 신녕초, 평안도의 성천초 등을 좋은 담배라고 언급했는데, 상관은 현재 전라북도 완주군 상관면이고, 신녕은 경상북도 영천시 신녕면이며, 성천은 평안남도 성천군이다. 이유원의 글을 통해, 19세기 중반에 조선에는 명품담배가 여러 가지 있었고, 그중에서 가장 좋은 담배는 금광초였다는 사실을 알 수 있다. 그런데 이런 사실은 『춘향전』을 통해서도 확인이 된다.

금광초의 생산지인 광주군 세촌면 금광리는, 현재는 경기도 성남시 중원구 금광동으로 행정구역이 바뀌었다. 금광동은 이제 성남시의 번화한 거리가 되어서, 과거에 조선 최고 품질의 담배를 생산하던 곳이었다는 흔적은 찾아볼 길이 없다.

담배와 신분

조선 후기에 담뱃대의 길이가 신분에 따라 달랐다는 사실은 잘 알려져 있다. 긴 담뱃대는 신분이 높은 사람이 사용하고, 지체가 낮은 사람은 짧은 담뱃대로 담배를 피웠다. 담뱃대의 길이가 너무 길어서, 담뱃불을 붙여주는 하인이 따로 있어야 할 정도로 긴 담뱃대를 사용하기도 했다. 이와 같은 신분의 차이에 따른 담뱃대 길이의 문제는 '궐련'이 들어오면서 자연히 사라지게 된다.

'담배를 끊으면 나라가 산다' 포스터, 국채보상운동기념사업회

담뱃대를 이용한 흡연이 아니라, 담배를 종이에 말아서 피우는 궐련이 유행하게 된 시기는 조선 말기이다. 조선이 문호를 개방하여 외국 물품이 쏟아져 들어오면서 궐련도 수입되었는데, 특히 갑오개혁 때 거리에서 담뱃대 사용을 금지하면서 궐련의 수입은 늘어났다. 휴대하기도 간편하고 피우기도 편리한 궐련이 성냥과 함께 흡연의 주류로 자리 잡으면서, 담뱃대는 서서히 과거의 유물이 되어갔다.

성냥이 없던 시절에 담배에 불을 붙이기 위해서는 불 피우는 도구가 필요했다. 만약 불을 피워놓은 화로나 모닥불이 있으면 괜찮겠지만, 그렇지 않은 경우에는, 부싯돌로 불을 피운 다음에야 비로소 담배를 피울 수 있었다. 지체 높은 사람이 담배를 피우기 위해서 하인이 필요했던 것은 바로 이런 이유

때문이었다.

『춘향전』은 궐련이 들어오기 이전의 작품이므로, 이 소설에 등장하는 담배는 모두 담뱃대를 이용해서 피우는 것이다. 담뱃대의 길이가 신분에 따라 다르다는 것은, 이도령이 피우는 담뱃대로도 알 수 있다. 이도령이 담배 피우는 모습을 묘사한 대목에는 언제나 긴 담뱃대가 등장하지만, 그가 암행어사가 되어 신분을 감추고 다닐 때는 '돌통대'에 담배를 피운다. 돌통대는 담배 넣는 부분을 나무나 돌로 만든 짤막한 담뱃대이다.

또 이도령이 어사가 되어 민정을 살피기 위해 농부들을 만나는 대목에서도, 농부들은 '조대'나 '곰방대'에 담배를 '먹는다.' 조대는 돌통대와 같은 것이고, 곰방대는 짧은 담뱃대이다. 농부들은 가지고 다니기 편리한 짧은 담뱃대를 쓸 뿐 아니라, 담배를 넣는 부분도 나무나 돌로 만든 하급 담뱃대였다. 고급 담뱃대는 담배 넣는 부분인 '대통'을 금속으로 만들고, 여기에 화려한 무늬를 넣은 것으로 가격도 비쌌다. 이처럼 조선시대에는 신분에 다라 담뱃대도 차이가 있었다.

담배의 해로움이 제대로 알려지기 이전에는 군인들에게 담배를 무상으로 지급하기도 했다. 이런 얘기는 이제 까마득한 옛날얘기고, 담배는 혐오의 대상이 된 지 오래되었다. 그러나 담배는 여전히 국가가 전매하고, 담배회사는 큰 이익을 남기고 있다. 자신들이 파는 물품이 해롭다는 문구를 쓴 물건을 판매하면서 돈을 버는 이 기이한 모순이야말로, 오랫동안 기호품으로 인간과 함께 한 담배의 가장 적나라한 모습일 것이다.

2   19세기 유행가

김활란이 부른 유행가

남녀공학이란 말은 이제 특별한 의미를 갖고 있지 않지만, 나이가 든 사람들에게는 그렇지도 않다. 필자는 1950년대 중반 초등학교에 입학했는데, 3학년까지는 남녀가 같은 반이었지만, 4학년부터는 남녀를 분리해서 반 편성을 했다. 그리고 모든 중고등학교는 남녀를 분리해서 학생을 모집했으므로, 남자와 여자는 따로 배우는 것인 줄로 알았다. 물론 몇몇 사범대학 부속의 중고등학교는 남녀공학이 있었고, 외국 영화나 드라마를 보면, 중고등학교에서 남녀 학생이 함께 공부한다는 것은 알았지만 말이다.

초등학교 4학년부터 고등학교 3학년까지 10년 가까이 남학생만 모여서 배우는 학교를 다니다가, 대학에 들어가서 남녀가 같은 교실에서 수업을 듣게 되자 처음에는 꽤 어색했다. 고등학교까지 남녀를 분리해서 교육하는 것에 어떤 효용이 있는지는 모르겠지만, 이제 와서 생각해보면, 자연스러운 것은 아닌 것 같다. 아직도 중고등학교 중에는 남녀공학이 아닌 학교가 꽤 있는데, 특히 오래 된 사립학교들이다. 1945년 이전에는 여학생의 입학을 허가하지 않는 전문학교나 대학이 있었지만, 이제 이런 대학은 없다. 한 때는 여자대학이 많이 있었지만,

제 3 장 문화생활

설립 초기의 이화학당, 아펜젤러 사진첩

상당수가 남녀공학으로 바뀌고, 지금은 몇 대학 남지 않은 것 같다.

우리나라에서 가장 오래된 여자학교는 이화학당이고, 이화여자대학교는 이화학당에서 시작된 것이라고 한다. 1886년 5월 미국의 여성 선교사가 한 명의 학생으로 시작했다는 이화여자대학교는 세계 최대의 여자대학으로 알려져 있다. 이 대학을 세계적인 대학으로 키우는 데 큰 역할을 한 인물은, 20여 년 동안 이화전문학교의 교장과 이화여대의 총장을 역임한 김활란 박사이다. 워낙 유명인사이니 그에 대한 많은 이야기가 있는데, 그 중에는 19세기 조선의 유행가와 연관된 것도 있다.

김활란이 이화여대 총장직에서 물러난 때는 1961년 9월로, 그의 나이 62세 때이다. 쿠데타로 정권을 잡은 군부가 당시 65세였던 교원의 정년을 60세로 낮췄기 때문에, 그도 총장직에서 물러나야 했다. 40년 이상 봉직한 이화여대에서 갑자기 물러나게 되니, 주위에서도 아쉬움이 많았다. 무거운 분위기의 이임식장에서 김활란은 "내가 간들 아주 가며 아주 간들 널 잊을쏘냐. 늴리리 늴리리 늴리리야"라는 노래를 불러 분위기를 바꿨다고 한다.

어려서부터 기독교 가정에서 자랐고, 오랜 미국 유학생활을 했으며, 당대 최고의 여성 지식인이었던 김활란과 이 노래는 어울리지 않는 것처럼 보인다. 그러나 그는 이 노래로 가라앉은 분위기를 바꿨고, 그가 퇴임사에서 인용했다는 영국시인의 시나 미국 군인의 말보다 이 노랫가락의 가사로 그의 퇴임식은 더욱 빛났다.

김활란이 언제 어디서 이 노래를 배웠는지는 알 수 없으나, 어렸을 때 자주 들어서 알고 있던 노래였을 가능성이 크다. 왜냐하면, 퇴임식에서 부르기 위해 이 노래를 따로 배웠을 리는 없고, 또, 이미 잘 알고 있는 노래라야 즉흥적으로 그 자리에서 부를 수 있기 때문이다. "간들 아주 가며, 아주 간들 잊을쏘냐"라는 노래의 가사는 19세기에 유행한 시조에도 나오고, 창부타령이나 산타령 같은 경기소리에도 들어 있다. 이런 노래는 모두 당대의 유행가로, 서민들이 즐겨 부르던 노래이다. 김활란이 부른 노래를 실마리로 삼아 19세기 조선의 유행가에 대해서 얘기해보기로 한다.

제3장 문화생활

춘향전 속의 유행가

이 노래 가사가 언제 처음 나오는지 찾아보니, 19세기 중반 서울의 도서대여점에서 빌려주던 『춘향전』에 실린 것이 가장 오래된 것이다. 아버지가 전라도의 남원 부사에서 중앙의 동부승지로 승진해서 남원을 떠나게 되자, 이도령은 춘향과 이별할 수밖에 없게 된다. 이별하는 자리에서 이도령은 가지고 있던 거울을 춘향에게 주고, 춘향은 옥가락지를 이도령에게 주며 서로 잊지 않고 다시 만날 것을 기약한다. 그리고 이도령은 다음과 같은 이별의 노래를 부른다.

> 간다, 잘 있거라. 좋이 다시 보자, 좋이 있거라.
> 간들 아주 가며 아주 간들 잊을쏘냐. 잠 깨어 곁에
> 없으니 그를 슬퍼 하노매라.

이 노래를 들은 춘향은 아래의 노래로 화답한다.

> 울며 잡는 소매를 떨뜨리고 가지 마오. 도련님은
> 장부라 돌아가면 잊으려니와, 소첩은 아녀잔 고로
> 못 잊을까 하노매라.

남녀가 이별하는 자리에서 서로 번갈아가면서 노래를 부르는 것을 현대인들은 이해하기 힘들겠지만, 친구 사이에 헤어질 때 주고받은 한시가 많이 남아 있는 것을 보면, 이도령과 춘향처럼 노래를 주고받을 수도 있을 수 있다. 그리고 당시 『춘향전』을 읽는 독자들이 이런 설정을 특별히 이상하다고 생각하지 않았던 것은 분명하다.

이도령이 부른 노래에 "간들 아주 가며 아주 간들 잊을쏘냐"라는 내용이 들어 있어서, 김활란이 퇴임식에서 부른 노래가 적어도 19세기 중반 이전부터 있었던 노래임은 확실하다. 이도령이 부른 노래는 굳이 현대어로 옮기지 않아도 그 내용을 이해하는 데 어려움이 없다. 남자가 여자에게 불러준 이 노래의 내용을 보면, 이별하는 남녀가 부부 사이가 아니라는 것 정도는 추정이 가능하다.

두 사람이 어떤 사이인지는 여자가 부른 노래에서 분명해진다. 떠나는 남자의 소매를 여자는 붙잡고 울면서 가지 말라고 하는데, 남자는 붙잡는 손을 떨쳐내고 간다. 떠나는 것을 막을 길이 없는 여자는 남자가 잊지 않기나 바라지만, 남자가 떠나면 잊어버린다는 것을 여자는 잘 알고 있다. 그러나 자신은 여자이므로, 남자처럼 쉽게 잊지는 못할 것 같다고 말한다.

노래의 가사를 통해 알 수 있는 것은, 이도령이 부른 노래는 일시 정을 준 기생과 헤어지는 남자가 기생에게 주는 노래이고, 춘향이 부른 노래는 기생이 떠나는 남자에게 주는 노래이다. 그러니까 잠시 만났던 남녀가 헤어질 때 부르는 상투적인 노래이다. 헤어지는 마당에서, 남자는 잊지 않겠다고 말하면서 작별의 인사를 하고, 여자는 가지 말라고 붙잡으며 잊지 못할 것이라고 말한다.

19세기 조선 사람의 상식으로는, 원님의 아들과 고을 기생의 만남은, 원님의 아들이 고을을 떠나면 끝나는 것이다. 그러니까 이도령과 춘향은 이 노래를 끝으로 다시는 더 볼 일이 없이 헤어지게 되어 있다. 다시 만날 수 있을지도 모른다는 환상은 있지만, 현실은 '이별'이다. 『춘향전』같은 소설이 아니라면, 남원 부사의 아들과 남원 기생이 헤어지면서 노래를 부른 다음에는 다시 만나기 어려운 것이 당대의 상식이라고 보아야 한다.

『춘향전』이 19세기에 그렇게 유행한 이유는, 이별의 장면에서 부른 두 사람의 노래가 갖고 있는 상투적인 결말이 바뀌었다는 점에 있다. 남자는 아쉬움을 보이면서 떠나고, 여자는 그리움이 남을 것이라고 말했다면, 기생과 양반자제 사이의 관계는 그것으로 끝나야 한다. 그런데 기생은 떠나간 양반자제와의 약속을 믿고 수절하며 온갖 고초를 견디고, 양반자제는 과거에 급제하여 높은 벼슬을 해서 그 기생을 구출해내서 같이 산다. 이와 같은 『춘향전』의 내용은, 모든 사람이 다 알고 있던 상식을 깨버린 것이다.

백마는 가자 울고

"간들 아주 가며, 아주 간들 잊을쏘냐"라는 노래 가사는 유행가의 본질이 무엇인지를 잘 보여준다. 한 번 떠나면 아주 가는 것이고, 그렇게 가버리면 모두 잊어버리는 것이 현실이다. 그러나 유행가는 그런 현실을 애써 외면하며 환상을 심어준다. 그렇지만 모든 유행가가 그런 것은 아니고, 이별을 담담하게 받아들이는 유행가도 있다. 남녀가 헤어지는 순간을 포착한 19세기 시조 하나를 보기로 한다.

서울대학교 교내에 있는 '자하연'이라는 연못은, 조선후기의 인물 신위申緯(1769~1845)의 호 '자하紫霞'에서 따온 것이다. 서울대학교 정문 근처의 원래 지명은 자하동이었고, 신위의 별장이 이 동리에 있었다. 신위는 과거에 급제한 후 여러 벼슬을 지냈지만, 그가 후대에 이름을 남긴 것은 정치적인 면이 아니라 예술적인 업적이다. 신위는 그림과 글씨 그리고 시에 모두 뛰어난 재주를 가지고 있던 인물이다.

   그의 문집에는 4천 수가 넘는 한시가 실려 있는데, 이것도 43세 이후의 시만 뽑은 것이라고 한다. 신위의 시 중에 '소악부'라는 이름으로 모아놓은 40수 한시는, 19세기 초에 유행하던 시조를 한시로 옮긴 것이다. 그 중 한 수인 '백마청아白馬靑娥'는 다음과 같다.

>　　욕거장시낭마백欲去長嘶郎馬白
>　　만삼석별소아청挽衫惜別小娥靑
>　　석양염염함서령夕陽冉冉銜西嶺
>　　거로장정부단정去路長亭復短亭

   이 한시는, 신위가 당시에 유행하던 아래의 시조를 옮긴 것이다.

>　　백마白馬는 욕거장시欲去長嘶하고 청아靑娥는 석별견
>　　　　의惜別牽衣로다
>　　석양은 이경서령已傾西嶺이요 거로去路는 장정단정長
>　　　　정단정亭短亭이로다
>　　아마도 설운 이별은 백년 삼만 육천일에 오늘인가 하노라

이 시조를 현대어로 옮기면, "백마는 떠나자고 길게 울음을 우는데, 아리따운 아가씨는 이별이 아쉬워 옷자락을 잡아당긴다. 지는 해는 이미 서쪽 고개로 기울어졌는데, 갈 길은 아득히 멀고도 멀다. 아마도 서러운 이별은 한 평생 사는 동안 오늘인가 하노라." 정도가 될 것이다. 신위는 종장은 빼고 번역했으므로, 한시의 내용은 초장과 중장의 내용과 같다.

　19세기 초에 유행한 이 시조는, 떠나는 남자와 이를 아쉬워하는 여자가 등장하는 오랜 전통을 갖고 있는 노래이다. 그런데 떠나는 남자가 타고 가는 것은 시대와 상황에 따라 달라진다. 고려시대 정지상이 쓴 유명한 한시 '대동강'에서는 배를 타고 강을 건너 떠나는 남자를 그렸다면, 19세기의 이 시조에서는 백마를 타고 떠나는 남자를 그렸다.

정한의 밤차

조선이 개항을 하여 서양의 문물이 들어오면서, 19세기 말에 조선에는 여러 나라의 기선이 정박하고, 서울에는 전차가 다니기 시작했다. 그리고 20세기 초에는 서울을 중심으로 인천, 부산, 신의주 등지가 철도로 연결된다. 이렇게 새로운 문물이 들어오면서 백마나 거룻배 대신 기차나 기선이 유행가에 등장하고, 백마의 울음소리가 아닌 뱃고동이나 기차의 기적이 노래의 가사에 나타나게 된다. 이처럼 시대와 상황에 따라 남자가 타고 떠나는 것은 달라지지만, 이별을 주제로 한 노래에서

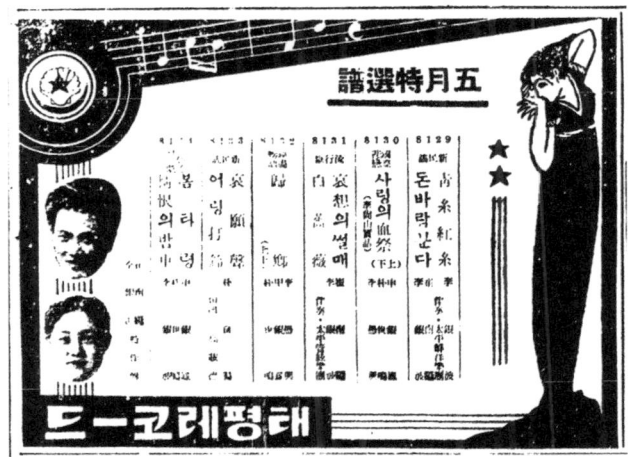

'정한의 밤차' 음반 광고(1935), 조선일보

"간들 아주 가며 아주 간들 잊을쏘냐"라는 내용은 별로 바뀌지 않는다.

1935년에 나온 '정한情恨의 밤차'라는 유행가에는 '시극詩劇'이라는 부제가 붙어 있는데, 노래와 함께 대사가 있어서 마치 연극을 보는 것과 같은 효과를 준다. 노래의 내용을 보면, 먼저 증기기관차 소리가 기적과 함께 들리면서 반주 음악이 나오고, 이어 여자 가수가 "기차는 떠나간다 보슬비를 헤치며, 정든 땅 뒤에 두고 떠나는 임이여"라고 노래를 한다. 그리고 이어서 여자 성우가 "임이여 가지 마오"라고 시작하는 긴 대사를 읊는다. 여자의 대사가 끝나면, 남자 가수가 "간다고 아주 가며 아주 간들 잊으랴. 밤마다 꿈길 속에 울면서 살아요"라는 노래를 한

다음에 남자 성우가 긴 대사를 한다.

남자 성우의 대사는, "기차는 가자고 목메어 우는데, 어찌타 임은 옷소매를 잡고 이리도 슬피 우느뇨"라고 시작하는데, 이 대사가 끝나면 여자 성우가 남자에게 "당신은 천하의 온갖 꽃동산을 헤엄쳐 다니는 호랑나비"라고 하며, 남자의 말을 모두 '새빨간 거짓말'이라고 한다. 마지막으로 남자 가수는 "임이여 술을 들어 아픈 맘을 달래자. 공수래공수거가 인생이 아니냐"라는 가사로 노래를 마친다.

'정한의 밤차'의 노랫말을 지은 사람은 19세기 시조의 노랫말에 들어 있는 "간들 아주 가며 아주 간들 잊을쏘냐"는 그대로 썼고, "백마는 떠나자고 길게 울음을 우는데, 아리따운 아가씨는 이별이 아쉬워 옷자락을 잡아당긴다."는 백마를 기차로 바꿔서 적절하게 잘 이용했다. 그런데 19세기 노래에서는 떠나가는 남자를 못 잊겠다고 말하며 슬픔을 안으로 삭이기만 하던 여자가, '정한의 밤차'에서는 "한번보고 내어버릴 꽃이라면/무슨 억하심정으로 꺾어 놓았단 말이요"라고 남자에게 원망의 말을 하는 여자로 바뀌었다.

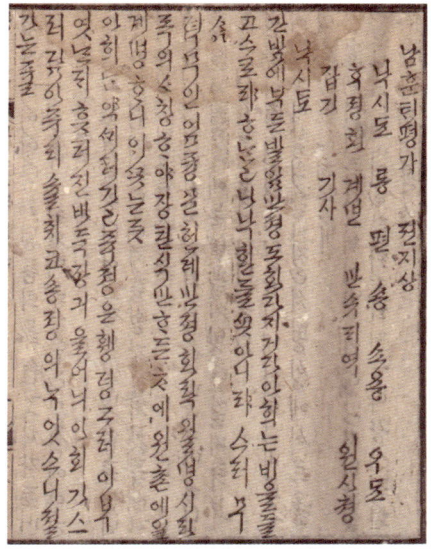
『남훈태평가』, 이윤석 소장본

남훈태평가

1863년에 방각본으로 간행된 『남훈태평가』는 우리나라 유행가 역사의 새로운 장을 연 책이다. 『남훈태평가』에는 224수의 시조와 함께 7편의 긴 노래의 가사가 실려 있는데, 이 노래는 당대에 인기 있는 유행가들이었다. 조선시대 서적의 출판은 정부에서 독점하고 있었으므로, 양반층 이외의 서민들은 책을 구해보기가 어려웠다. 그러나 19세기 초에 방각본이 나오면서, 누구나 이를 사서 읽을 수 있게 되었다.

『남훈태평가』가 방각본으로 나오기 이전에, 노랫말을 모아 놓은 책이 없었던 것은 아니다. 최근에 보물로 지정된 김천택의

『청구영언』이나 김수장의 『해동가요』같은 책이 있지만, 이런 책은 모두 붓으로 쓴 필사본이다. 『남훈태평가』가 나오기 이전에는 모두 이와 같이 손으로 쓴 노랫말 책이 있었을 뿐이다. 이런 필사본 노랫말 책은 대개 노래를 전문으로 하는 사람들이 가지고 있었던 것으로 추정된다. 그런데 『남훈태평가』가 나오게 됨으로써, 돈만 있으면 누구나 이 노래책을 구입해서 노래를 즐길 수 있게 된 것이다.

　1910년대부터 수없이 많이 나온 '잡가집'은 『남훈태평가』를 이은 유행가 가사집인데, 여기에는 노랫말만 실려 있다. 이후에 악보를 넣은 노래책이나, 악보에 기타의 코드를 함께 표기한 노래책 등 여러 가지 책이 나오게 된다. 오선지에 악보와 함께 노랫말이 실리던 노래책은, 노래방기계가 나오면서 이제는 거의 사라진 것 같다. 반주 음악과 함께 화면에 노래 가사가 뜨는 노래방기계는, 19세기 『남훈태평가』에 그 맥락이 닿아 있다고 볼 수도 있다.

　『남훈태평가』에 들어 있는 노래의 주제는 '사랑'이 가장 많은데, 187번째 노래는 『춘향전』의 이별 대목에서 춘향이 부른 노래 "울며 잡는 소매를 떨뜨리고 가지 마오"이다. 『춘향전』에 이 노래가 들어 있다는 사실은, 당시 이 노래가 상당히 유행하는 노래였음을 알려준다. 그리고 이 노래가 『춘향전』보다 더 오래 된 것이라는 것도 알 수 있다.

　이도령이 부른 "간들 아주 가며 아주 간들 잊을쏘냐"라는 내용의 시조는 『남훈태평가』에는 없는 것으로 보아, 이 노래는 『춘향전』이 나올 무렵에는 아직 크게 유행하지 않았던 것으로 보인다. 그러나 이 내용은 19세기 중반 이후의 많은 노래에서 주요한 모티프로 쓰였다. 그리고 이별의 장면에서 남자가 말하는 상투적인 내용으로 아직도 종종 나타나는 구절이다.

대표적인 신여성이 부른 오래된 노래를 통해 19세기 유행가가 어떻게 근대로 이어지는지 간단히 살펴보았다. 19세기에는 다양한 종류의 유행가가 있었고, 그 중 대표적인 것이 시조이다. 그리고 이 19세기에 유행가를 즐기던 사람들이 20세기에 들어와서는 새로운 선율의 유행가도 즐기게 된다. 새로운 선율의 유행가라도, 가사에는 19세기 유행가 노랫말의 전통을 이어받은 것이 많이 있었다. 신여성 김활란 박사의 머릿속 기억의 주머니 어딘가에 자리 잡고 있다가, 불현듯이 퇴임식 자리에서 나온 옛 노래 한 가락이 그런 오래된 전통을 보여주는 것이라고 하겠다.

3 경치와 관광

여행의 금지

다른 지방이나 다른 나라에 가서 그곳의 풍경, 풍습, 문물 따위를 구경하는 것을 '관광'이라고 하는데, 근래에 관광은 거대한 산업이 되어 우주관광이나 심해관광 같은 과거와는 다른 차원의 다양한 종류의 관광이 생겨나고 있다. 관광산업이 GDP의 20% 이상을 차지하는 국가도 여럿이 있고, 10% 이상인 나라는 상당수 있으니, 이런 나라에서는 관광을 국가의 기간산업이라고 부를 수 있을 정도이다. 또 한 나라 안에서도 많은 사람이 구경하기를 원하는 관광자원을 가지고 있는 지역은, 이를 이용해서 다른 지역보다 더 많은 소득을 올리고 있다.

산업으로서의 관광은 근대의 산물이라고 말할 수 있다. 그러나 아름답거나 진귀한 것을 보고자 하는 인간의 욕망은 원초적인 것이므로, 근대 이전에도 현재의 '관광'과 같은 것은 많이 있었다. 관광을 위해서는 여행을 해야 하는데, 조선시대 여행은 걸어가거나 나귀를 이용하는 것이 대부분이었다. 간혹 아주 신분이 높은 사람은 가마를 타고 여행하기도 했다. 그리고 하루 동안 주변의 경치를 감상하는 관광에서부터 며칠이나 몇 달이 걸리는 여행까지 다양한 형태의 관광이 있었다.

과거의 관광은 주로 자연 풍광을 구경하는 것이었지만, 인간이 만들어놓은 인공적인 문물을 관람하는 것도 포함되었다. 중세부터 있었던 기독교인이나 이슬람교도들의 '성지순례'는 이런 종류의 여행이라고 할 수 있다. 동양에서도 일찍이 종교적인 목적의 여행이 있었으니, 인도나 서역에서 불교를 전파하러 중국으로의 긴 여행을 한 스님들이 있었고, 또 인도로 구도의 여행을 떠난 중국 승려도 많았다. 『왕오천축국전』을 남긴 신라의 스님 혜초도 8세기 무렵에 인도로 여행한 승려 중 하나였는데, 혜초 이전에도 신라의 승려 가운데는 중국에 공부하러 갔다가 인도까지 간 사람이 여러 명 있다.

조선은 성리학을 통치이념으로 삼은 나라였으므로, 유학의 시조인 공자나 그의 후계자인 맹자 그리고 주자학을 확립한 주희 등을 대단히 존경했다. 만약 조선시대에 외국 여행이 자유로웠다면, 공자의 고향인 산동성의 곡부현이나 주희가 자신의 학문을 완성시킨 복건성의 무이산을 찾아간 사람이 많았을 것이다.

그러나 중국과 일본에 가는 외교사절 이외에는 외국여행이 금지되었으므로, 조선인이 할 수 있는 여행은 국내로 한정될 수밖에 없었다. 그리고 외교사절의 여행이라 하더라도 정해진 경로 이외에는 갈 수 없었기 때문에, 자유로운 외국여행은 불가능했다. 외국의 명승은 말할 것도 없고 국내의 명승지도 구경하기는 어려웠던 조선시대에는, 직접 가지는 못하더라도 책이나 그림을 통해 명승을 즐겼는데, 이를 누워서 유람한다는 의미로 와유臥遊라고 했다.

제3장 문화생활

김홍도 «산수인물도» ([ccsa] wikimedia commons)

조선시대 관광

조선시대에도 '관광'이라는 용어가 현재와 비슷한 의미로 쓰였지만, 완전히 같은 의미는 아니었다. 현재의 관광과 비슷한 의미라면 '유람'이나 '만유' 같은 단어를 생각해볼 수 있는데, 특별히 산을 오르며 구경하는 데 중점을 두었을 때는 '유산'이라는 용어를 썼다. 유산은 현재의 등산과 비슷하다고 할 수 있지만, 등산이 산을 오른다는 데 중점을 두는 것이라면, 유산은 산에서 노닌다는 의미가 더 크다.

산에서 노닐면, 바위나 산봉우리만이 아니라 자연스럽게 계곡을 흐르는 물도 볼 수 있고, 또 나무와 꽃 같은 식물은 말할 것도 없고, 숲에 사는 여러 종류의 새나 길짐승도 만날 수 있다. 조선 후기에 유행한 노래 『유산가』의 가사를 보면, 산과 물은 물론이고 산에서 볼 수 있는 동물과 식물 등을 모두 노래하고 있다. 이렇게 산에서 논다는 의미의 '유산遊山'은, 산의 정상을 향해 올라간다는 점에 초점을 맞춘 '등산登山'보다 훨씬 더 다양하게 산을 즐기는 것이라고 말할 수 있다.

산에 오르거나 산수를 즐기는 여행을 하면서 여행의 경로와 감흥을 글로 남겨놓기도 했는데, 이런 글에는 '유산기遊山記'라는 제목을 붙이는 경우가 많았다. 꽤 이름이 알려진 인물이 쓴 유산기만 하더라도 천 종이 넘는다고 하니, 전하지지 않는 유산기까지 합한다면 그 수는 매우 많았을 것이다. 왜냐하면 금강산, 묘향산, 백두산, 지리산, 설악산, 속리산, 가야산 등의 높고 유명한 산이 아니더라도, 자신이 사는 고을 근처의 나지막한 산에서 노닐면서 써놓은 유산기도 많이 있기 때문이다.

근대 이후 서양에서 형성된 관광의 개념은, 자연의 풍광만이 아니라 인간이 만든 인공물을 구경하는 것에 더 치중하는 것 같다. 예를 들어 유럽을 관광한다면, 알프스나 지중해의 자연풍광을 구경하는 것보다는, 프랑스 파리의 시가지나 이태리 로마의 유적을 보는 것을 더 중요하게 생각하는 것이다. 그러나 조선시대 관광은 주로 자연의 풍광을 감상하면서 그 안에서 노니는 것이었다.

조선에서 손꼽히는 아름다운 경치에는 대부분 누각이나 정자가 함께 있다. 『춘향전』에서 춘향과 이도령이 처음 만나는 남원의 광한루도 아름다운 누각으로 이름난 곳이다. 광한루 이외에도 경상도 진주의 촉석루와 밀양의 영남루, 평안도 평양의 연광정과 성천의 강선루, 전라도 전주의 한벽루와 태인의 피향정 등은 『춘향전』에서도 언급하는 유명한 누각이다.

이들 누각은 대체로 그 형태가 비슷비슷하니, 건물 자체도 중요하지만, 그보다는 누각이 서있는 장소의 경치와 얼마나 잘 어울리는가 하는 점이 중요했다. 현재 서울 마포구 합정동의 한강변에는 조선시대 정자 망원정을 복원해놓은 것이 있다. 조선시대에는 아름다운 경치로 유명한 정자였지만, 강변북로의 시끄러운 자동차소리가 들리는 콘크리트 강둑을 보면, 이제는 더 이상 좋은 풍광 속의 누각이라고 말하기 어렵다.

소상팔경과 관동팔경

서울에서 지내다가 남원 부사가 된 아버지를 따라 남원에 온 이도령은, 남원에서 보내는 하루하루가 심심하기 짝이 없어서, 재미있는 일이 없을까 하고 이런저런 궁리를 한다. 그도 그럴 것이, 이도령은 서울에서, "삼월 봄바람 불고 꽃 피는 시절과 가을날 국화 피고 단풍 드는 때면, 하루도 빼지 않고 술집과 기생집에서 노래와 춤과 술로 세월을 보냈다"라고 스스로 말하는 인물이다. 그런데 이런 인물이 시골에 와서 밤낮 공부하라는 말만 아버지한테 들으니, 남원 생활이 재미있을 리가 없다.

　　하루는 이도령이 방자를 불러, 남원의 경치를 완상하려고 하니 구경할만한 곳을 말해보라고 한다. 이 말을 들은 방자는, 중국과 조선의 명승지를 죽 나열한 다음, 남원에서 가장 경치가 좋은 곳은 광한루라고 대답한다. 이 대목에서 방자가 말하는 중국과 조선의 유명한 곳은, 19세기 이 소설의 독자인 조선의 일반 서민들도 잘 알고 있는 명승지라고 볼 수 있다. 방자가 먼저 예로 든 명승지는, 중국의 소상팔경과 조선의 관동팔경이다.

중국의 소상팔경瀟湘八景은 동정호로 흘러들어가는 양자강의 지류인 상강湘江과 상강의 지류인 소수瀟水의 여덟 가지 경치를 말한다. 송나라 때 화가들이 이 풍경을 그렸고, 북송의 학자 심괄沈括은 『몽계필담』에서 아래의 여덟 가지를 말했다.

> 평사낙안平沙落雁 가을날 남쪽으로 와서 모래밭에 내려앉는 기러기.
> 원포귀범遠浦歸帆 저녁나절 멀리서 포구로 돌아오는 돛단배.
> 산시청람山市晴嵐 산 속 마을이 맑은 아지랑이에 싸여 있는 모습.
> 강천모설江天暮雪 겨울 날 어두워질 무렵 하늘과 강을 뒤덮은 눈.
> 동정추월洞庭秋月 동정호에 뜬 맑은 가을 달.
> 소상야우瀟湘夜雨 소수가 상강에 합류하는 곳에 내리는 쓸쓸한 밤비.
> 연사만종烟寺晚鍾 연무가 낀 강에서 듣는 청량사의 저녁 종소리.
> 어촌석조漁村夕照 저녁노을이 붉게 물든 어촌의 풍경.

중국 송나라에서 유행한 이 여덟 가지 풍경을 그린 그림의 제목은, 이후에 중국은 물론이고 우리나라와 일본에도 전해져서 수없이 많은 그림과 시가 나왔다. 그리고 여덟 가지 경치라

김홍도 «낙산사도» ([ccsa] wikimedia commons)

고 하는 '팔경'을 붙이는 것도 함께 유행해서, 다양한 팔경이 나오게 된다.

우리나라에서 잘 알려진 팔경은, 강원도의 관동팔경, 충청도의 단양팔경, 평안도의 관서팔경, 평양의 기성팔경, 서울의 국도팔경, 전주의 완산팔경 등이 있는데, 이렇게 유명한 것 이외에도 수많은 팔경이 있다. 가장 유명한 팔경인 관동팔경은 조선시대 강원도 동해안의 여덟 가지 경치로, 북쪽에서 남쪽으로 순서대로 보면, 통천 총석정, 고성 삼일포, 간성 청간정, 양양 낙산사, 강릉 경포대, 삼척 죽서루, 울진 망양정, 평해 월송정 등이다.

관동팔경 중에 총석정과 삼일포는 북한 지역에 있고, 울진군이 경상북도로 편입되면서 망양정과 월송정은 경상북도 지역이 되었다. 현재 망양정과 월송정은 모두 울진군에 들어있지만, 조선시대에는 울진과 평해가 각기 독립된 행정구역이었으므로 울진 망양정과 평해 월송정이라고 불렀다.

정조가 읊은 서울의 팔경

어떤 지역의 아름다운 경치가 반드시 여덟 가지만은 아니겠지만, 중국의 '소상팔경'이 한국과 일본으로 퍼진 이후에 경치를 읊은 노래는 '팔경'이 대세가 되었다.

고려의 수도인 개성(송도)의 볼만한 경치를 읊은 고려의 시인 이제현의 '송도팔경'이라는 매우 유명한 작품이 있고, 조선 건국의 주역인 정도전도 새로 옮긴 수도 서울의 여덟 가지 경치를 '신도팔경'에서 노래했다. 고려를 무너뜨리고 조선을 건국한 이래, 조선의 수도 서울의 아름다운 경치를 노래한 작품은 무수히 많다. 이런 작품은 대부분 저명한 지식인들이 한문으로 쓴 한시이다.

서울의 팔경을 묘사한 시는 조선의 임금들도 많이 썼는데, 그 중에 정조 임금이 쓴 작품도 있다. 정조가 왕위에 오르기 전에 지은 시 '국도팔영國都八詠'은 "우리나라 서울의 여덟 가지 경치를 읊다"라는 의미이다. 서울의 경치를 시로 지은 임금들의 작품은, 대체로 국가를 다스리는 임금의 자세가 드러나는 내용이다. 그러나 정조의 '국도팔영'은 순수하게 자신이 보고 느낀 서울의 경치를 읊었다.

정조는 사물을 관찰하는 뛰어난 능력을 지닌 인물이므로,

제 3 장 문화생활

김홍도 《마상청앵도》 ([ccsa] wikimedia commons)

'국도팔영'에서 읊은 여덟 가지 경치는 당대 최고 수준의 서울 팔경이라고도 할 수 있다. 이 시에서는 다음과 같은 여덟 가지 경치를 노래했다.

    필운화류弼雲花柳 필운동의 꽃과 버들.
    압구범주狎鷗泛舟 압구정 앞 한강의 뱃놀이.
    삼청녹음三淸綠陰 삼청동의 우거진 수풀.
    자각관등紫閣觀燈 남산에서 보는 관등놀이.
    청계간풍淸溪看楓 청운동 계곡의 단풍놀이.
    반지상련盤池賞蓮 반지의 연꽃 감상.
    세검빙폭洗劍氷瀑 세검정의 얼음 폭포.
    통교제월通橋霽月 광통교에서 보는 맑은 달.

 국도팔영에서 정조는, 꽃피는 봄, 녹음이 우거진 여름날, 가을의 단풍, 겨울의 얼음폭포 등을 읊으면서, 그 사이사이에 각 계절의 흥취를 보여주는 뱃놀이, 사월초파일의 관등, 연꽃 핀 연못, 다리 위에서 보는 달 등을 끼워 넣었다.

 이 시에 등장하는 지명의 대부분은 현재도 그대로 쓰고 있는데, 다만 풍경이 바뀌었을 뿐이다. 필운동, 압구정, 삼청동, 남산, 세검정, 광통교 등은 지금도 그 이름이 남아 있다. 현재는 복개해서 보이지 않는 청운동을 흐르던 시내가 청계(청풍계)이고, 반지(반송지)는 독립문 근처에 있던 연못이다.

제3장 문화생활

서민이 즐긴 서울 경치

중국의 소상팔경에서 따온 수많은 조선의 팔경을 읊은 시는 모두 한문으로 지은 것이므로, 이런 시에서 볼 수 있는 경치는 결국 양반 지식인이 즐긴 것이다. 19세기에 조선의 서민들 중에 자신이 즐긴 경치를 기록으로 남긴 것은 보기 힘들므로, 서민들의 여행이나 관광이 어떤 모습이었는지 알 길이 없다. 그러나 19세기 조선의 서민들이 양반 지식인처럼 며칠씩 또는 몇 달씩 명승지를 여행하며 관광을 할 수 없었다는 것은 분명한 사실이므로, 이들의 관광은 자신이 사는 근처의 명승지를 하루 정도 구경하는 것이었다.

방자가 이도령에게 남원에서 구경할만한 곳을 말하기 전에 중국과 조선의 유명한 경치를 죽 나열했지만, 이런 곳은 서민이 가기에는 너무나 먼 곳이다. 『춘향전』의 작자는 당대의 서민이므로, 좋은 경치라고 구체적으로 말할 수 있는 곳은 자신이 사는 곳을 얘기할 수밖에 없었을 것이다. 그러므로 서울에서 나온 원본 『춘향전』의 작자는 자신이 아는 서울의 볼만한 경치를 다음과 같이 말한다.

"동쪽으로는 불암사, 서쪽으로 진관사, 남쪽으로 삼막사, 북쪽으로 승가사"라고 하여, 서울 근교의 불교사찰 네 군데를 말한다. 조선시대 도성 안에는 사찰이 없었지만, 위로는 왕실의 부녀자부터 아래로는 서민 남녀까지 불교도들은 매우 많았다. 그러므로 도성에서 10리나 20리쯤 떨어진 경치 좋은 곳에 위치한 사찰은 서울 사람들이 즐겨 찾는 곳이었다. 위에서 본 정조가 지은 시에서 사월초파일 석가탄신일이면 서울 시내에 등을 단 집이 매우 많았다고 말한 것을 통해서도, 일반 백성 사이에서는 불교가 여전히 성행하고 있었음을 알 수 있다.

 춘향은 이도령과 헤어질 때, 서울에 가서 경치 좋은 곳에서 이름난 기생과 놀더라도 자신을 잊지 말고, 또 공부 열심히 해서 과거에 급제하여 좋은 여자와 결혼하더라도 자신을 잊지 말라고 당부한다. 이때 춘향이 예로 든 경치 좋은 곳은 필운대, 소격서, 탕춘대, 한강 강변 등인데, 현재 지명으로 보면, 필운대는 필운동이고, 소격서 자리는 삼청동이며, 탕춘대는 자하문 밖의 세검정 근처이다.

 남원에 사는 춘향이 서울의 유명한 경치를 이렇게 말할 수 있었던 것은, 서울의 이런 곳이 전국적으로 잘 알려졌음을 보여주는 것이라고 말할 수도 있다. 그러나 그것보다는 서울에서 나온 『춘향전』의 작가가 잘 알고 있는 서울의 명소를 말한 것이라고 보는 편이 좋을 것이다.

 18세기 후반의 임금인 정조와 19세기 초의 『춘향전』 작자가 생각한 서울의 명소는 대체로 같다. 이는 정조가 서민의 눈높이로 서울의 경치를 바라본 것일 수도 있고, 또는 19세기 서울의 서민들이 즐긴 경치는 이미 국왕이 즐긴 것과 큰 차이가 없는 것일 수도 있다.

4 가마

승용차와 과시

승용차의 번호판에서 지역 이름이 빠진 지는 오래되었고, 또 관용차와 개인 소유 승용차를 구분하는 표시를 하지 않은 지도 오래되었다. 이제 승용차 번호판의 색깔은, 영업용 차량인지 그렇지 않은지를 구분하는 정도의 역할뿐이다. 최근에 업무용 승용차의 번호판을 특정한 색깔로 하여 쉽게 알아볼 수 있도록 하는 규정이 생겼는데, 고가의 업무용차량을 사적으로 사용하는 것을 방지하기 위해서라고 한다.

어느 사회나 마찬가지이지만, 한국에서도 자동차는 신분을 과시하기 위한 용도로 쓰이는 일이 많다. 자동차를 갖고 있다는 사실 자체가 특수한 계층임을 나타내던 시대도 있었지만, 이런 시대는 지나갔고, 누구나 자신의 기호에 따라 승용차를 구매해서 타는 시대가 되었다. 그러나 자동차를 통해 개성을 드러낼 수 있는 방법이 쉽지 않으므로, 희귀하고 값비싼 자동차로 자신을 돋보이게 하려는 사람이 많이 있다.

영화나 드라마를 보면 사기꾼들은 거의 예외 없이 고급 승용차를 타는데, 상대방의 신뢰를 얻기 위해서는 고급 자동차가 필요하기 때문이라고 한다. 그리고 언론에 보도되는 내용을 통해서 보더라도, 상대방의 환심을 사기 위해 고급 승용차를 이용하는 일이 많다는 것을 알 수 있다. 이밖에도 연예인이나 프로 운동선수 같이 인기와 관련된 직업에 종사하는 사람들도 고급 승용차를 타지 않을 수 없다고 한다.

자신의 수입에 비해 과도하게 비싼 자동차를 사서 타고 다니는 사람이 많다는 말도 흔히 들을 수 있는데, 개인이 중요시되는 현대사회에서 이런 식의 비판이 과연 합당한 것인지는 의문이다. 만약 조선시대에 자동차가 있었다면, 각자의 신분과 계급에 따라 정해진 승용차를 타지 않으면 안 됐을 것이다. 조선시대의 가마는 현대의 승용차와 비슷한 성격의 운송수단이므로, 가마 관련 기록을 검토해서, 자동차가 나타나기 이전의 탈것에 대한 조선 사람들의 생각을 알아보도록 한다.

가마와 신분

조선은 왕을 중심으로 한 왕족을 제외하면, 양반·중인·양민·천인의 네 가지 신분으로 나눌 수 있다. 이 가운데 양반이 지배계층이고, 중인은 양반을 도와 실무를 담당한 계층이다. 그리고 양민과 천민은 피지배계층이라고 말할 수 있다. 엄격한 신분사회인 조선에서 가마를 탈 수 있는 계층은 왕족과 양반이고, 그 나머지 중인 이하는 원칙적으로 가마를 탈 수 있는 자격이 없었다. 그리고 가마를 탈 수 있는 신분의 사람이라 하더라도, 각자의 신분과 계층에 따라 탈 수 있는 가마의 종류가 정해져

제3장 문화생활

있었다.

아무리 엄격하게 통제된 사회라고 하더라도, 거기에는 언제나 틈이 있기 마련이다. 조선도 예외가 아니어서, 가마를 탈 수 있는 자격이 없는 사람이 가마를 타는 일은 자주 일어났다. 예를 들면, 대궐 안에서 가마를 탈 수 있는 사람은 왕족과 극소수의 최고위층 인사에 국한되었지만, 그런 자격이 없는 사람이 가마를 타서 문제가 되는 일이 벌어지기도 했다. 그리고 최하층의 천민인 기생이 가마를 타는 일 또한 심심치 않게 볼 수 있었다.

고위 관료가 타는 가마에 관한 규정은 법전에 나와 있으나, 그 외의 자질구레한 가마 규정은 그때그때 임금의 명령으로 정해진 것으로 보인다. 예를 들면, 숙종이 즉위하던 해(1674)에는 무신이 가마 타는 것을 금지하는 명령이 있었다. 무신은 활과 칼로 무장을 하고, 말을 타고 다니면서 나라를 지키는 임무를 맡은 사람인데, 이런 무신들이 한가하게 가마를 타고 다닐 수 없다는 것이 그 요지이다. 그러나 가마를 타다 적발된 무신에 관련된 기록이 매우 많은 것으로 보아, 법령이 있더라도 제대로 잘 지켜지지 않았던 것 같다.

영조 때에도 정4품 이하는 가마를 탈 수 없다는 숙종 때 정한 규정이 계속 적용되었는데, 이 명령을 따르지 않았다는 보고가 올라온 일이 여러 차례 있었다. 예를 들면, 영조 17년(1741)에 종6품의 현감이나 찰방 같은 낮은 계급의 관리가 가마를 탄 것을 적발하여 보고한 일이 있고, 영조 38년(1762)에는 무신이 가마를 탄 사건에 대해서 자세히 조사하라는 명령을

초헌을 타고 이동중인 고관 (A. H. S. Landor, *Corea; or, Cho-sen, the Land of the Morning Calm*, 1895)

내린 일이 있다.

정조가 즉위한 이후에도 가마와 관련된 기존의 규정은 잘 지켜지지 않은 것으로 보인다. 정조 2년(1778)의 기록을 보면, 지방관으로 재직하는 관리 대부분은 가마를 타는 규정을 어겼다고 한다. 지방관 가운데 2품 이상의 벼슬이나 승지를 역임하지 않은 사람은 쌍교를 타지 못하게 되어 있었고, 4품 이하의 지방관은 가마를 탈 수 없었으나, 이런 규정은 잘 지켜지지 않았던 것이 분명하다.

제3장 문화생활

가마 탄 양반, 서울역사아카이브

19세기의 가마 관련 법령

가마에 관한 규정을 어기는 일은 조선후기로 갈수록 심해져서, 19세기에는 가마에 관한 규정이 별 의미가 없을 지경이 되었다. 19세기에 들어오면 가마에 대한 규제는 새로운 양상을 띠게 된다. 그동안 문제가 되었던 자신의 신분이나 계급으로는 탈 수 없는 높은 수준의 가마를 타는 것만이 아니라, 이전에는 가마를 탈 수 없었던 계층의 사람들도 모두 가마를 타는 문제가 발생했다는 점이다.

고종 16년(1879) 4월 10일 영의정 이최응은 임금에게 가마에 관한 다음과 같은 건의를 올렸다.

조정의 법률에는 각 품계에 따라 타는 가마가 정해져 있으므로, 이를 어겨서는 안 됩니다. 그런데 요즈음 너도나도 보교步轎라고 하는 지붕이 있는

가마를 타고 다니는데, 이것은 엄격하게 금지해야
합니다.

영의정이 이렇게 건의를 하게 된 이유는, 각자 자신의 신분과 계급에 맞는 가마를 이용해야 한다는 것을 강조하기 위해서였다.

원래 보교는 시골의 부녀자나 늙고 병든 사람들이 이용하는 가마였다. 그런데 조정의 높은 벼슬의 관리들이 자신들이 타야할 가마를 타지 않고 이 보교를 타고 있으며, 심지어 말을 타야하는 무관들도 말을 타지 않고 보교를 타고 다니는 것이 문제였다. 게다가 아랫사람들도 모두 이 보교를 타고 다녔다. 영의정 이최응은, 사회의 풍조가 편리하게 이용할 수 있는 것만을 생각하여, 각자의 신분과 계급에 맞지 않는 가마를 타는 문제를 제기한 것이다.

고종은 영의정의 건의를 받아들여, 보교를 금지하는 자세한 규정을 만들어 전국에 내려 보냈다. 이 규정의 핵심 내용은 다음 몇 가지로 요약할 수 있다.

1. 지붕이 있는 가마인 보교는 완전히 금지한다.
2. 가마 파는 가게에서는 보교를 팔거나 빌려줄 수 없다.
3. 이 명령을 위반하는 자는 곤장 100대와 중노동 3년의 처벌을 받는다.
4. 부녀자가 이 규정을 위반했을 때는 그 가장이 대신 벌을 받는다.

이 명령에는 한 가지 흥미 있는 사실이 감춰져 있는데, '보교'를 없애려는 진짜 의도가 무엇인가 하는 점이다. 보교를 없애는 것이 이 명령의 목적이라면, 보교를 금지하는 것만으로도 충분하다. 그런데 이 명령에서는 보교를 타서는 안 되는 계층을 하나하나 모두 열거했다. 예를 들면, 서울과 지방의 기생, 내시와 각 궁에서 일하는 사람, 유생과 부녀자, 각 고을의 아전 등이 이들이다.

　영의정의 건의로 고종이 보교의 금지령을 내린 가장 중요한 이유는, 가마를 타서는 안 되는 사람들이 가마를 타는 문제를 더 이상 방치할 수 없다는 것이었다. 그러나 세상은 바뀌고 있어서, 이런 명령으로 가마를 타고 싶어 하는 백성의 욕망을 막을 수는 없었다. 보교를 금지한다는 명령은, 고종 때가 처음이 아니다. 19세기에 들어와서 순조·헌종·철종 때에도 계속해서 보교 금지령이 있었지만, 그 명령을 백성들이 따르지 않은 것이다.

가마와 사치

영의정 이최응이 고종에게 보고하면서 강조한 내용 중 또 하나는, 보교를 만드는 데 상당히 많은 돈이 든다는 점이었다. 보교는 타기 쉽고 편리하게 이용할 수 있어서, 19세기에 들어오면서 인기 있는 가마가 되었다. 그런데 누구나 이 보교를 타게 되면서, 새로 가마를 장만하기 위해 많은 돈이 들었다. 그리고 남과 다르게 화려한 치장을 한 보교가 많아지면서, 보교의 유행은 사치를 조장하게 되었다.

19세기에 서울의 회현동에는 가마를 팔거나 빌려주는 교자전轎子廛이 있었다. 이 교자전에서 파는 가마의 값이 얼마인지 알 수는 없으나, 19세기 말의 어떤 자료를 보면, 180냥을 주고 가마 하나를 제작했다는 기록이 있다. 당시 쌀 한 가마를 살 수 있는 금액 정도이다.

20세기에 들어와서 기차나 자동차 같은 근대적 교통수단이 등장하면서, 운송수단으로서의 가마의 효용은 현저하게 줄어들었다. 그러나 20세기 중반까지 가마는 여전히 중요한 쓰임새가 있었으니, 바로 혼례 때 신부가 타는 용도였다. 1920년대 일간지 광고란에는 가마 광고를 볼 수 있는데, 가마 상점에서 취급하는 물품은 주로 혼례 때 필요한 것이었다.

1920년 9월 16일 «동아일보»에 실린 가마 광고를 보면, 네 명의 가마꾼이 드는 가마의 값이 40원에서 120원 사이라고 했다. 기본 재료만 쓰면 40원이지만, 고급 재료를 쓰고 갖가지 치장을 덧붙이면 가격이 세 배인 120원이 되는 것이다. 요즈음 승용차 가격에 대비해서 말한다면, 기본 모델 값은 40원인데 옵션 비용이 80원이 되는 셈이다. 가마가 사치를 조장한다는 의미가 무엇인지 알 수 있다.

가마를 사치스럽게 꾸미는 것과 관련된 구체적인 내용을 알 수 있는 기록은 찾아보기 어려운데, 『춘향전』에는 화려한 가마를 묘사한 내용이 나온다. 그 중 몇 가지를 보기로 한다.

가마의 지붕은 고급비단으로 싸고, 가마지붕의 꼭지는 선명한 붉은색으로 칠한다.
가마에 둘러치는 휘장은 겨울에는 담비의 모피로 만든다.
휘장을 받치는 대는 최고급 목재인 먹감나무를 쓴다.
가마 앞에 치는 발은, 전라도 담양에서 나는 대나무로 제작한다.
이 발에는 거북무늬를 넣고, 갖가지 장식을 붙인다.

그리고 가마만 이렇게 화려하게 장식하는 것이 아니라, 이 가마를 메고 가는 가마꾼도, 훤칠하고 건장한 사람을 뽑아서 화려한 의상을 입혀야 한다고 했다. 소설에 이런 내용이 나온다는 것은, 당대에 이와 같은 가마가 유행했음을 보여준다고 하겠다.

외국인이 경험한 가마

조선 사람에게 가마는 아주 일상적인 것이었으므로, 가마에 대한 자세한 기록을 해놓은 자료는 보기 어렵다. 가마에 대한 구체적인 묘사를 볼 수 있는 기록은, 19세기에 조선을 방문했던 외국인이 남긴 것에서 찾아볼 수 있다. 여러 자료 가운데 먼저 언더우드 부인이 써놓은 것을 보기로 한다.

릴리어스 호톤(Lillias Horton)은 1888년 의료선교사로 조선에 온 미국 여성이다. 그녀는 다음해에 조선에서 언더우드 목

김준근 «가마» ([ccsa] wikimedia commons)

사와 결혼했고, 1904년에는 *Fifteen Years among the Top-Nnots, or Life in Korea*(상투쟁이들과 함께 한 15년, 또는 조선의 생활)이라는 책을 냈다. 이 책에는 그녀가 경험한 가마에 관한 다양한 얘기가 들어 있다. 언더우드 부인은 조선의 가마를 편안하다고 했고, 가마꾼들이 어떻게 가마를 메고 가는지도 잘 기록해놓았다.

신혼여행 때 자신이 탔던 가마를 묘사한 부분을 보면, 가마의 지붕은 대나무로 만들었는데, 천장에는 기름먹인 색종이를 발랐고, 파란색 천을 바른 양쪽 벽에는 색유리를 끼운 조그만 창이 나 있으며, 가마 앞면에는 걷어 올릴 수 있는 휘장을 쳤다고 했다. 그리고 방석을 바닥에 깔고 등에도 대었으며, 가마 안쪽으로는 외풍을 막기 위해 담요 같은 것을 둘렀고, 뜨거운 물을 담은 병과 발에 끼는 토시를 준비했으므로 상당히 편안했다고 했다.

언더우드 부인은 가마꾼에 대해서도 구체적으로 기록해놓

제 3 장 문화생활

언더우드 가족의 외출 (*Fifteen Years among the Top-Nnots, or Life in Korea*, 1904)

앉다. 그녀가 탄 가마는 두 사람이 메고 가는 가마인데, 가마꾼은 네 사람이었다. 두 명이 한 조가 되어 10리쯤 가면 서로 교대했다. 그리고 10분에 한 번 정도 약 30초 동안 가마를 내려놓고 쉴 때, 예비 조는 가마 밑에 가마를 받치는 나무틀을 놓았다. 가마꾼들은 하루에 약 백 리 이상을 가는데, 별로 지치지도 않는 것처럼 보였다고 한다. 그녀는 가마꾼들이 아주 재미있고 재치가 넘치는 사람들이었다고도 말했다.

1885년 *Choson, the Land of the Morning Calm*(조선, 고요한 아침의 나라)이라는 책을 펴낸 퍼시벌 로웰(Percival Lawrence Lowell)도, 이 책에서 자신의 가마 탄 경험을 기록한 바 있다. 그는 서양인에게 가마는 매우 불편한 탈것이라고 말했는데, 서양인은 바닥에 앉는 문화가 없어서 그런 것 같다고 했다. 로웰도 언더우드 부인과 마찬가지로, 가마꾼은 두 사람인데,

교대하는 두 명이 함께 간다고 했다.

개인적으로 가마를 탄 경험만이 아니라, 임금의 가마를 묘사한 외국인도 있다. 『조선과 그 이웃나라들』이라는 책으로 유명한 이사벨라 버드 비숍의 책 제3장의 제목은 'THE KUR-DONG'인데, 이것은 임금의 행차를 뜻하는 순우리말인 '거둥'을 발음 그대로 표기한 것이다. 제3장의 내용은, 1894년 4월 11일(음력 3월 6일) 고종의 동구릉 행차를 자세히 묘사한 것으로, 그녀는 여기에 임금의 행차를 구경하고 난 자신의 감상도 남겨놓았다. 비숍은 고종의 가마를 다음과 같이 묘사했다.

> 왕의 가마 둘이 나오는데, 앞의 가마는 붉은색 비단으로 장식한 가마지붕이 있는 것으로 아무도 타지 않았다. 이것은 아마도 암살자의 저격을 대비한 것으로 보인다. 이 빈 가마 뒤로 붉은 옷을 입은 40명의 가마꾼이 메고 오는 왕이 탄 가마가 나온다. 붉은 색의 이 가마는, 지붕에도 장식을 했고, 가마의 양 옆으로는 햇빛을 가릴 수 있도록 차양도 친 극히 화려한 것이었다.

이 대목에서 흥미 있는 것은 빈 가마에 대한 그녀의 설명이다. 임금이 타는 가마는 연輦이라는 별도의 명칭이 있다. 공식적인 행차에서는 임금이 타는 가마 앞에 빈 가마가 먼저 가는데, 이 빈 가마는 부련副輦이라고 부르고, 실제로 임금이 타고 있는 가마는 정련正輦이라고 한다. 부련이 암살에 대비한 것이라는 비숍의 추정은 근거가 없는 것은 아니다. 진시황이 행차할 때는 여러 대의 수레가 함께 움직여 어느 수레에 황제가 탔는지 모르게 한 것이나, 요즈음 대통령이 헬리콥터를 탈 때 두 대 이상의 헬기를 띄우는 것과 같은 이치다.

가마를 타 본 경험이 있는 언더우드 부인이나 퍼시벌 로웰이 남긴 기록은, 가마에 관한 구체적인 내용을 알 수 있는 중요한 자료이다. 이들이 남긴 글을 통해, 장거리 여행에서 가마꾼들이 어떤 방식으로 가마를 메고 갔는지 알 수 있다. 전승이 끊어진 어떤 분야의 과거를 재현해내려고 할 때, 우리가 참고할 수 있는 것은 기록뿐이라는 것은 이들이 남긴 글을 통해서도 분명해진다.

만약 『춘향전』이 없었다면, 겨울에 가마에 치는 휘장을 모피로 꾸몄다는 사실을 알기 어려울 것이다. 19세기 말 조선의 영의정이 가마의 사치를 걱정했다는 것은, 『춘향전』에 나오는 가마의 사치스러운 치장을 볼 때 비로소 이해할 수 있다. 19세기 소설을 잘 읽어보면, 지금은 전하지 않는 당대의 미세한 사실을 많이 찾아낼 수 있을 것이다.

제 4 장

형사소송

김준근 «정배가는 죄인», 국립기메동양박물관

1 정조의 재판

사형 판결율을 90%에서 3%로

현재 한국의 형법에는 법정최고형이 사형으로 되어 있으나, 1998년 이래 사형을 집행하지 않고 있기 때문에, 국제적으로는 실질적인 사형폐지국으로 인정받고 있다. 그러나 사형제도에 대해서는 일반 시민들만이 아니라 법률가 사이에서도 찬반의 의견이 매우 팽팽하다고 한다. 사람을 죽인 자는 사형에 처한다는 법률은 동서양을 막론하고 아주 오랜 역사를 갖고 있어서, 우리나라에서도 삼국시대 이전의 법률에 이미 이런 조항이 있었다.

조선시대에는 사법과 행정이 분리된 것이 아니어서, 행정기관이 재판을 맡아서 처리했다. 예를 들어 곤장을 치는 정도의 죄에 대해서는 각 지방의 군수나 현감 정도의 관리가 독단으로 처리할 수 있었고, 이보다 좀 더 큰 죄는 각 도의 관찰사가 처리했다. 그러나 죄가 유배에 해당되는 정도가 되면, 이런 사건은 중앙으로 올려 보내야 했고, 특히 사형에 해당되는 범죄는 국왕의 재가를 받아야 했다. 조선은 잘 정비된 법률체계를 갖추고 있던 나라이지만, 국왕이 통치하는 나라였으므로, 국정 대부분의 최종 결정 권한은 국왕이 갖고 있었다.

제4장 형사소송

『대명률』, 국립민속박물관

조선시대에 중요하게 활용된 법령집인 『대명률』에 의하면, "다투다 때려 살인하면 교수형에 처하고, 고의로 살인하면 목을 베는 형에 처한다"라고 되어 있다. 법률의 집행을 맡고 있는 관리들은 가능한 한 법조문에 나와 있는 대로 처벌하기를 원했기 때문에, 사형에 해당되는 범죄를 저지른 범죄자에 대해서는 사형시키는 것이 마땅하다고 여겼다. 이와 같은 형벌 담당 관리의 의견에 비해, 국왕은 가능하면 사정을 참작해서 죄인을 죽이지 않을 방도를 찾았다.

정조는 자신이 통치하는 기간 동안에 사형에 해당되는 죄인을 심사한 기록을 모아 『심리록』이라는 책을 남겼는데, 여기에는 천 건이 넘는 사건을 하나하나 심사한 기록이 남아 있다. 이 기록을 검토한 연구자들에 의하면, 정조는 3.2%만 사형을 확정했다고 한다. 조선 전기에는 90% 정도였던 사형 확정의 비율이 영조 때는 60%대로 낮아졌고, 정조대에는 이 비율이 3%대로 떨어졌다는 것이다.(문준영, 심재우 등의 연구에 의함) 정조가 판결한 사건 몇 가지를 통해, 이렇게 사형의 비율을 낮춘 판결의 구체적인 내용이 무엇인가를 보기로 한다.

신여척 사건

이 사건의 요지는, 정조13년(1789) 전라도 장흥에 사는 신여척이 같은 동네 사람 김순창을 발로 차서 이튿날 죽게 했다는 것이다. 조금 자세히 사건의 내막을 알아보면 다음과 같다.

김순창은 그의 아우 김순남에게 집을 봐달라고 하고 부부가 밭에 나가 김을 매었는데, 아내가 돌아와서 보니 보리 두 되가 줄어들어 있었다. 아내에게서 그 말을 들은 형이 동생을 도둑이라고 꾸짖자 동생은 억울하다며 울었고, 급기야 형이 절구로 동생의 머리를 때려 거의 죽을 지경에 이르게 되었다. 이를 본 이웃들은 모두 화가 났지만 아무도 말을 하지 못했는데, 이 말을 들은 신여척이 김순창을 찾아가 꾸짖자, 김순창이 신여척을 발로 차서 몸싸움이 되었다. 이 과정에서 신여척의 발에 차인 김순창이 죽었다.

처음에는 김순창 집안에서 이 일을 밖으로 말하지 않았지만, 한 달 후에 이 일이 알려져서 신여척이 체포되었다. 살인죄이므로 전라도와 형조에서 조사하여 임금에게 보고했는데,

제4장 형사소송

형조에서는 사람을 죽였다고 범인이 자백했으니 사형시킬 수밖에는 없다는 의견을 올렸다. 이 의견서에서는, 이웃집에서 형제 사이에 싸움이 났을 때 참견한 것도 문제이고, 싸움을 말린다고 남을 때려서 죽게 한 것도 문제라고 했다.

형조에서 올린 의견서를 본 정조는, 신여척이 고의로 사람을 죽인 것은 아니니 다시 자세히 조사해서 보고하라고 했다. 그러나 형조에서는, 비록 신여척이 사람을 죽이려는 마음으로 한 것이 아니라 하더라도, 살인을 했으니 죄를 가볍게 할 수 없다는 의견서를 다시 올렸다. 정조는 신여척이 사람을 죽였으니 법에 따라 처벌할 수밖에 없지만, 다시 한 번 여러 관계자들이 이 문제를 논의하라고 회신한다. 이와 같은 정조의 회신에 따라 다시 논의를 거쳐 올라온 의견은, 신여척의 행위는 잘못이라는 것이었다.

이처럼 여러 차례 국왕이 사건을 다시 논의하라고 돌려보냈으나, 신여척의 행위에 대한 신하들의 의견은 크게 바뀌지 않았다. 중간에 어떤 사정이 있었는지는 기록이 없으므로 자세히 알 수 없으나, 여러 차례 국왕과 신하 사이에 의견이 오간 후 정조가 내린 최종 판결은 다음과 같았다.

> 세상에는 가끔 이상한 죽음과 우스운 살인이 있으니, 신여척이 김순창을 죽인 것이 그런 것이다. 동기간에 싸우는 것은 인간의 윤리와 삼강오륜의 문제이다. 신여척이 김순창을 책망하자 김순창이 발길질을 했고, 신여척도 맞받아서 발길질을 하다 김순창이 죽은 것이다. 신여척은 재판관이 아니면서

형제간에 서로 공경하지 않은 죄를 다스린 자라고 말할 수 있다. 신여척을 풀어주라.

이렇게 이 사건은 마무리 되어, 남의 집 형제의 싸움에 끼어들어 그 중 형을 죽인 범인 신여척은 방면이 되었다. 그런데 이 사건의 판결은 이 사건에만 국한된 것이 아니라, 김은애 사건이라든가 김계손의 사건에서 판례로 이용된다.

김은애 사건

김은애는 전라도 강진에 사는 여자로, 18세 때인 정조13년 윤5월에 이웃에 사는 안씨 노파가 거짓말을 꾸미며 자신을 모함한 것에 화가 나서 노파를 칼로 찔러 죽였다. 김은애는 살인범으로 사형을 당할 처지에 놓였다. 이 사건의 전말은 다음과 같다.

김은애의 마을에 사는 안씨 노파는 은애의 어머니에게 양식을 빌리곤 했는데, 때로는 꾸어주지 않기도 하여 원한이 있었다. 안노파는 손자뻘 되는 친척 아이 최정련에게 은애를 아내로 얻게 해주겠다며, 정련과 은애가 사통하였다는 소문을 내었다. 이런 소문 때문에 은애가 시집가기 어렵게 되었으나, 이런 말을 믿지 않은 마을 사람과 결혼을 했다. 그러나 결혼한 지 2년이 지나도록 안노파는 은애가 사통했다는 거짓말을 계속 퍼뜨렸다. 이런 거짓말 모욕을 참을 수 없었던 김은애는 안노파를 칼로 찔러 죽인 후 체포되었다.

제4장 형사소송

강진현의 현감은 안노파의 시체를 검사하여 열여덟 군데의 칼로 찔린 상처를 확인하고, 공범이 있는지 김은애에게 물었다. 은애는 자신이 혼자 저지른 짓임을 말하고, 사람을 죽였으니 자신은 사형을 당하겠다고 말했다. 전라도 관찰사가 다시 신문하였으나 앞서 말한 것과 마찬가지였으므로, 관찰사는 완곡하게 보고서를 써서 중앙에 올렸다. 형조에서는 살인자인 김은애의 죄를 감면할 수 없다고 하자, 정조는 이 사건은 사형에 해당하는 살인죄가 분명하지만, 참작할 수 있는 자료가 있는지 좌의정 채제공과 상의하라고 말했다.

그러자 좌의정 채제공은, "안노파가 근거 없는 말을 지어내어 김은애를 모함했으니, 김은애로서는 노파를 죽이고 싶었을 것이 당연한 일입니다. 그러나 법률에 사람을 죽인 자는 사형이라 했고, 정상을 참작해서 용서해주라는 조항은 없습니다. 원한이 있으면 관청에 고발하여 안노파의 무고죄를 다스리게 해야지, 제 손으로 죽여서는 안 됩니다. 김은애는 살인죄를 저질렀으니, 용서하자는 건의를 드리기는 어렵습니다"라고 말했다.

김은애가 안노파를 죽인 사건이 발생한 지 1년 3개월이 지난 정조14년 8월 10일, 정조는 이 사건에 대해 다음과 같은 판결을 내린다.

> 이 사건은 18세도 안 된 여자가 자신의 정조를 비방하는 모욕을 가한 자를 죽인 것이다. 그리고 자신의 행위에 대해서 아무런 변명도 하지 않았고, 목숨을 부지하기 위해 애걸하지도 않았다. 김은애

의 기개와 지조는 본받을 만하며, 그가 생사를 초월하여 인간으로서의 윤리와 절개를 지키고자 한 행동은 남자로서도 하기 어려운 일이다. 그러므로 김은애를 특별히 석방하는데, 이는 나라의 풍속과 교화에 도움이 될 것이다.

정조는 이 판결에서 앞의 신여척 사건의 판례를 들면서, 김은애 사건과 신여척 사건은 같은 맥락이라는 점을 강조했다. 그리고 정조는, 당대 최고의 문장가이자 학자이며, 자신이 아끼는 신하 이덕무에게 김은애와 신여척의 전기를 지으라는 명령을 내렸다. 『심리록』에는 사건에 대한 간단한 개요만 들어 있기 때문에, 사건의 자세한 내용을 알 수 없는데 비해, 김은애와 신여척의 사건은 이덕무가 지은 『은애전』에 비교적 상세한 내용이 들어 있다.

담배가게 살인사건

김은애와 신여척의 사건에 대한 판결을 내린 1780년 한 해 동안 정조가 처리한 사형수 관련 사건은 93건인데, 각 지방 별로는 서울 10건, 경기도 3건, 충청도 14건, 전라도 8건, 경상도 6건, 황해도 30건, 평안도 14건, 함경도 4건 등이다. 각 사건에 대해 국왕은 여러 차례 의견을 제시하므로, 사형에 해당하는 죄인의 사건을 검토하는 일은 상당히 힘든 것이었음이 분명하다. 정조는 재위 기간 23년 동안 약 1100건 정도의 사형에

제4장 형사소송

해당하는 죄인의 사건을 검토했으므로 한 해에 평균 약 50건 내외를 처리한 셈인데, 1780년에는 거의 두 배 정도 많은 일을 한 것이다.

판결 이외에도 정조는 여러 가지 문제에 대해 매우 섬세하게 신경을 써서, 김은애 사건에서는 사후의 문제까지 잘 처리할 것을 지시했다. 애초에 김은애는 안노파뿐만 아니라, 자신과 사통했다고 거짓말을 퍼뜨린 안노파의 손자뻘 되는 최정련도 죽이려고 했다. 정조는 이 문제까지 고려해서, 만약 김은애를 살려주면 은애가 다시 정련을 죽이려 할지도 모르니, 은애에게 정련에게 손대지 않겠다는 다짐을 받아두라고 전라도 관찰사에게 지시했다. 그리고 정조는 판결을 할 때 윤리나 의리와 같은 추상적인 개념만을 이용한 것이 아니라, 백성들의 법감정까지도 고려했음을 알 수 있는데, 이런 예의 하나가, 정조가 신여척 사건에서 인용한 '담배가게 살인사건'이다. 이 사건의 내용은 다음과 같다.

조선 후기 서울 종로의 담배가게는 사람이 많이 모이는 곳으로, 여기에는 소설을 읽어주는 사람도 있었다. 어느 날 이야기꾼이 임경업 장군 이야기를 읽어주다가, 이야기의 클라이맥스인 김자점의 모함으로 장군이 죽는 대목에 이르게 되었는데, 듣고 있던 사람 중에 하나가 화가 머리끝까지 나서 미친 듯이 일어나 "네가 자점이로구나"라고 하며 담배 써는 칼로 소설 읽는 사람을 찔러 죽였다. 이 사건을 이해하기 위해서는 임경업이라는 인물과 정조 무렵 소설을 읽어주는 사람에 대한 약간의 지식이 필요하다. 먼저 임경업에 대해 알아보기로 한다.

1 정조의 재판 191

『임경업장군』표지, 『딱지본』

만주족에게 패해서 임금이 항복한 병자호란은 오랫동안 조선인 모두에게 수치였는데, 이 시기에 조선의 무장 가운데 가장 뛰어난 인물은 임경업이었다. 그래서 당대의 많은 사람들은, 만약 이 전쟁에서 임경업이 제대로 활약할 수 있었으면, 조선은 만주족에게 지지 않았을 것이라고 생각했다. 그런데 임경업은 병자호란에서 싸움다운 싸움 한 번도 해보지 못했을 뿐 아니라, 심지어 청나라에 잡혀갔다가 조선으로 송환되어서는 바로 반역죄에 연루되어 고문을 당하다 죽었다.

임경업이 연루된 심기원의 역모사건은 정확하게 그 전모가 밝혀지지 않았기 때문에, 그가 실제로 반역사건과 관련이 있는

지 없는지도 자세히 알 수 없다. 임경업은 죽은 지 약 50년이 지난 숙종 때에 관작이 회복되었고, 이후 조정에서는 대대적으로 그를 선양하는 작업을 한 것으로 보아, 임경업이 이 사건에 연루되었다는 것은 사실이 아닐 가능성이 크다. 그런데 이와 같은 국가의 정치적인 복권과 관계없이 민간에서도 임경업은 대단히 추앙을 받았는데, 특히 임경업을 주인공으로 한 소설 『임장군전』은 매우 인기 있는 작품이었다. 소설 속에서 임경업은 청나라 장수나 청나라 국왕을 혼내주고, 청나라 공주의 청혼도 거절하는 인물로 형상화된다. 그리고 소설 속에서 임경업을 죽이는 음모를 꾸민 자는 김자점이다.

18세기 후반이 되면, 서울의 거리에는 직업적으로 소설을 읽어주는 사람이 꽤 있었다. 연암 박지원의 글에도 서울의 거리에서 『임장군전』을 읽어주는 사람에 관한 얘기가 나오고, 여러 기록에 다른 사람에게 소설을 읽어주는 사람에 관한 이야기가 전한다. 정조가 항간에 전하는 이야기라고 말한 것이 바로 이 소설을 읽어주는 사람과 관련된 것이다.

서울 종로의 담배가게에서 일어난 살인사건이 언제 일어났으며, 실제로 살인이 일어난 것인지, 그렇지 않으면 과장되어 전해진 것인지는 알 수 없다. 그러나 이와 같은 기록이 전하고, 또 정조가 신여척의 판결문에서 이 이야기를 민간에 전하는 것이라고 인용한 것으로 보아, 순전히 꾸며낸 일이라고 볼 수는 없다. 정조가 신여척의 사건을 판결하면서 첫머리에 이 사건을 언급한 이유는, 이 사건이 당대의 민간에 잘 알려진 이야기였기 때문일 것이다. 그리고 서울의 시민들은, 담배가게에서 이야기꾼을 찌른 사람을 단순한 살인자라기보다는 김자점을 미워하는 의로운 사람이라고 여겼기 때문이었을지도 모른다.

사형에 해당되는 사건의 판결문을 천여 개를 모아놓은 『심리록』 전체에서, 살인을 저지른 죄인을 풀어주면서 그 살인자들에 관한 자세한 전기를 써서 후세에 전하라고 한 인물은 김은애와 신여척 두 사람뿐이다. 이덕무는 두 사람의 전기를 짓고 나서, 다음과 같이 정조를 찬양하는 말을 덧붙였다. "우리 임금께서는 중죄인을 심리할 때면, 자신의 몸이 아픈 것처럼 생각하여, 낮이고 밤이고 그 정황을 생각하며 의심스러운 것이 있는지 따져보았다. 김은애와 신여척은 이러한 임금을 만나지 못했으면 죽었을 것이다."

이덕무가 써놓은 정조를 찬양하는 내용은, 봉건시대 신하가 임금을 찬양하는 흔한 내용이라고 볼 수도 있다. 그러나 정조가 이덕무에게 갖고 있던 애정과 이덕무의 정조에 대한 존경을 생각한다면, 이덕무의 이런 정조 찬양은 진정이라고 보아야 할 것이다. 정조가 죄인의 심사에 얼마나 많은 시간과 공력을 들였으며, 또 백성을 구하려고 얼마나 열심히 노력했는지는, 이덕무에 의해 더욱 잘 드러났다고 할 수 있다.

2   신문고와 격쟁

국민신문고

국민권익위원회가 운영하는 온라인 국민참여포털 '국민신문고'라는 것이 있다. 이 사이트의 홈페이지에는 "국민의 작은 소리도 크게 듣겠습니다"라는 문구가 있고, 민원을 신청하거나 정책을 제안할 수 있다고 했다. 이 시스템은 2005년부터 개발되어 2008년부터 중앙행정기관 및 지자체와 주요 공공기관을 연계해 서비스를 제공하고 있다고 한다. '국민신문고'라는 말에 들어있는 '신문고'라는 단어는, 조선시대에 억울한 일을 임금에게 알리기 위해 대궐에 달아놓은 북을 부르던 이름에서 따온 것이다.

태종이 즉위하면서 실시한 신문고 제도는, 그 취지는 좋았지만, 실제로 북을 쳐서 억울함을 알리는 일은 그렇게 쉽지 않았다. 가장 큰 문제는, 신문고를 지키고 있는 관원이 북 치는 것을 금지하면 북을 칠 수 없다는 점이었다. 그리고 거짓으로 신문고를 치면 벌을 받게 되는데, 거짓인지 아닌지 판단하는 것 또한 문제였다. 모든 사람이 자유롭게 신문고를 칠 수 없다면, 신문고를 설치한 원래의 뜻이 실현되기는 어렵다.

신문고는 시간이 지나면서 점점 그 효용이 떨어졌다. 설치

국민신문고 앱의 로고

한 후 약 백 년이 지난 중종 때는 이미 이 제도가 거의 쓰이지 않았으며, 영조 때에는 그런 제도가 있었다는 사실 자체도 알지 못할 정도가 되었다. 이렇게 신문고 제도가 유명무실해졌다고 해서, 조선시대에 임금에게 직접 자신의 억울함을 하소연할 수 있는 제도가 없었던 것은 아니다. 조선 초기부터 있던 '격쟁'은, 조선 말기의 고종 때까지도 아랫사람이 자신의 억울함을 왕에게 알리기 위해 이용한 제도였다.

격쟁은 임금이 행차하는 길이나 대궐 안팎에서 왕이 들을 수 있도록 꽹과리나 징을 치는 것이다. 이렇게 자신이 무언가 하소연할 일이 있다는 것을 알리면, 임금은 그 일의 처리를 담당 관리에게 지시한다. 이렇게 아무 때나 임금의 이목을 끌 수 있으면 되었으므로, 대궐에 걸려 있는 북을 쳐야 하는 신문고와 비교하면 격쟁은 훨씬 편리한 제도였다.

제4장 형사소송

『춘향전』에서 아버지의 승진으로 서울로 가게 된 이도령은, 춘향에게 이별을 통보한다. 춘향이 서울에 따라가겠다고 하자, 이도령은 거절한다. 이 말을 들은 춘향은, 이도령이 써준 사랑의 각서를 증거로 소송을 하겠다고 하며, 소송에서 지면 격쟁까지 하겠다고 말한다. 격쟁은 이렇게 19세기 소설에도 등장할 정도로 대중에게 친숙한 제도였다.

신문고

신문고는 태종 1년(1401)에 설치하였는데, 원통하고 억울한 일을 관리들이 제대로 처리하지 않았을 때, 이 북을 울리면 임금이 직접 처리하는 것이었다. 그러나 개인의 원통한 일보다 더 중요한 것은, 반역을 꾀하여 나라를 위태롭게 하는 자를 임금에게 알리는 일이었다. 반역의 음모를 알리면 엄청난 상을 주는데, 벼슬이 없는 사람은 6품직의 벼슬을 받을 수 있고, 천민이라 할지라도 곧바로 7품의 벼슬에 임명한다고 했다. 지금의 공무원 직급으로 치면 5급이나 6급에 해당한다.

처음 신문고를 설치했을 때는, 조선을 세우고 아직 채 10년이 되지 않은 시점이었다. 태종은 왕자의 난을 겪으면서 왕위에 올랐으므로, 반역의 기미가 있으면 이를 빨리 알아내어 진압할 필요가 있었다. 초기의 신문고 역할은, 개인의 원통한 일을 해결하기 위한 것보다는, 나라의 안정을 도모하기 위한 것이었다고 볼 수 있다.

조선 건국 후 약 30년이 지나 세종 시대에 이르면, 나라가 안정되어 국왕이 민생에 힘을 쏟을 수 있게 된다. 이 시기가 되면 신문고를 쉽게 이용할 수 없는 문제가 나타나기 시작하는데, 세종 임금도 이 문제를 어떻게 해결해야 할까 고민했다는 것을 알 수 있는 기록이 있다. 세종10년(1428) 어느 집의 종이 자신의 억울한 일을 호소하기 위해 광화문에 달아놓은 종을 쳤다. 그 이유를 물어보자, 관원이 신문고를 치지 못하게 했기 때문이라고 대답했다. 이 말을 들은 세종은 다음과 같이 명령했다.

> 신문고는, 북을 치고 싶은 사람이 쳐서, 아랫사람의 사정을 왕이 알 수 있게 하려고 설치한 것이다. 무엇 때문에 치겠다는 것을 막았는가? 만약 말하는 내용이 사실이 아니라면, 죄는 그 사람이 받는 것이지, 북을 관리하는 관원과 무슨 관계가 있는가? 그동안 이렇게 금지당한 사람이 많을 것이니, 담당 관리를 조사하라.

 이 일로 두 사람의 관원이 파면되었다. 이렇게 왕은 백성 편에 서서 신문고를 운영하려고 하지만, 담당 관리들로서는 아무나 자유롭게 북을 치도록 내버려 두기도 어려웠을 것이다. 세조 때에 이르러서는, 신문고를 함부로 치지 못하게 하는 제도를 만들기 시작한다. 15세기 이후에는 신문고 관련 기록이 점점 줄어드는데, 인조21년(1643)의 기록을 보면, "우리나라에서 신문고가 시행되지 않은 지 오래되었다"라는 말이 나온다.

제4장 형사소송

영조47년(1771)에 왕의 지시로 신문고를 다시 설치했는데, 이는 영조가 조선 초기에 신문고가 있었다는 사실을 알았기 때문이었다. 그러나 신문고는 큰 역할을 하지 못했다. 다산 정약용은 신문고에 대해서 말하기를, 북이 대궐 안에 있어서 들어가기가 어려우므로, 서울의 양반이나 칠 수 있지, 시골의 천한 백성은 그 북을 만져볼 수도 없다고 했다.

조선 후기로 가면서 신문고는 유명무실해졌다. 관원의 허가를 받아야 북을 칠 수 있었으므로, 자유롭게 자신의 억울함을 호소하는 데는 제약이 있었기 때문이다. 평민이나 노비라 하더라도, 특별한 제약이 없이, 자신의 억울함을 직접 임금에게 호소할 수 있는 제도인 '격쟁'이 신문고보다 훨씬 더 많이 쓰이게 된다.

격쟁

이제는 사라진 풍경이지만, 1960년대까지는 서울의 골목길에서 징을 치며 다니는 굴뚝청소부를 자주 볼 수 있었다. 엿장수의 가위 소리나, 야경꾼의 딱딱이 소리, 두부장수의 종 치는 소리 등과 마찬가지로 징 소리를 들으면 굴뚝청소부가 지나간다는 것을 알 수 있었다. 징은 사물놀이에서 꽹과리와 장구 그리고 북과 함께 쓰이는 타악기이다. 이 징을 치는 것이 격쟁인데, 임금에게 자신의 억울함을 알리고자 징을 두드리는 것이다. 격쟁은 반드시 징을 쳐야 하는 것은 아니어서, 징 대신 꽹과

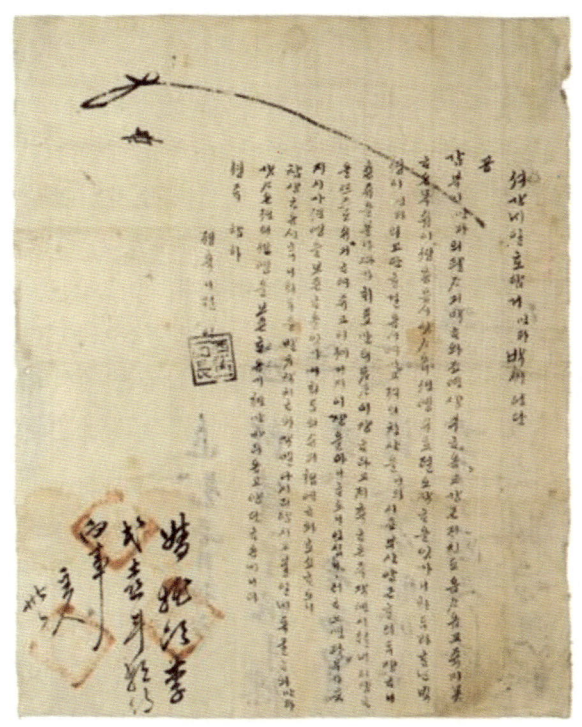

한글로 쓴 소지, 국립한글박물관

리를 치기도 하고, 심지어 아무 쇠붙이나 큰 소리를 내는 것을 두드리면 되었다.

징이나 꽹과리 같은 타악기는 소리가 크기 때문에 사람의 이목을 끌 수 있다. 임금이 행차하는 길이나 임금의 거처인 대궐 안팎에서 징이나 꽹과리를 쳐서 시끄럽게 하면, 왕은 누군가 억울함을 직접 호소하려고 한다는 것을 알게 된다. 이렇게

제4장 형사소송

임금의 주의를 끈 다음 준비해온 글을 바칠 수도 있고, 직접 자신의 억울함을 말할 수도 있었다.

조선시대에는 청원할 것이 있는 사람은 누구나 그 내용을 글로 써서 관청에 제출할 수 있었다. 이렇게 제출하는 문서를 '소지所志'라고 하는데, 격쟁을 하고 나서 이 소지를 관원에게 제출하면, 임금은 그 내용을 보고 판결을 해주었다. 격쟁은 조선 초기부터 있었는데, 공식적으로 법령집에 보이는 것은 영조 22년(1746)에 편찬한 『속대전』이다. 이 법령집에는 "신문고는 지금 없다. 억울함을 호소하려는 사람은 대궐 밖에서 쇠붙이를 두드릴 수 있는데, 이를 격쟁이라고 한다"라고 해설해놓았다.

이처럼 격쟁은 법적으로 허가된 일이었지만, 대궐에 뛰어들거나 국왕의 행차를 가로막고 임금에게 직접 자신의 억울함을 호소하는 방식이었으므로, 적절한 절차를 밟아야 했다. 격쟁을 하기 위해서는, 먼저 자신이 사는 고을의 수령에게 호소하고, 해결이 안 되면 각 도의 관찰사에게 문서를 제출해야 하며, 여기서도 해결이 안 되면 서울의 중앙부처에 문서를 제출해야 한다. 이런 절차를 다 밟아서도 문제가 해결이 안 되었을 경우, 임금 앞에 나아가서 꽹과리나 징을 치고 자신의 억울함을 호소할 수 있었다.

격쟁을 하기 위해서는 위에서 말한 여러 절차를 지켜야 하는데, 격쟁을 할 수 있는 내용도 몇 가지 정해진 것이 있었다. 자신의 죄와 관련된 일, 본처와 첩 사이의 문제, 부자나 형제와 관련된 일, 양인과 천민에 관한 일 등 네 가지이다. 그리고 격쟁할 수 있는 사람도, 조상을 위한 자손, 남편을 위한 처, 형을

2 신문고와 격쟁   201

김홍도 «행려풍속도» 중 거리의 판결, 국립중앙박물관

제4장 형사소송

위한 동생, 주인을 위한 종 등으로 정해져 있었다. 그러나 지극히 원통한 일이 있으면 격쟁할 수 있었으므로, 격쟁의 개별적인 내용을 보면 매우 다양하다.

정조14년(1790) 2월 14일 왕이 처리한 격쟁 사건을 보면, 법에 정해진 내용 이외에도 여러 가지 사건이 있었다. 예를 들면, 승려가 세금을 줄여달라는 청원, 토지의 소유권을 가지고 다툰 사건, 양반이니 군대에서 빼달라는 청원, 세금을 내는 곳이 너무 멀다는 하소연 등인데, 이런 일에 대해서도 격쟁을 했음을 알 수 있다. 심지어 순조 때는 혼인의 약속을 지키지 않은 문제를 해결해달라고 격쟁한 일도 있었다.

춘향의 격쟁

아버지가 공조참의로 승진하여 서울로 올라가게 되었다고 이도령이 춘향에게 말하자, 춘향은 서울에 가서 살게 되었다며 좋아한다. 그러나 이도령의 헤어지자는 말을 듣고는, 이 문제를 법적으로 해결하겠다면서 다음과 같이 말한다.

> 처음 광한루에서 만났을 때, 나를 호리려고 증서를 써준 것이 있으니, 이것을 증거로 남원 원님께 고소장을 제출하여 이 억울한 사연을 하소연하겠소. 만약 원님이 귀공자인 당신의 편을 들어 내가 소송에서 지게 되면, 전주 감영에 올라가서 전라도 관찰사께 상소하겠소. 도련님은 양반이므로 편지 한

장만 부치면 관찰사가 같은 양반 편을 들어 내가 또 패소하겠지요. 그러면 그 판결문을 함께 붙여 서울에 올라가서 형조와 한성부 그리고 비변사에까지 고소장을 낼 것이오. 도련님은 사대부니, 여기저기 청탁을 하고 또 높은 사람들과 연결되어서 아예 소송이 안 되게 하겠지요. 그러면 그 판결문을 모두 함께 붙여서 똘똘 말아 품에 품고, 서울에 올라가 그릇가게에 가서 놋그릇 뚜껑을 하나 사고, 종이 가게에 들어가서 좋은 종이를 사서 마음속에 먹은 뜻을 자세히 한글로 써서 가지고 있다가, 2월이나 8월이나 동구릉이나 서오릉 쪽으로 임금님이 가마를 타거나 말을 타고 지나실 때, 왈칵 뛰어 내달아서 놋그릇 뚜껑을 손에 높이 들고 '땡땡' 하고 세 번만 쳐서 격쟁까지 하오리다.

이 말을 들은 이도령이 여러 가지 좋은 말로 춘향을 달래자, 춘향은, "내 생각 말고 서울에 가서 공부 열심히 하여, 과거에 합격한 후에 부디 나를 찾아오시오"라고 하며 이별한다.

이도령에게 춘향이 한 말을 통해서 알 수 있는 것은, 19세기 조선의 평범한 사람들에게도 격쟁이라는 제도는 잘 알려진 것이었다는 점이다. 소설에서 춘향은 격쟁을 하기 위해서 밟아야 하는 절차를 정확하게 알고 있었다. 춘향은 자신이 사는 고을 남원의 부사, 다음으로 남원의 상급 기관인 전라도의 관찰사, 그 다음에는 서울의 형조나 비변사에 차례로 고소장을 제출하겠다고 한다. 그리고 여기에서도 패소하면 임금에게 직접 격쟁을 해서 자신의 억울함을 알리겠다고 말한다.

춘향은 격쟁을 하면서 제출하는 고소장을 한글로 쓰겠다고 말하는데, 당시에 고소장을 한글로 쓰는 것이 그리 낯선 일은 아니었던 것으로 보인다. 또 놋그릇 뚜껑을 세 번 치겠다는 말로 보아, 징이나 꽹과리의 대용으로 놋그릇 뚜껑도 사용했고, 그리고 두드리는 횟수는 세 번 정도였음을 알 수 있다.

속담

『춘향전』에는 많은 속담이 나오는데, 이 가운데 격쟁과 관련된 속담도 들어있다. 새로 남원에 부임한 변사또는 고을의 여러 가지 일은 다 제쳐놓고 먼저 기생을 점고한다. 기생의 이름을 하나하나 불러가며 확인해도 춘향이 없자, 변사또는 화를 내며 춘향을 잡아 오라고 한다. 변사또 앞에 잡혀 온 춘향은, 자신은 이도령과 결혼한 지 3년이 되었고, 이미 기생 명단에서 빠졌으므로, 사또의 수청 요구를 받아들일 수 없다는 내용의 소지를 제출한다.

그러자 변사또는 자기에게 소지를 올리는 것은, "신랑 마두에 백활이요, 조마거둥에 격쟁이라. 동서 간에 처결이야 아니하랴"라고 말한다. "신랑 마두에 백활"은 "결혼할 때 말을 탄 신랑을 높은 벼슬아치로 착각하여 신랑이 탄 말의 머리에 대고 억울한 사정을 하소연한다"라는 뜻이다. '백활'은 '발괄'이라고도 하는데, 소지의 일종이다. 그리고 "조마거둥에 격쟁"은 "임금의 행차 때 타는 말을 훈련할 때, 이를 진짜 임금의 행차인 줄 알고 여기에 와서 격쟁한다"라는 의미이다. 속담사전에는 두 가지 모두 어리석은 행동을 말하는 것이라고 뜻풀이를 해놓았다.

'백활'이나 '격쟁'은 조선시대 제도이므로, 19세기에는 모든 사람이 잘 알고 있던 말이다. 그러나 시대가 바뀌면서 이 용어를 사용하지 않게 되자, 위의 두 속담도 더는 쓰이지 않게 되었다. 그러나 『춘향전』에는 이 두 속담이 남아 있어서, 백성이 고을의 원님에게 자신의 고충을 하소연할 때, 윗사람이 이를 어떻게 받아들였는지 잘 보여주고 있다. 특히 "동서 간에 처결이야 아니하랴"라는 말에서 볼 수 있듯이, 어쨌든 형식적으로 처리는 하지만, 아랫사람의 하소연에 별 관심이 없었음을 알 수 있다.

조선후기로 가면서 격쟁은 점점 늘어나는데, 정조15년(1791) 2월 29일에 이 문제에 대해서 임금은 다음과 같이 말했다.

> 백성들이 원통한 일을 호소할 수 있도록 격쟁의 법을 만들었으니, 이는 참으로 아름다운 제도이다. 그러나 점점 위계질서가 해이해져서, 분수에 넘치는 격쟁이 많아졌다. 이를 완전히 금지할 수는 없지만, 격쟁을 적절하게 할 방도를 찾아야 할 것이다.

정조 임금이 걱정한 것처럼, 위계질서가 해이해져서 분수에 맞지 않는 격쟁이 많아졌다는 것은 『춘향전』을 통해서도 확인할 수 있다. 춘향이 격쟁하겠다는 내용은, 조선시대 격쟁에 관한 규정에서 정해놓은 사항이라고 보기는 어렵다. 왜냐하면, 이도령이 백년해로하겠다는 약속을 지키지 않은 것은 분명하지만, 이런 일까지 격쟁의 대상이 되기는 어렵기 때문이다.

19세기 조선사회는 그 이전보다 다양한 갈등이 훨씬 더 많이 생겨났고, 이러한 갈등을 해결하기 위해서는 무언가 법률적 조치가 필요하다는 생각도 더 강해진 것으로 보인다. 춘향이 이 문제를 가지고 격쟁하겠다는 생각을 품었다는 것은, 조선후기에 일반 백성들이 격쟁을 어떻게 생각했는지를 잘 보여주는 예이다.

3 감옥

조선 범죄 기록의 현황

조선시대 각종 범죄에 대한 재판기록은 적지 않게 남아 있어서, 어떤 범죄가 어떻게 발생했는지 알아볼 수 있는 자료는 많은 편이다. 300여 년에 걸쳐 중대 국사범의 재판 내용을 모아놓은 『추안급국안』은 근래에 전주대학교 연구팀이 번역을 완료했는데, 요즈음 책으로 90권이나 되는 방대한 양이다. 이밖에도 정조 임금이 판결한 살인사건 1100여 건에 관한 기록인 『심리록』이나, 다산 정약용의 『흠흠신서』도 형사 사건의 수사 내용과 재판 과정을 알아볼 수 있는 중요한 자료들이다.

이렇게 범죄의 사실에 관한 내용과 사건을 처리하는 과정에 대한 기록은 상당히 남아 있는데, 대부분 정치적 사건이나 살인과 같은 큰 범죄에 대한 기록이다. 그러므로 이런 사건에 비해 사소하다고 할 수 있는 일반 범죄에 관한 기록은 쉽게 보기 어렵다. 특히 죄수들이 판결을 받기까지 생활하는 감옥의 실상을 볼 수 있는 자료는 많지 않다.

얼마 전에 1878년 약 5개월 동안 서울에서 감옥살이를 한 프랑스인 신부 리델(1830~1884) 주교가 쓴 수기 『나의 서울 감옥 생활 1878』(살림출판사)이 번역되었는데, 이 책에는 당시

제4장 형사소송

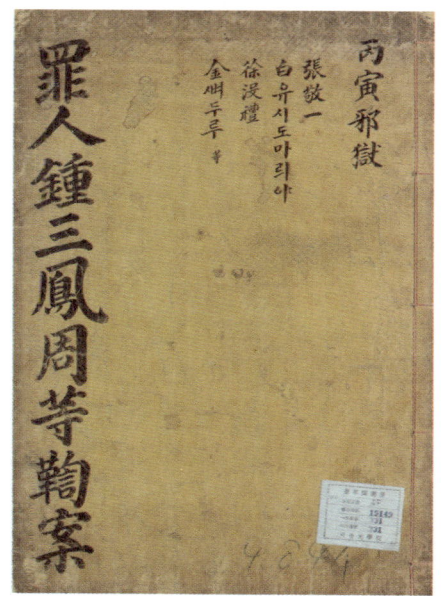

『병인년 국안』, 규장각

서울의 포도청 감옥의 상황을 알 수 있는 여러 가지 내용이 들어 있다. 포도청 감옥의 평면도도 들어 있고, 사형을 집행하는 구체적 방법이라든가, 포졸의 난폭함 등을 자세히 적어놓았다. 리델 주교의 이 기록은, 19세기 말 서울 감옥의 실상을 아는 데 큰 도움을 준다.

내국인의 기록으로는 김구나 이승만 같은 저명한 인물이 남긴 자료들도 있다. 이들이 남긴 회고록 등에는 자신의 감옥생활에 대한 내용이 있으므로, 이를 통해 19세기 말에서 20세기 초 조선 감옥의 실상을 파악할 수도 있다. 그러나 이런 기록은, 조선이 이미 개방의 물결을 타고 이전과는 다른 방향으로 나아가던 시기의 자료들이다.

19세기 조선 서민의 일상을 볼 수 있는 자료로는 소설을 빼놓을 수 없다. 변사또의 수청 요구를 거절한 춘향은, 관장의 명령을 거역하였다는 죄목으로 재판을 받고, 여기에 관청에서 발악하며 관장을 능욕하였다는 죄가 더해져서 감옥살이를 한다. 춘향은 3년 동안 형이 확정되지 않은 미결수로 남원의 감옥에 갇혔다가, 암행어사가 다시 재판을 해서 풀려나게 된다. 『춘향전』의 후반은 춘향의 감옥살이와 관련된 내용이라고 해도 과언이 아닌데, 이를 잘 읽어보면, 19세기 조선 감옥의 실상을 파악하는 데 도움이 될 수 있을 것이다.

춘향의 재판

남원에 부임한 변사또가 처음 시작한 공식 업무는 기생점고였다. 수많은 다른 일은 제쳐두고, 춘향을 불러 수청들이기 위해, 먼저 기생의 명부와 실제 인원을 확인한 것이다. 그런데 이 기생명부에는 춘향이 이름이 없었는데, 이는 춘향이 다른 사람을 대신 기생으로 넣고 자신은 빠졌기 때문이다. 이렇게 다른 사람을 대신 넣는 것은 합법적이었지만, 변사또는 이를 인정하지 않고 춘향을 잡아다가 수청을 강요한다.

춘향이 변사또의 수청 요구를 거절하자, 변사또는 춘향의 말 중 몇 마디를 트집 잡아 춘향을 죄인으로 만든다. 변사또가

제 4 장 형사소송

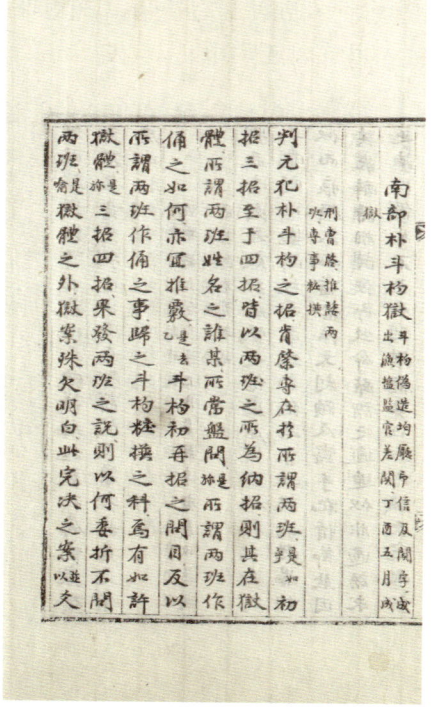

『심리록』, 규장각

제시한 춘향의 죄목은 크게 두 가지이다. 하나는 관청의 명령을 거역한 것이고, 다른 하나는 관청에 와서 발악을 하며 사또를 능욕한 것이다. 명령을 거역했다는 첫 번째 죄는 기생점고에 나오지 않은 것과 수청을 거절한 것이고, 사또를 모욕했다는 두 번째 죄는 변사또가 두 임금을 섬길 사람이라고 했다는 춘향의 발언이다.

변사또가 지적한 춘향의 발언은, "충신은 두 임금을 섬기지 않고, 열녀는 남편을 바꾸지 않는다고 한다. 그런데 내가 남편을 바꾸지 않으려는 것을 죄라고 하며, 남원 부사라는 권력으로 나를 겁탈하려하니, 사또는 두 임금을 섬길 사람이다"라는 것이었다. 춘향이 자신에게 두 임금을 섬길 사람이라고 말했으니, 이것은 자신을 역적이라고 말한 것과 마찬가지이므로, 춘향은 관장을 모욕했다는 것이 변사또의 논리이다. 춘향은 이렇게 수청을 들라는 사또의 요구를 거절하는 과정에서 한 말 때문에 죄인이 된 것이다. 춘향의 재판은 이렇게 시작된다.

조선시대에 고문은 죄인의 자백을 받기 위한 합법적 방법이었으므로, 춘향도 자신의 죄를 자백하기 전에 먼저 고문을 당한다. 그런데 이 재판에서 춘향은 자백할 것이 없으니, 변사또의 수청을 들겠다고 말하지 않는 한에는 이 재판은 끝날 길이 없다. 그러므로 춘향은 계속 고문을 당하면서 감옥에 갇혀 있을 수밖에 없었던 것이다.

일반적으로 춘향이 당한 고문을 곤장이라고 생각하는 경향이 있어서, 영화나 드라마에서 묘사한 것을 보면, 형틀에 엎어놓고 길고 넓적한 곤장으로 엉덩이를 치는 것이 대부분이다. 그러나 소설에서 춘향이 받는 고문은 '형문'이다. 죄인을 의자 모양의 형틀에 앉혀서 묶어놓고, 길이 1m 폭 2.5cm 두께 0.6cm인 형장으로 정강이를 때리면서 자백을 받아내는 것이다.

형장으로 치는 매는 매우 혹독한 것이었으므로, 한 번에 30대 이상을 칠 수 없도록 법으로 정해져 있었다. 소설에서도 춘향은 30대의 형장을 맞는데, 이것으로 보아, 형장을 30대 이상 칠 수 없다는 것은 당시의 일반인들에게도 잘 알려진 사실임을 알 수 있다. 형장을 맞은 후 춘향은 칼을 쓰고 감옥에 갇히게 된다.

집장사령

형장이나 곤장을 치는 일은 각 관아의 하인들이 맡았는데, 이들을 집장사령이라고 부른다. 집장사령은 대체로 천민으로, 양반인 사또와 중인인 아전의 명령을 받아서 일을 하는 관청에서 최하위 계층의 인물들이다. 그러나 이들은 사람을 때리는 일에는 전문가였으므로, 스스로 자신의 업무에 대한 '자부심'이 있었다. 『춘향전』에서 집장사령들이 저희끼리 이야기하는 대목을 보면, 이들의 자부심이 무엇인지 잘 드러난다. 먼저 이들 중 한 사람의 말을 들어보기로 한다.

> 내 자랑 같다마는 한마디 해보겠다. 한다하는 도둑 잡는 포교의 우두머리, 병방의 군관, 육방의 아전, 관아의 여러 관속들에게 평소에는 내가 설설 기는 체할 수밖에 없다. 그러나 속으로 싫어하는 사람에게는 앙심을 잔뜩 품고 있다가, 혹시 붙잡혀 와서 내가 매를 칠 기회가 오면, 엄지손가락을 잔뜩 눌러서 때려 속으로 곯게 엉덩이를 치는 방법이 있다.

이 집장사령의 말을 통해, 곤장이나 형장을 칠 때, 집장사령이 어떻게 매를 치느냐에 따라 그 강도가 달라질 수 있음을 알 수 있다. 관가에 가서 매 맞을 일이 없는 사람에게는 집장

1910년대 태형장면, 부경근대사료연구소

사령이 그렇게 두려운 존재가 아니지만, 언제 관가에 가서 매를 맞을지 모르는 일반 백성들에게는 이들 집장사령은 무서운 존재였음이 분명하다. 『춘향전』에서 이들을 묘사한 대목을 보면 "심술이 동풍 안개 속에 수숫잎 꼬이듯" 하다고 했는데, 이 말은 심술이 사납고 성질이 순하지 않은 사람을 가리키는 말이다.

정약용의 『목민심서』에도 이들 집장사령의 매질에 대해서 언급했다. 사또가 엄하게 다스리라고 해도 매를 살살 때리는 것은 집장사령이 뇌물을 받은 것이고, 사또가 아무 말도 하지 않았는데도 갑자기 맹렬하게 때리는 것은 개인적으로 원한이 있기 때문이라는 것이다. 집장사령의 이러한 행태는 당대 사람들에게도 잘 알려진 사실이었다. 『춘향전』에 등장하는 집장사령의 대화에는, 자신들이 지방 관청에서 중요한 인물인 것처럼 말하는 내용도 있다.

제4장 형사소송

　중국의 시인 두보가 지은 『팔진도八陣圖』는, 두보가 제갈공명의 팔진도 유적을 보고 지은 시이다. 이 시에는 제갈공명이 쌓아놓은 돌을 보고 읊은 '강류석부전江流石不轉'이라는 구절이 있는데, "강물은 흘러도 돌은 그대로 남아 있다"는 뜻이다. 조선시대에는 이 구절이, 사또는 임기제로 바뀌지만 아전들은 대대로 세습하여 바뀌지 않으므로, 지방 관청의 일을 중앙에서 내려간 사또보다 지역의 토박이인 아전들이 좌지우지한다는 의미로 쓰였다. 그런데 『춘향전』에서 집장사령들이 "강류석부전이라. 우리네는 바뀌지 않지"라고 말하는 대목이 있다. 이는 아전만이 아니라, 군노나 사령 같은 하급직도 지방의 행정을 장악하는데 한몫을 하고 있었음을 보여주는 좋은 예라고 하겠다.

감옥의 모습

19세기 조선의 감옥이 어떤 모양이었는지는 잘 알려지지 않았다. 근래에 전문 연구자들의(임재표, 심재우, 이은석) 연구를 통해 사진이나 발굴자료가 알려지고, 또 당대 풍속화가의 그림을 통해 감옥의 모양을 추정해볼 수 있게 되었다. 그리고 이런저런 회고록의 내용도 19세기 후반 조선의 감옥의 모양을 재현해내는데 도움이 된다. 그러나 19세기 조선 사람의 눈에 비친 감옥의 모습을 『춘향전』만큼 묘사해놓은 자료는 없는 것 같다.

춘향이 관장을 능욕했다는 죄명으로 형장을 맞고 기절하자, 변사또는 감옥을 지키는 옥사쟁이를 불러 춘향을 감옥에 가두라고 명령을 내린다. 옥사쟁이는 두꺼운 널빤지로 만든 칼을 춘향의 목에 씌우고, 감옥으로 데려간다. 관청의 문을 나서자, 밖에 있던 춘향의 어머니 월매가 춘향을 붙잡고 넋두리를 한다. 이 대목에서 한 가지 재미있는 내용은, 춘향이 변사또의 수청을 거절하고 매를 맞았다는 말을 들은 남원의 왈짜들이 구름같이 몰려왔다는 것이다.

조선시대 왈짜는 요즈음의 깡패나 불량배 같은 사람을 가리키는 말인데, 이들은 기생과 밀접한 관계가 있었다고 한다. 기생이 형장을 맞고 감옥에 갇히게 되었다는 말을 들은 왈짜들은, 모두 몰려와서 시끄럽게 떠들고 놀며 춘향을 메고 감옥까지 간다. 옥사쟁이가 이들에게 조용히 해달라고 부탁하자, 기생이 감옥에 갇히면 왈짜가 와서 떠드는 것은 당연한 일이라고 말한다.

감옥살이는 참으로 어려운 일이다. 감옥의 건물에 온돌이 있다 해도, 제대로 불을 때지 않기 때문에 겨울이면 몹시 춥다. 『춘향전』에서 감옥을 묘사한 대목을 보면, "문살도 제대로 없고, 벽에도 구멍이 숭숭 뚫렸다"라고 했다. 그러니 겨울이면 바람이 들어오는 것은 물론이고, 심지어 눈보라까지 들이친다. 또 여름에는 "벼룩과 빈대가 등을 뜯고, 모기가 물어서" 죄수는 괴로운 나날을 지낼 수밖에 없다.

감옥에 갇힌 춘향을 외부인이 면회하는 장면은 소설 속에 여러 차례 나타나는데, 어머니 월매는 수시로 춘향에게 먹을

제4장 형사소송

1872년 충청도 은진현 지도의 감옥 부분, 규장각

것을 전해주고, 빨래도 해서 옷을 전해 준다. 월매는 자려고 하다가도 춘향이 생각이 나면 감옥에 와서 춘향을 만나곤 했다. 암행어사가 된 이도령이 거지의 행세로 춘향을 면회 갔을 때, 옥문 틈으로 춘향의 손을 잡을 수는 있었으나, 입을 맞추기는 어려웠다. 옥문의 창살 틈이 좁아서 얼굴을 맞댈 수 있을 정도는 아니었다.

　죄수는 자신이 갇혀 있는 감방의 밖으로 나와서 면회객을 만날 수는 없지만, 『춘향전』에서 볼 수 있듯이, 지방의 감옥에서 면회는 상당히 자유로웠음을 알 수 있다. 춘향이 점치는 대목에서도 이를 볼 수 있다. 춘향이 간밤에 꾼 이상한 꿈 생각을 하고 있는데, 마침 옥 밖으로 점쟁이가 점치라고 소리치며 지나간다. 춘향이 옥사쟁이에게 그 점쟁이를 불러달라고 하자 옥사쟁이는 바로 점쟁이를 불러주고, 점쟁이는 춘향이 곧 풀려날 것이라고 꿈풀이를 해준다.

옥바라지

어떤 사람이 감옥에 갇히게 되면, 죄수 자신은 물론이고, 그 가족들도 커다란 고통을 겪지 않을 수 없다. 조선시대 감옥에 갇힌 죄수의 음식은 국가에서 대어주는 것이 원칙이지만, 이러한 원칙이 잘 지켜지지는 않았다. 그러므로 조선시대 기록에서 옥바라지하는 데 가산을 탕진했다는 내용은 심심치 않게 나타난다. 특히 장기간 감옥에 갇혀 있게 되면, 그동안에 들어가는 경비가 너무 많기 때문에 이런 일이 일어난다.

조선시대 옥바라지의 구체적인 내용을 『춘향전』에서 볼 수 있는데, 월매가 딸 춘향의 옥바라지하는 모습을 통해 몇 가지를 보기로 한다.

우선 감옥에 갇혀 있는 기간이 문제이다. 춘향이 감옥살이를 한 기간은 햇수로 3년인데, 이는 춘향이 이도령에게 부친 편지에서 "헤어진 지 올해가 3년"이라는 말을 통해서 알 수 있다. 이도령의 아버지가 서울로 영전해가면서 춘향은 이도령과 헤어졌고, 며칠 후에 새로 부임한 변사또는 자신의 수청 요구를 거절한 춘향을 감옥에 집어넣었다. 변사또가 남원을 다스리는 기간 동안 춘향은 내내 감옥에 갇혀 있는 것이다.

이렇게 감옥에 갇혀 있는 동안에도, 춘향은 수시로 불려나가 매를 맞고, 또 수청을 들라는 압박을 받으니, "온갖 병이 생겨나서, 죽을 수밖에 다른 길이 없다"라고 생각하게 된다. 이런 딸의 감옥살이를 보는 월매는, 어떻게 해서라도 딸을 살리려고 한다. 매 맞은 자리에 난 상처를 치료하느라 약을 지어서

제 4 장 형사소송

먹여야 하고, 제대로 먹지 않는 춘향이 먹을 수 있는 음식을 해가야 하며, 이도령이 그리워서 난 상사병에 효험이 있을까 하여 무당을 찾아가 굿을 해보기도 한다.

3년 동안 이렇게 딸의 옥바라지를 하면서, 월매는 가산을 탕진하게 된다. 암행어사가 된 이도령이 거지로 변장하고 월매의 집을 찾아가니, 화려하던 과거의 모습은 찾아볼 길이 없는 폐가가 되었다. 월매는 이도령의 거지꼴을 보고는 낙담하여 이도령에게 자신의 처지를 하소연하는데, "옥바라지 하느라 집안의 가구나 물건은 모두 팔았고, 빚을 갚느라 집도 팔아서 이제는 거지가 되었다"라고 말한다.

조선시대 재판의 문제 중 하나는 판결에 시간이 너무 많이 걸린다는 점이었다. 이 때문에 오랫동안 감옥에 갇혀 있는 사람이 많았는데, 춘향이 오랫동안 갇혀 있었던 것도 이와 관련된 것이다.

조선을 통치하는데 기준이 되는 최고 법전인 『경국대전』에는, 재판에 소요되는 기간이 정해져 있다. 사형에 해당되는 죄는 30일, 귀양에 해당되는 죄는 20일, 매를 맞는 것으로 끝나는 작은 죄는 10일 이내에 재판을 끝내야 한다. 부득이 시한을 넘길 경우에는 반드시 그 사유를 갖추어 임금에게 보고하도록 되어 있었다. 그러나 이 원칙은 제대로 지켜지지 않아서, 판결을 하지 않고 5년이나 10년씩 감옥에 갇혀 있는 오래된 죄인이 많았다. 이를 '구수久囚'라고 한다.

춘향도 구수가 되어 3년을 갇혀 있었다. 변사또의 수청을 거절한 것이 관장의 명령을 거역한 것이 되고, 계속되는 수청 강요에 자신의 요구를 말한 것은 관청에서 발악이 되며, 사또의 부당한 요구를 지적한 말은 관장을 능욕한 죄가 된 것이다. 『춘향전』은 허구의 소설이지만, 이 소설에는 당대 사람들이 생각하고 있던 진실이 들어 있다. 이런 소설적 진실은 19세기 조선사회를 정확하게 파악하는 데 도움이 될 수 있을 것이다.

4 왈짜와 한량

조선에도 조직폭력배가 있었을까?

한때 극장가를 휩쓸던 조폭영화가 요즈음은 좀 뜸해졌지만, 영화나 드라마는 말할 것도 없고 만화나 게임 등에서도 폭력은 여전히 매우 흔한 소재로 쓰이고 있다. 그리고 허구의 세계에서만이 아니라 실제 세상도 일상적인 폭력에 노출되어 있어서, 현대인은 문자 그대로 '폭력의 시대'에 살고 있다고 해도 과언이 아니다. 엄격한 신분사회인 조선시대보다 민주주의 정치체제라고 하는 현재가 더 폭력적인지도 모른다. 봉건시대에는 왕을 정점으로 하는 국가의 폭력이 중심이었다면, 현재는 공권력의 폭력만이 아닌 다양한 폭력이 존재하기 때문이다.

'조폭'은 조직폭력배를 줄여서 쓰는 말인데, "조직을 이루어 폭력으로 불법 행위를 저지르는 무리"라고 사전에서 정의하고 있다. 그런데 이 조폭이 조선시대에도 있었다는 얘기를 자주 접하게 된다. 어느 시대나 폭력배는 있게 마련이지만, 현재의 조직폭력배처럼 순전히 이익을 위한 폭력조직이 조선시대에도 있었는지는 잘 살펴보아야 할 것이다.

지금은 거의 쓰이지 않는 말 중에 '왈짜'라는 단어가 있다. 인터넷에서 왈짜를 검색해보면, 왈짜를 조직폭력배와 비슷한

신윤복 «유곽쟁웅», 간송미술관

것으로 표현한 글을 볼 수 있다. '퍼서 나르는' 인터넷의 속성 때문에 왈짜에 대한 이런 내용은 널리 퍼져서, 소설이나 드라마에서 왈짜를 현재의 조폭이나 깡패와 비슷한 의미로 쓰는 경우도 많다. 그런데 19세기 조선에서 쓰던 왈짜라는 단어에 이런 의미가 들어 있었는지는 명확하지 않다.

왈짜와 함께 쓰이는 말 중에 '한량'이라는 단어가 있다. 현재는 본래의 의미보다는 일정한 직업이 없이 잘 노는 사람을 뜻하는 말로 쓰인다. 한량은 『고려사』나 『조선왕조실록』같은 공식적인 역사기록은 물론이고, 과거의 기록에서 쉽게 볼 수 있는 단어이다. 그런데 현재와 같은 의미로 쓰인 예는 공식 기록에서는 보기 어렵고, 소설에서나 찾아볼 수 있다.

한량과 달리 왈짜는 공식기록에서는 볼 수 없는 단어이다. 과거의 문헌 중 왈짜를 구체적으로 묘사한 것은 한글소설뿐

인데, 그것도 『춘향전』과 『계우사』 등 몇 작품에만 나온다. 그리고 야담 같은 한문문헌에 가끔 나타나기는 하나 그 의미를 정확하게 알기는 어렵다. 그러므로 왈짜가 무엇인지 알아내기 위해서는, 이 단어가 나타나는 소설의 내용을 잘 살펴볼 필요가 있다. 조선후기에 왈짜와 한량이 어떤 의미였는지 소설을 중심으로 살펴보기로 한다.

계우사의 왈짜

왈짜가 등장하는 『계우사』는, 방탕한 인물인 주인공 김무숙이 평양기생 의양을 첩으로 삼은 후 벌어지는 여러 가지 내용을 담은 소설이다. 주인공 김무숙은 기생 의양에게 자신의 배포가 크다는 것을 보여주려다가 가산을 탕진하고 자살을 생각하지만, 마지막에는 의양의 도움으로 자신의 잘못을 깨닫고 행복한 삶을 살게 된다. '계우사戒友詞'라는 이 소설의 제목은 친구를 깨우쳐준다는 의미로, 기생 의양이 왈짜 김무숙을 개과천선시키는 과정을 보여줌으로써 사람들에게 깨우침을 준다는 뜻으로 보인다.

소설에서 주인공 김무숙을 묘사한 내용을 보면 다음과 같다.

김무숙은, "중인 가운데서는 지체가 높고, 돈이 많으며, 인물이 좋고, 옷도 잘 입으며, 친구 사이에 의리도 있고, 호방하고 말 잘하는" 인물이다. 그리고 "옳고 그름을 잘 판단하고, 남의 일도 부탁하는 대로 잘 해주며, 위험을 피하지 않는다."

또 "과거 답안지를 작성하고 편지를 쓸 정도의 글 솜씨를 갖추었으며, 활쏘기와 무예에 달통했다." 여기에 더해 그는 "노래 잘하고, 악기에 대해서도 잘 알며, 여자에게 돈 잘 쓰고, 노름과 잡기에도 능한" 사람이다.

이상의 몇 가지 김무숙의 장점은, 고소설에서 뛰어난 능력을 가진 주인공을 묘사하는 일반적인 방식과 크게 다르지 않은 것처럼 보인다. 그런데 『계우사』에서 주인공에 대한 묘사를 한 방식에는 일반 고소설과 다른 점이 있는데, 주인공의 단점을 적시했다는 것이다. 고소설의 주인공은 대체로 결점이 없는데 비해, 『계우사』에서는 주인공의 단점을 여러 가지 나열했다.

주인공 김무숙은, "지식이 부족하고 마음은 허랑하며", "옳은 말에 성을 내며 그른 말은 곧이듣고", "밤낮없이 색주가 다니기를 일을 삼아, 술집은 사랑방이고 기생집은 본가"처럼 여겼으며, "남이 떠받들어주면 좋아하고 친구가 착한 일을 권하면 싫다고 하는" 인물이다.

소설에서는 주인공 김무숙을 왈짜라고 했는데, 위에서 본 주인공의 장점과 단점이 왈짜의 일반적인 면을 보여주는 것인지, 그렇지 않으면 김무숙에만 해당되는 특별한 면인지는 분명치 않다. 그런데 『계우사』는 방탕한 인물이 개과천선한다는 이야기의 한 전형으로, 이와 같은 유형의 고소설은 여러 가지가 있다. 그러므로 김무숙의 성격을 왈짜의 일반적인 성격으로 보기에는 어려운 면이 있다. 만약 이 작품을 통해서 왈짜의 특징을 찾아보려고 한다면, 주인공 이외의 다른 여러 명의 왈짜들의 행동을 잘 살펴볼 필요가 있다.

그런데 이 작품에서 왈짜가 등장하는 대목은 대부분 기생과 관련된 내용이고, 다른 대목에는 왈짜가 나타나지 않는다. 왈짜가 등장하는 대목 몇 군데를 보면, 기생과 악사 및 가수들을 모아놓고 큰 놀이판을 벌이는 곳, 평양기생 의양이 서울에 올라와서 머물고 있는 집, 김무숙을 의양의 집으로 데려가는 대목 등이다. 『계우사』를 통해 알 수 있는 왈짜에 대한 정보는, 이들이 기생이 끼어 있는 놀이판과 밀접하게 연관되었다는 것은 분명하지만, 그 이상 더 자세한 내용을 보여주는 것은 없다고 해도 과언이 아니다.

춘향전의 왈짜

여러 버전의 『춘향전』가운데 '왈짜'가 등장하는 것은 서울의 도서대여점에서 빌려주던 세책이다. 전주에서 나온 『열녀춘향수절가』에는 왈짜가 나오지 않는 것으로 보아, 왈짜는 주로 서울에서 쓰이던 말이었던 것으로 보인다.

서울의 『춘향전』에서 왈짜라는 말이 처음 나오는 대목은, 이도령이 광한루에서 그네 타는 춘향의 모습을 보고 반해서 방자에게 춘향을 불러달라고 부탁하는 장면이다. 이도령의 부탁을 들은 방자는, 기생과 어울릴 때 주고받는 정해진 말을 아느냐고 이도령에게 묻는다. 방자가 이렇게 묻는 까닭은, 기생집에 가서 놀기 위해서는, 기생이나 다른 손님과 주고받는 정해진 말투를 잘 알고 있지 않으면 안 되기 때문이었다. 만약

작자 미상 «기방의 풍경», 국립중앙박물관

이 정해진 격식을 제대로 알지 못하면, 기생집에서 쫓겨나거나 사람들에게 웃음거리가 되었다.

기생방의 격식을 아느냐는 말을 들은 이도령은, 방자에게 이렇게 말한다.

제 4 장 형사소송

> 세상 사람이 남는 것 하나는 있느니라. 왈짜가 망해도 왼다릿길 하나는 남고, 부자가 망해도 청동화로 하나는 남고, 종가가 망해도 신주보 하나 향로와 향합은 남고, 남산골 생원이 망해도 걸음 걷는 보수 하나는 남고, 노는계집이 망해도 엉덩이 흔드는 장단 하나는 남는다 하니, 서울에서 태어나 자란 내가 설마 계집 말 부를 줄이야 모르랴?

이도령의 이 말은, 아무리 상황이 어려워지더라도 누구나 한두 가지는 남는 것이 있다는 말로, 자신이 서울에서 자랐으니 기생집 출입하는 격식 정도는 안다는 의미이다. 이 대목에서 나오는 부잣집의 청동화로, 종가에서 제사 지낼 때 필요한 도구, 남산골 생원의 걸음걸이, 기생의 엉덩이짓은 모두 각각을 대표하는 특징이다. 그리고 왈짜에게는 왼다릿길이 남는다고 했는데, 청동화로나 걸음걸이와는 달리 왼다릿길의 뜻은 알 수 없다. 왼다릿길의 의미를 알 수 있으면 왈짜의 뜻을 정확하게 파악하는 데 도움이 될 텐데, 그 의미를 알 수 없으니 왈짜를 이해하는 데 이 대목은 별로 도움이 되지 못한다.

두 번째로 왈짜가 등장하는 장면은 춘향이 감옥에 갇히는 대목이다. 춘향이 변사또의 수청을 거절하여 매를 맞았다는 말을 듣고 남원의 왈짜들이 모여드는데, 왈짜들은 춘향을 부축하여 둘러메고 감옥까지 데려다준다. 그리고 감옥 앞에서 노래도 하고 여러 가지 놀이도 하면서 떠들썩하게 놀자, 감옥을 지키는 옥사쟁이가 왈짜들에게 그만 놀고 돌아가 달라고 부탁한다. 이 말을 들은 왈짜 하나가, "기생이 감옥에 갇히면 우리들이 출입하는 것이 당연한 일이다"라고 말한다. 『춘향전』의 이 대목을 통해서 알 수 있는 것은, 왈짜가 기생과 밀접한 관계가 있다는 점 정도이다.

'왈짜'는 한 번 더 나오는데, 암행어사가 되어 전라도의 민정을 살피던 이도령이 시골의 농부들에게 봉변을 당하는 대목이다. 농부들 중에 어떤 사람은 이도령을 쿡쿡 찌르면서 놀리기도 하고, 어떤 농부는 허름한 복색의 이도령을 보고, "보아하니 당초에는 외입하고 잘 놀던 왈짜로구나"라고 하며 놀려댄다. 이 대목에서도 왈짜는 술집이나 기생집이나 다니면서 잘 노는 사람이라는 의미로 쓰였다.

한량

앞에서 본 것처럼 '왈짜'는 공식적인 기록에는 나타나지 않는 단어로, 한글소설에서나 볼 수 있는 비속어 같은 것이었다. 왈짜와 비슷한 의미로 쓰이는 것으로 '한량'이라는 말이 있는데, 이 단어는 역사용어로 고려시대부터 쓴 말이다. 조선후기에 한량은 무과시험에는 합격했으나 직책을 받지 못한 사람을 가리키는 말이 되었는데, 여기서 변하여 일정한 직업이 없이 놀고먹는 사람을 이르는 말이 되었다. 그리고 더 나아가 돈 잘 쓰고 잘 노는 사람을 비유하는 말이 되기도 했다. 한량은 발음이 변하여 '활량'이라고도 했는데, 활터에서 활 쏘는 사람도 활량이라고 불렀다.

제4장 형사소송

　조선시대에는 후기로 갈수록 과거시험에서 선발하는 인원이 많았는데, 특히 문과보다 무과의 합격자가 많았다. 숙종 때는 한 번에 1만5천 명 정도를 뽑은 일이 있었고, 정조나 고종 때도 한 번에 2천5백 명 정도를 뽑기도 했다. 이렇게 많은 인원을 무과시험에서 합격시켰으므로, 이들 모두에게 관직을 주기는 어려운 면이 있었다. 문과 합격자는 거의 벼슬자리를 받은 반면에, 무과 합격자는 직책을 받지 못한 사람이 많았다.

　서울에 한량이 많아지면서 이들은 여러 가지 문제를 일으키는 존재가 되었는데, 정조 때는 이런 일도 있었다.

　병조판서 정창성이 모화관 근처에서 무인들의 활쏘기를 시험했는데, 한량들이 시험장 옆에서 시끄럽게 떠들었다. 그러자 심공작이라는 장교가 이들을 꾸짖으며 떠드는 것을 금했다. 활쏘기가 끝나고 돌아갈 무렵에, 한 무리의 한량들이 병조판서 정창성의 가는 길을 막고, 심공작이 무례하게 말을 해서 그 분풀이를 하려고 하니 심공작을 자신들에게 넘기라고 했다. 병조판서는 이들의 위세에 눌려 심공작을 넘겨주어, 심공작이 한량들에게 심하게 구타를 당했다.

　병조판서가 이 일을 정조 임금에게 보고하자, 정조는 다음과 같이 이 일을 처리했다. 먼저 장교를 구타한 한량들을 체포해서 처벌하고, 병조판서 정창성은 파직시켰다. 정조의 논리는 다음과 같은 것이었다.

　병조판서는 한 나라의 군정을 총괄하는 자리이고, 병조판서가 대동한 장교는 병조판서와 마찬가지의 권위를 갖는다.

강희언 «사인사예», 국가유산청

한량은 무인으로 거친 기질이 있다고 하나, 병조판서가 대동한 장교를 폭행한 것은 병조판서를 때린 것과 다르지 않다. 그러므로 이들에게는 군법을 시행하지 않을 수 없다. 임금의 지시에 따라, 이 사건에서 폭행에 가담한 한량들은 모두 자세히 조사하여 처벌했는데, 주범은 곤장 100대를 맞은 후 귀양을 가고, 그 나머지 한량들도 모두 곤장을 맞고 귀양을 갔다.

정조가 한량들만을 처벌하지 않고 병조판서도 파직시킨 이유는, 우선 병조판서가 한량들을 꾸짖어 물리치지 못한 것을 잘못이라고 보았기 때문이다. 그리고 자신이 대동한 장교를 보호하지 못한 것도 용서할 수 없다고 했다.

    19세기에 한량들이 무리를 이루어 여러 가지 폐단을 일으키는 일은 자주 일어났는데, 혈기 왕성한 무인들이 아무 할 일이 없으니 그렇게 될 수밖에 없었을 것이다. 특히 서울의 한량들 가운데는 유복한 집 자제도 많았다. 이들은 당시 시정의 유흥을 주도하던 계층의 인물이었으므로, 자연히 기생을 중심으로 하는 유흥문화와도 밀접한 관계가 있었다.

왈짜와 한량

병조판서를 위협해서 수행하는 장교를 구타할 정도였다면, 조선후기에 한량이라는 존재에 대한 사회적 인식이 어떠했을지는 쉽게 짐작할 수 있다. 게다가 한량은 무인이었으므로, 이들과 관련된 사건은 주로 폭력과 연관된 것이었다. 국가의 공식 기록에서 한량은 무과시험과 관련된 사람이지만, 19세기 조선의 일반인들에게 한량은 왈짜와 별 차이가 없었던 것으로 보인다. 지식인의 글에서 왈짜와 한량을 같이 다루는 일은 보기 어렵지만, 소설 속에서는 왈짜와 한량은 같은 부류의 인물로 등장한다.

    춘향이 남원 부사의 수청을 거절하여 매를 맞고 감옥에 갇힐 때 왈짜들이 모여드는데, 이 소식을 들은 활터의 한량들도 함께 모인다. 그리고 "여러 한량 왈짜들이 칼머리를 받아들고 구름같이 둘러싸고 부축하여" 춘향을 감옥으로 더리고 간다. 이 장면에서 왈짜나 한량은 일정한 직업이 없이 노는 사람이고, 기생의 일에는 앞장서서 나서는 사람들이다. 『춘향전』에서 왈짜와 한량이 함께 기생 춘향을 둘러메고 감옥으로 가는 장면이 나타나는 것으로 보아, 19세기 조선에서는 이 둘을 거의 같은 부류로 인식했음을 알 수 있다.

왈짜와 한량을 같은 부류의 인간으로 보는 시각은 홍명희의 『임꺽정』에서도 볼 수 있다. 식민지시기 일간신문에 연재한 이 소설은, 조선시대 관습과 서민의 생활상을 잘 그려냈다고 평가받는 작품이다. 『임꺽정』에는 '왈짜'나 '왈짜패'가 많이 등장하고, 이들과 함께 한량(활량)도 나타난다. 소설의 등장인물인 한온이 임꺽정에게 자신이 기생방에서 봉변을 당한 일의 분풀이를 해달라는 부탁을 하는 대목을 보기로 한다.

> 마침 밤이 조용해서 기생을 데리고 허튼 수작을 하는 중에 노인정 활량패들이 우 몰려들어옵디다. 전에도 더러 마주친 일이 있어서 안면들은 대개 짐작하는 터이지요. 노인정 활량패에는 무장 대가의 자제가 많이 끼어서 세력 있고 재물 있고 힘꼴 쓰는 장사까지 있어서, 서울 안 기생방을 주름잡고 돌아다니는 왈짜패인 까닭에 저희는 이런 패하고 시비를 내지 않으려고 처음부터 조심을 했습니다. 기생방에서 다른 패 사람하고 같이 합석할 때는 일언일동을 맘대로 하는 법이 없이 반드시 말을 먼저 좌중에 돌려야 합니다. 이것이 기생방 격식입니다.

이 대목에서 '노인정 활량패'를 '왈짜패'라고 한 것으로 보아, 홍명희가 한량(활량)과 왈짜를 같은 의미로 쓰고 있음을 알 수 있다. 『임꺽정』에서도 왈짜가 등장하는 대목은 대체로 기생과 관련이 있는 내용인데, 왈짜와 한량은 기생집의 손님으로 등장한다.

　한량과 왈짜는 더 이상 쓰이지 않는 사라져가는 단어이다. 이제는 이 말이 19세기에 어떤 뜻으로 쓰였는지 정확하게 알기도 어렵다. 여러 기록을 통해서 볼 때, 왈짜나 한량은 기생집의 고객이기는 했어도, 기생을 '관리하는' 조직의 일원이라고 볼 근거는 별로 없다. 이와 같이 왈짜나 한량이 현재의 조직폭력배와 같은 것이 아니었음에도 불구하고, 인터넷에서는 이런 내용을 심심치 않게 볼 수 있다. 과거의 사실을 정확히 알지 못하면, 과거는 이처럼 적당히 바꿀 수 있는 대상이 되는 것이다.

제 5 장

제도

«오재순의 초상», 문화재청

1 임금과 신하의 대화

삼강오륜

고려가 불교의 나라였다면, 조선은 유교의 나라이다. 유교사회인 조선에서 지켜야 할 기본적 윤리는 삼강오륜에서 잘 드러난다. 군위신강君爲臣綱·부위자강父爲子綱·부위부강夫爲婦綱이 삼강三綱인데, '군위신강'은 임금과 신하 사이에 지켜야 할 도리, '부위자강'은 아버지와 자식 사이에 지켜야 할 도리, '부위부강'은 부부 사이에 지켜야 할 도리를 의미한다. 오륜五倫은 부자유친父子有親·군신유의君臣有義·부부유별夫婦有別·장유유서長幼有序·붕우유신朋友有信으로, 부모와 자식·임금과 신하·남편과 아내·어른과 아이·친구 사이에서 각자가 가지고 있는 역할을 충실히 해내야 한다는 것을 강조하는 것이다.

    삼강오륜은 봉건적 인간관계를 규정하는 구시대의 유물이라고 말하기도 하지만, 이와는 달리 현대사회에서도 통용될 수 있는 인간 사이의 기본이 되는 윤리라는 주장도 만만치 않게 존재한다. 삼강오륜 중에 현대사회에서는 볼 수 없는 것은 임금과 신하 사이의 관계에 관한 것이다. 지금은 볼 수 없는 이 관계가 조선시대에는 실제로 어떠했는지, 임금과 신하 사이의 대화 몇 가지를 통해 보기로 한다.

박태보를 기리는 노강서원 ([ccsa] wikimedia commons)

숙종과 박태보

숙종(1661~1720)은 14세에 즉위하여 60세에 세상을 떠날 때까지 47년 동안 왕위에 머물러서, 조선의 왕 중에는 비교적 장수했을 뿐만 아니라 재위 기간도 매우 긴 왕이다. 숙종이 다스리던 시대에 여러 가지 일이 있었지만, 일반에 널리 알려진 일은 인현왕후와 장희빈이 관련된 일이다. 숙종은 인현왕후를 폐위시키고 희빈 장씨(장희빈)를 왕비로 삼았는데, 이 과정은 당대 정치상황과 긴밀하게 연계된 매우 드라마틱한 것이었다. 이 사건은 이미 조선시대에 『인현왕후전』이라는 작품이 만들어져서 알려졌고, 현대에는 여러 차례 영화나 드라마로 제작되어 대중의 인기를 끌었다.

인현왕후를 쫓아내는 과정에서 가장 크게 부각된 인물은 박태보(1654~1689)이다. 그는 24세에 장원으로 과거에 급제하여 벼슬길에 올랐는데, 재능이 있으면서도 의리를 위해서는 조금도 굽히지 않는 인물이었다. 숙종 15년(1689) 4월 25일, 숙종이 인현왕후를 폐위시킨다는 말을 듣고 80여 명의 신하들이 연명하여 상소를 올렸는데, 이때 상소문은 박태보가 작성했다. 숙종은 이 상소문을 보고 매우 화가 나서, 이미 날이 어두웠음에도 불구하고, 상소를 올린 사람 모두를 심문하고 처벌하겠다고 말했다.

여러 신하들이, 이미 밤이 늦었고, 80여 명을 다 쫓아낼 수도 없을 뿐 아니라, 상소문에 내용이 다 들어 있으니 따로 심문해서 밝혀낼 내용이 없다고 했으나, 혈기 왕성한 29세 국왕의 분노는 더욱 더 치열해졌다. 여러 사람을 심문하고, 박태보를 심문할 때는 이미 새벽 1시가 넘은 시간이었다. 임금은 박태보를 몽둥이로 때리면서 심문하며 물었다. 『숙종실록』에 실린, 숙종이 박태보와 주고받은 심문 내용을 보면 다음과 같다.

> 숙종: "사실대로 말하라."
> 박태보: "임금께서는 제가 왕비를 위하여 절의를 세우려 한다고 책망하시는데, 제가 못났지만 대의大義는 알고 있습니다."
> 숙종: "네가 독기毒氣를 부리는구나. 네가 더욱 독기를 부려. 매우 쳐라! 매우."
> 박태보: "전하께서는 제가 전하를 모함한다고 하는데, 무슨 말이 모함입니까?"
> 숙종: "죄인이 스스로 해명하는 말은 헤아릴 것도 없다. 몽둥이로 계속 치라."

숙종은 박태보를 기어코 죽이려고 했는데, 박태보는 한마

제 5 장 제도

디도 실수하지 않고 대답하면서 평상시처럼 태연했다. 숙종은 더욱 화가 치밀어 다음과 같이 말한다.

> 숙종: "몽둥이로 맞으며 심문을 당하면서도, 끝내 고통스런 비명을 지르지 않으니 참으로 독물이다. 무슨 짓인들 못하겠는가. 빨리 몽둥이로 치라. 네가 기필코 음흉한 부인을 위해서 절의를 세우고 죽으려는 것은 무슨 의도에서인가?"
>
> 박태보: "궁중의 일을 제가 어떻게 알 수 있겠습니까? 다만 오늘의 일이 심상치 않은 것임을 보고 신하로서 애통하고 절박한 마음을 견딜 수가 없어서 이에 감히 서로 의논하여 상소를 올려 진달한 것입니다."
>
> 숙종: "몽둥이로 입을 치라."
>
> 박태보: "저를 반드시 죽이려고 하시는데, 저는 정말 이해할 수 없습니다."
>
> 숙종: "어째서 그 입을 치지 않는가? 네가 끝내 자백하지 않겠다는 것인가? 끝내 자백하지 않겠는가."
>
> 박태보: "전하께서 저에게 자백하라는 일이 무엇인지를 모르겠습니다."

이날 박태보에 대한 심문은 이것으로 끝났다. 숙종은, 장희빈이 낳은 아들을 인현왕후가 좋지 않게 여기고 있다고 생각하여, 인현왕후를 죄인이라고 말했다. 그런데 박태보는 죄인인 인현왕후를 옹호하므로, 그는 숙종에게 반역죄를 저지른 것이 되었다. 반역죄는 사형에 처하지만, 숙종은 그를 사형시키지는 않고 멀리 귀양을 보낸다. 그러나 박태보는 너무 심하게 고문을 당해서, 진도로 가는 길에, 한강을 건너 노량진에서 죽고 만다.

인현왕후는 쫓겨난 지 5년 후에 복위되어 대궐로 돌아오게 되는데, 이때 박태보도 복권이 된다. 20대의 왕과 30대 신하의 격렬한 다툼은 신하의 죽음으로 마감되었지만, 역사는 박태보를 훌륭한 신하의 귀감으로 받들고 있다.

영조와 김상로

영조는 숙종의 아들로, 1694년에 태어났다. 31세에 왕위에 올라 83세에 세상을 떠날 때까지 53년 동안 통치를 했다. 여러 가지 치적이 있으나, 아들인 사도세자를 뒤주에 넣어 죽인 일로 역사에 매정한 아버지로 남게 되었다. 김상로(1702~1766)는 33세에 과거에 급제한 후, 50세 무렵에는 우의정과 좌의정을 지냈고, 62세에는 영의정에 오르는 등 영조 치하에서 순조롭게 벼슬길을 달린 인물이다.

영조34년(1758) 12월 19일의 『승정원일기』기록을 보면, 이날 밤 10시 반 경에 영조가 몸이 불편하다고 하자, 의관들과 함께 약방의 최고책임자 김상로가 영조를 만나 뵙는다. 의원들이 진찰한 후 특별히 문제가 없다고 하자, 영조는 가감이중탕加減理中湯 한 첩을 지어서 올리라고 말한다. 의원이 약을 지어오자 김상로가 이를 바쳤다. 영조가 약을 다 들고, 의원들과 건강에

제 5 장 제도

관한 얘기를 마치자 김상로와 얘기를 시작한다.

> 김상로: "지금 시간이 이미 11시가 되었습니다. 어젯밤에도 밤새 편히 주무시지 못하셨으니 오늘밤에는 제가 읽어드리는 언문(한글) 소설을 들으면서 주무시기 바랍니다."
> 영조: "언문 소설은 잠드는 방법이 아니고, 진서(한문)로된 책이 잠드는 방법이오."
> 김상로: "무슨 말씀이신가요?"
> 영조: "세간에 이런 얘기가 있소. '옛날에 어떤 부인이, 아이가 울자 책으로 아이를 덮어주었소. 옆에 있던 사람이 아이가 우는데 어째서 책으로 덮습니까 하고 물으니, 그 여자가 다음과 같이 말했다고 하오. 아이 아버지가 평소에 책을 들고 누우면 바로 자니까, 책으로 아이를 덮어주면 잘 것이라고 생각했다는 것이오.' 그러니 진서로 된 책이야말로 잠들게 하는 물건 아니겠소?"

영조가 이렇게 얘기하자 모두 웃고, 김상로를 비롯한 신하들과 의원들이 모두 침실에서 나왔다. 그런데 이날 밤 3시 무렵에 김상로는 다시 의원들과 함께 영조를 뵙는다. 영조가 몸이 편치 않다고 했기 때문이다. 영조가 입맛이 없다고 하자, 의원들이 여러 가지 음식의 이름을 대는데, 영조는 보리밥과 고추장 그리고 김치가 입에 맞을 것 같다고 한다. 이러는 동안에 새벽 4시가 되자, 의관들이 다시 진찰을 해보고 별다른 이상이 없다고 했다.

김상로는 영조에게, 육체적으로 별 문제가 없으나, 마음이 평온하지 못해서 불편한 것이니, 편안한 마음으로 조섭하시라고 말한다. 영조는 신하들에게 이미 날이 밝았으니, 물러나 쉬라고 하여, 신하들이 모두 물러 나왔다.

　　영조는 김상로보다 여덟 살이 많은데, 1758년이면 영조가 65세이고 김상로는 57세이다. 이 시대로서는 두 사람 모두 이미 나이가 많은 노인들이다. 김상로와 영조의 대화는 왕과 신하 사이의 대화라기보다는 두 노인이 실없는 농담을 주고받거나, 건강에 대한 정보를 서로 주고받는 것 같은 느낌을 준다.

철종과 정원용

조선 말기에 오랜 기간 영의정 등의 최고위 관직을 지낸 정원용은, 1783년 태어나 91세까지 장수한 인물이다. 그는 1802년 과거에 급제한 이후 죽는 날까지 일기를 쓴 것으로도 유명하다. 1849년 헌종이 후사가 없이 승하하자, 영조의 후손으로 강화도에서 농사를 짓고 있던 이원범(철종)이 왕위를 계승하게 되는데, 정원용은 강화도로 가서 철종을 모셔오는 임무를 맡은 것으로도 잘 알려져 있다.

　　철종(1831~1863)의 재위 기간에 조선의 정치는 안동김씨의 세력에 의해 좌지우지되고 있었기 때문에, 철종은 이렇다 할 정치적 업적을 내지 못했을 뿐만 아니라, 그의 재위 기간에 나라는 점차 어려워졌다. 정원용은 20여 년 동안 영의정 등

제5장 제도

최고의 관직을 지내면서도 항상 청렴결백했다고 하나, 기울어지는 나라를 일으켜 세우기에는 역부족이었다.

『승정원일기』를 보면, 철종 11년(1860) 7월 8일부터 철종은 설사 증세가 있었는데, 11일까지 약을 써서 이런 증상이 없어졌다. 이때 정원용은 영의정이었는데, 약방의 도제조를 겸하였으므로, 의원들이 진찰할 때면 언제나 정원용이 그 자리에 함께 있었다. 7월 15일에 의원들이 철종을 진찰하고 완전히 나았다고 했다. 그러자 정원용은 철종에게 건강에 관한 얘기를 하면서, 술과 음식을 잘 조절하고, 궁녀들을 가까이 하지 말라는 충언을 아뢴다. 철종과 정원용의 대화 몇 대목을 보기로 한다.

> 철종: "주색의 해악을 누가 모르겠는가? 탐락은 자기 몸을 아끼지 않는 것인데, 더구나 임금이 된 자가 어찌 스스로를 가벼이 여겨 병이 생겨 돌아보지 않는 지경에 이르겠는가. 내가 평소에 먹고 마시는 일을 절도 있게 하며 또한 삼갔소."
>
> 정원용: "성상의 말씀이 비록 이와 같으나 신이 감히 믿지 못하겠습니다. 신이 삼가 듣건대, 칠석날 냉면과 전복을 과도하게 올려서, 체하는 증세가 생기게 되었다고 합니다. 만약 한 숟가락의 음식과 한 번의 잠을 자는 것도 반드시 항상 절도 있게 조심하신다면 어찌 질병이 생기겠습니까?"
>
> 철종: "그날 특별히 많이 먹지 않았고, 게다가 평소

좋아하지 않는 것이었는데, 바로 설사 증세가 있어서 이를 진찰하는 의원에게 말한 것이오."

정원용: "전하께서는 한창 나이이신데 세자가 없으시니, 신이 매양 왕실을 생각할 때마다 저도 모르게 눈물이 흐릅니다. 신이 지금 삼가 드릴 말씀이 있습니다. 의서醫書를 보면, 아이를 낳는 법은 남자의 원기가 충실하고 정혈精血이 굳건한 뒤에 자식을 낳으면 반드시 귀하게 장수한다고 합니다. 만약 자주 정혈을 쓴 뒤에 비록 다행히 애를 가져 순산한다하더라도 기르지 못하는 경우가 많다고 하니, 이는 필연적인 이치입니다. 삼가 바라건대 오늘부터 시녀를 가까이 하지 말고 술잔을 올리지 못하도록 하며, 절기에 따라 몸을 조섭하여 후사를 구하는 방도에 전념하시고, 또한 왕후께서도 진귀한 약제를 드시어 아들이 태어나는 경사가 있게 하시기를 간절히 바랍니다."

철종: "경이 끊임없이 간절하게 말하니, 내가 가슴에 새겨 힘써 행하겠소."

정원용: "신의 말을 옳다고 하여 오늘부터 여색을 멀리한다고 하면, 신이 비록 밖에서 신의 말을 실천한다는 말을 듣더라도 기뻐서 춤을 출 것입니다. 신의 말을 실천하지 않으면, 신은 계속 아뢰어 성상의 마음을 돌리도록 하겠습니다."

철종: "대신의 말을 어찌 행하지 않을 리가 있겠는가. 더구나 나를 사랑하는 말인데. 그런데 주색酒色으로 말하자면, 술을 바로 끊는 것은

제 5 장 제도

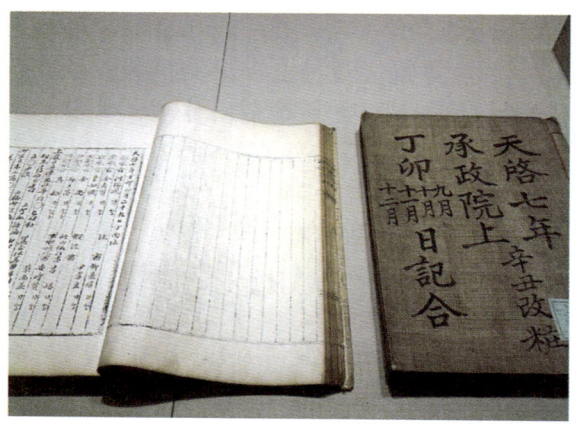

『승정원일기』([ccsa] wikimedia commons)

그다지 어렵지 않은데, 색욕은 술에 비하면 더욱 제어하기 어렵소."

정원용: "과연 그렇습니다. 누구라도 여색을 좋아하지 않는 사람이 있겠습니까마는, 뜻을 세운 것이 만약 견고하다면 또한 어찌 실행하지 못할 수 있겠습니까. 가까이 있는 것과 멀리 있는 것에는 차이가 있으니, 만약 애초에 앞에 가까이 없으면, 욕망이 일어나더라도 스스로 제어하기 쉽습니다."

위의 대화를 통해서, 철종은 자신이 주색에 빠져 있음을 스스로 인지하고 있었다는 것을 알 수 있다. 이 대화가 있던 1860년에 정원용은 78세이고 철종은 30세였는데, 두 사람의 대화는, 임금과 신하의 대화라기보다는 할아버지가 방탕한 철부지 손자를 타이르는 듯한 내용이다. 정원용의 이런 충정어린

충고도 소용없이 철종은 3년 후에 세상을 떠나고, 정원용은 10여 년을 더 살면서 벼슬을 계속했다.

『조선왕조실록』에서도 임금과 신하의 대화를 볼 수 있지만, 실록에 실린 내용은 정치적으로 중요한 내용 이외에는 실리지 않는다. 그런데 『승정원일기』에는 임금이 신하들과 주고받은 대화의 모든 내용이 실려 있으므로, 이들의 인간적인 면모가 잘 드러난다.

2 신관사또 부임

과거라는 좁은 문

봉건시대에는 어느 나라나 개인의 꿈을 실현할 수 있는 길이 많지 않았다. 특히 조선처럼 엄격한 신분제 사회에서는 각 신분에 따라 할 수 있는 일이 매우 제한적이었으므로, 지금처럼 자유롭게 자신의 꿈을 펼쳐나가기 어려웠다. 남자는 벼슬을 하여 세상에 자신의 이름을 날리는 입신양명을 이상으로 삼았다면, 여자는 시부모를 잘 모시고 아내와 어머니로서의 역할을 강조하는 현모양처가 이상적인 인물형이었다.

조선시대 남자의 꿈은 과거에 급제하여 높은 벼슬을 하는 것이지만, 양반계층 이외의 사람들은 과거시험을 보는 일 자체가 어려웠다. 그런데 양반이라 하더라도 과거를 보는 사람이 너무 많았기 때문에, 과거에 합격하여 벼슬을 하는 것은 절대로 쉬운 일이 아니다. 19세기 초 과거 응시자의 숫자는 1회에 10만 명 정도였는데, 19세기 말 과거제도가 폐지될 무렵에는 20만 명을 웃돌았다. 이렇게 많은 수험생 가운데서 급제하는 숫자는 한 회에 평균 20명 정도였다.

벼슬하기 위해서는 반드시 과거를 거쳐야 하는 것은 아니었다. 나라에 공을 세운 일이 있는 사람의 후손에게 벼슬을 주기도 했고, 학문이나 덕행이 뛰어난 인물에게 관직을 주기도 했다. 그러나 이들은 높은 벼슬에 올라갈 수 없었으므로, 조선에서 높은 벼슬을 하려면 과거에 급제하는 것이 가장 중요한 일이었다. 그러나 과거에 합격해도 높은 벼슬이 보장되는 것은 아니었다.

문과 급제자는 조선시대를 통틀어 대략 1만 5000명 정도인데, 현종 때까지 280년 동안에 약 6600명이 급제했고, 숙종부터 고종까지 220년 동안에는 약 8400명의 급제자를 배출했다. 단순한 통계만을 보더라도 후기로 가면 갈수록 과거에 급제하더라도 높은 벼슬을 할 수 있는 가능성이 줄어들었다고 할 수 있다.

'내삼천內三千 외팔백外八百'이라는 말이 있었는데, 이 말은 조선시대 서울의 벼슬자리가 3천이고, 지방의 벼슬자리가 8백이라는 뜻이다. 이 숫자는 조선시대 내내 별로 변동이 없었다. 8백 개의 지방 벼슬 중에 330개 정도가 우리가 '원님'이라고 부르는 지방관 자리이다.

조선시대 지방관은 현재의 지방자치단체장과 비슷하지만, 행정권 이외에 사법권과 군사권도 가지고 있었다. 지방관에 임명되면 부임하기까지 여러 가지 부수된 절차가 있었는데, 이 절차도 조선이라는 나라를 이해하기 위해서는 알아둘 필요가 있다. 『춘향전』에도 신관사또의 부임과정에 관한 대목이 있어서, 이를 역사 자료와 함께 보면 재미있을 것이다.

제 5 장 제도

김홍도 «소과응시», 국립중앙박물관

관리 임용 절차

요즈음 '신관사또 부임행차'라는 새로운 볼거리를 제공하는 지방자치단체가 있는데, 제주도의 정의 현감을 위시해서, 울산 도호부사, 남원 부사, 나주 목사, 고창 현감 등의 부임행차가 바로 그것이다. 각 지역에서 재현하는 행사를 보면, 대체로 해당 지역에 신관사또가 부임하는 과정을 중심으로 구성되어 있다. 부임행차 재현은 주로 자치단체에서 열리는 축제의 하나로 기획하는 것이므로, 화려한 볼거리를 제공하려면 이렇게 할 수밖에 없을 것이다. 그러나 수령이 발령을 받고 부임하는 전반적인 절차의 시작은 먼저 서울에서 이루어진다.

 수령守令은 다른 말로 원員이라고도 하는데, 백성이 말할 때는 존경하는 의미로 '원님'이라고 불렀고, 또 '사또'라고도 했다. 수령이라는 용어는 중국에서 나온 것으로, 태수太守와 현령縣令에서 한 자씩 따서 만든 것이다. 조선시대에 '태수'라는 벼슬은 없었지만, 지방관청의 우두머리를 말할 때는 수령이라는 용어를 많이 썼다. 부윤, 목사, 부사, 군수, 현감, 현령 등 각 지방을 맡아 다스리는 관리가 바로 수령이다.

 왕이 관리를 임명하는 절차의 첫 단계는 '삼망三望'이다. 어떤 벼슬자리가 비게 되면 관련 부서에서 3인의 후보자 명단을 작성하여 왕에게 올리는데, 이것이 삼망이다. 임금은 세 사람의 후보자 명단을 보고, 그 가운데 한 명의 이름 위에 점을 찍어서 임명한다. 임금이 점을 찍는 것을 낙점落點이라고 한다. 만약 왕의 뜻에 맞는 사람이 없으면 추가로 후보자를 선정하여 명단에 올리도록 했으나, 대체로 세 사람 가운데 한 명을 골랐다.

 수령을 임명하는 절차도 마찬가지여서, 임금이 세 후보자 가운데 한 명을 낙점하는 것이다. 신임 수령이 확정되면 이 소식을 새로 임명된 사람과 그 고을에 알리는데, 이 일은 경주인京主人이 담당했다. 경주인은 각 지방에서 서울에 둔 연락사무실의 책임자로, 새 수령이 임명되면 바로 그 사람에게 연락하여 필요한 절차를 밟도록 했다.

새로 수령으로 임명된 사람이 해야 할 몇 가지 절차 중 가장 중요한 것은, 대궐에 가서 임금에게 감사인사를 올리는 것이었다. 이를 '사은숙배謝恩肅拜'라고 하는데, 임금을 직접 뵙고 인사하기도 하나, 직접 만나지 못하면 승정원에 가서 임금이 거처하는 곳을 향해 절을 했다. 그 다음에는 지금의 신원조회에 해당하는 '서경署經'이라는 절차가 있었다. 본가와 외가 그리고 처가에 천민과 혼인한 사실이 있는가를 조사하는 것으로, 벼슬을 받은 당사자가 작성해서 제출한 서류를 해당 관청에서 확인한다. 서경을 통과하면, 서울의 여러 관료들에게 인사를 해야 하는데, 이것은 사적인 것이 아니라 공적으로 정해진 절차 중 하나였다.

이런 절차가 끝나면, 출발하기에 앞서 신임 수령은 임금에게 '하직숙배'라고 하는 인사를 드린다. 앞에서 본 사은숙배와 마찬가지로, 하직숙배도 임금을 직접 만나지 못하고 승정원의 관리인 승지에게 하는 경우도 많았다. 하직숙배 자리에서 중요한 일 하나는, 수령칠사守令七事를 외우는 것이었다.

수령칠사는 수령이 힘써야 할 일곱 가지 일로, 농업과 잠업을 성하게 함, 인구를 늘림, 교육을 일으킴, 군대의 의무를 공평하게 함, 세금 등을 균등하게 함, 소송은 간결하게 처리함, 간사하고 교활한 자를 없앨 것 등이다. 이 일곱 가지를 잘못 외우거나, 내용을 제대로 말하지 못하면 그 자리에서 벼슬이 떨어지기도 했다.

부임지로 출발

서울에서 임금에게 하직인사를 올리면, 모든 공식적인 절차는 끝난 것이다. 이제 서울을 떠나 부임지로 가면 되는데, 여기에도 비공식적인 절차가 있었다. 신임 수령으로 어떤 사람이 발령을 받았다는 사실을 경주인이 지방의 고을에 알리면, 20여 명의 부임지의 관속들이 서울에 올라와서 신임 수령을 모시고 가는 것이 관례였다. 이를 '신연新延' 또는 '신영新迎'이라고 하는데, 관속들이 수령을 부임지까지 모시고 가는 전 과정을 '신연맞이'라고 한다.

그러나 신연행차는 공식적인 절차가 아니므로, 이 과정에 대한 규정은 따로 없었다. 이 신연행차에 대해 참고할 수 있는 자료로는 다산 정약용의 『목민심서』가 있다. 『목민심서』는 12편으로 되어 있는데, 그 중 첫 번째가 관직을 받고 고을에 도착하여 업무를 시작할 때까지 필요한 내용을 써놓은 '부임'편이다. 부임편은 다시 6개조로 나뉘는데, 각 조의 내용은 다음과 같다.

1. 벼슬을 받아 부임하는 수령은, 백성을 위하여 열심히 일해야 한다. 특히 비용을 줄이는 일에 힘써야 하는데, 부임행차에 드는 비용도 줄여야한다.
2. 부임할 때 의복이나 기타 장비를 새로 마련하거나, 많은 사람을 데리고 가지 말아야 한다. 필요한 서적은 많이 가지고 가는 것이 좋다.
3. 임금과 여러 관료에게 하직인사를 할 때 주

제5장 제도

   의해야 할 사항과 신연하러 온 고을의 아전과 하인을 대하는 태도 등을 잘 알아두어야 한다.
4. 서울을 떠나 임지로 갈 때, 미신을 믿어서 길을 돌아서 가면 안 된다. 그리고 지나는 길에 들리는 고을의 수령들과 잡담이나 하며 놀 생각은 하지 않는 것이 좋다.
5. 임지에 도착하는 날짜를 점을 쳐서 정하지 말고, 날씨가 좋은 날로 정하면 된다. 그리고 관청에 도착하기까지 지나는 길에서는 엄숙한 태도를 유지해야 한다.
6. 부임한 다음날부터 바로 업무를 시행한다. 고을의 현황을 파악하기 위해 정확한 지도를 그려서 가지고 있어야 하며, 고을의 민폐를 파악하고, 소송을 정확하게 처리할 수 있는 지침을 만든다.

위의 여섯 가지 조목 가운데 세 번째에 신연에 관한 내용이 들어 있다. 다산은 수령이 신연관속을 처음 만날 때, 될 수 있으면 말을 적게 할 것을 권했다. 그리고 집안 식구나 하인들이 이들 신연관속과 말을 하지 않도록 할 것과 인사가 끝나면 바로 관속들을 그들이 묵는 처소로 돌려보내라고 했다. 특히 신연관속의 우두머리인 이방吏房이 고을의 예산을 빼돌리는 방법을 기록한 책자를 바치고, 그 내용을 신임 수령과 상의하는 것이 관례인데, 수령이 된 자는 이방과 이런 짓을 해서는 안 된다고 다산은 강조했다.

조선이 망할 때까지 신임사또를 맞이하는 이 신연은 계속되었다. 신연맞이는 수령이 아랫사람들에게 권위를 보이기 위한 것인데, 다산 정약용조차도 이 부조리한 관례를 없애야 한다고 말하지 못할 정도였다. 1890년 운양 김윤식이 쓴 글에서는, 이 신연행차 제도를 개혁해야 할 대상으로 꼽았다. 김윤식은, 고을의 이방이 "아전과 노비를 데리고 수백 리 혹은 천리 먼 땅에 가서 신관을 맞이해 오는데, 일행의 복식과 기구 및 왕래하고 머무는 비용과 신관의 행차 비용 모두는 공돈을 유용하여 조달한다"라고 했다.

수령이 부임하는 일과 관련된 기록은 모두 양반 지식인의 기록밖에 없지만, 『춘향전』을 잘 읽어보면, 백성의 눈높이에서 신연행차를 바라보는 시각이 무엇이었는지를 알 수 있다. 변사또의 부임 과정을 통해 이를 보기로 한다.

변사또의 부임

『춘향전』에서 새로 남원 부사로 발령받은 인물은 남촌 호박골에 사는 변악도이다. 서울에서 나온 원본에는 변악도인데, 전주에서 나온 책에서는 발음이 변해 변학도가 되었다. 원본에서 신임사또의 이름을 '변악도'라고 한 것은, 이름만으로도 그 인물이 좋지 않다는 것을 드러내기 위한 것이다. 성인 '변'은 소변이나 대변의 '변'을 연상시키고, 이름의 '악도'는 문자 그대로 '악惡한 도道'라는 의미이다.

변사또가 사는 곳을 서울의 남촌 호박골이라고 한 것도,

제5장 제도

변사또가 그리 대단한 집안 출신이 아니라는 뜻이 들어 있다. 남촌은 남산 기슭으로, 지체 높은 양반의 거주지는 아니었다. 그리고 그는 "천만 뜻밖의 연줄 덕분에, 말망낙점末望落點하였다"라고 했다. 앞에서 관리를 추천할 때 삼망 제도가 있다고 했는데, 첫 번째로 추천된 사람을 수망首望, 두 번째를 부망副望, 세 번째를 말망末望이라 한다. 말망은 세 명의 후보자 가운데 가장 뒤처진 사람인데, 말망이 낙점을 받은 것을 '말망낙점이라고 한다. 변악도는 세 사람의 후보자 가운데 꼴찌였는데, 연줄 덕분에 운 좋게 남원 부사가 되었다는 말이다.

변악도가 낙점되었다는 소식을 들은 남원에서는 신임사또를 모시고 올 신연관속을 서울로 보낸다. 남원의 신연관속은 13일 만에 서울에 도착해서, 변사또의 집에 가서 인사를 드렸다. 변사또는 신연관속이 늦게 올라온 것을 못마땅하게 생각해서, 매우 화를 내면서 이들을 쫓아낸다. 그리고 늦게 온 하인에게 남원까지 얼마나 걸리느냐고 물어보자, 남원에서 온 하인은 다음과 같이 대답한다.

> 내일 임금님께 절을 올려 조정에 하직인사를 한 다음, 각 관청을 돌면서 윗분들에게 인사를 올려야 하는데, 이렇게 되면 모레 오전에 떠날 수 있습니다. 그런데 가다보면 자연히 날씨가 나쁜 날도 있고, 또 공주나 전주 같이 관찰사가 있는 큰 고을에 들리면 관찰사에게 인사를 올려야 합니다. 그리고 혹간 경치가 좋은 곳에서는 놀이라도 하게 되고, 지나는 길에 있는 여러 고을에서 묵게 되니까, 이렇게 천천히 내려가면 한 보름 정도 걸려야 남원에 도착할

수 있을 겁니다.

그리고 신연행차의 경비에 대해서 신연하인은 다음과 같이 말한다.

> 신연행차 때 사또를 모시러 올 때나 관청의 공무로 서울을 다녀올 때, 출장의 경비는 자기가 부담하게 되어 있어서, 주막에서 외상으로 먹고 다니거나 심지어는 굶고 다닐 적이 많습니다. 그래서 높은 이자를 주고 경주인에게 돈을 빌리므로, 빚이 많습니다. 그리고 관청에서 빌린 돈을 제때에 갚지 못해서, 자주 곤장을 맞습니다.

소설 속에서 신연하인이 하는 이 말은, 앞에서 양반 지식인 정약용이나 김윤식이 생각하는 신연제도에 대한 비판적 인식과는 차원이 다른, 이 제도로 고통 받는 당사자의 솔직한 발언이다. 신연에 드는 경비는 공금으로 지불하게 되어 있으나, 실제로는 『춘향전』의 신연하인 말처럼 개인이 부담한 것이 사실이다. 소설의 내용은 당대의 사실적인 기록이 많으므로, 당대의 실제 상황을 파악하는 데는 규정으로 정해진 것보다 소설의 내용이 더 정확한 경우가 있다.

신연의 규모는 대략 20명 정도이다. 『춘향전』에서는, 남원에서 올라오는 날짜가 13일이고, 서울에 며칠 묵은 후에 다시 15일 정도 걸려서 돌아가는 것으로 되어 있다. 약 한 달 동안 이들이 쓰는 경비는, 법률의 규정에는 공금이라고 되어 있지만, 결국 남원 고을의 백성에게서 착취하는 돈이다.

제5장 제도

남원 신관사또 부임행차 공연, 남원시청

부임지에 도착

서울에 올라가서 신임사또를 맞이해온 신연행차가 고을의 경계에 이르면, 해당 고을의 관속들이 전부 나와 신관사또를 맞이한다. 여기에는 군악대가 음악을 연주하는 군사 퍼레이드도 함께 펼쳐진다. 『춘향전』에서 신관사또를 맞이하는 대목에 등장하는 인물은, 육방아전·집사·마병·통인·관노·급창·다모·방자·도훈도·기생·좌수·별감·장교 등으로, 남원에서 관청과 연관이 있는 사람은 다 나온 셈이다.

신관사또의 행렬은 부임지의 백성들에게 수령의 권위를 드러내기 위해 엄숙하게 행진하는데, 『춘향전』에서는 그 행렬을 "깃발과 창검은 서릿발 같고, 살기가 하늘을 찌를듯하다"라고 묘사했다.

정약용은 『목민심서』에서, 백성들에게 엄숙하게 보이기

위해서 수령은 "말 위에서는 눈을 두리번거리지 말고, 몸을 비스듬히 하지 말며, 의관을 정제해야 한다"라고 말했다. 그런데 『춘향전』에서 변사또는 "백성에게 무섭게 하느라고 눈을 궁굴궁굴" 굴린다고 했다. 두 책을 통해, 신임사또 중에는 변사또처럼 백성에게 위엄을 보이려고 눈을 크게 뜨고 굴리는 사람이 있었다는 것을 알 수 있다. 그리고 이런 수령의 행동은 백성들에게 결코 엄숙하게 보이지 않았다는 사실 또한 분명하다.

부임한 지 사흘이 되면 신관사또는 업무를 시작하는데, 『춘향전』에서 변사또는 부임 첫날부터 기생점고를 한다. 기생점고도 업무의 하나라고 할 수 있지만, 그것보다 중요한 업무인, 백성에게 곡식을 빌려 주었다가 받아들이는 환상이라든가, 세금에 관련된 문제 등은 제대로 알아보지도 않았다. 이를 본 이방아전은, "이 사또 알아보겠다. 사또가 아니요, 백설이 풀풀 흩날릴 제 깔고 앉는 개가죽방석의 아들놈이로다"라고 욕한다.

19세기 신임 수령의 부임과 관련한 당대의 실정은 지식인의 저술에서도 볼 수 있지만, 소설에서 더욱 사실적으로 나타난다고 하겠다.

3 책방과 낭청

호칭의 변화

2023년 봄 세상을 떠난 가수 현미가 부른 노래 중에 '몽땅 내 사랑'이라는 곡이 있다. 1967년에 발표한 이 곡의 가사 첫 부분은 이렇다. "길을 가다가 사장님하고 살짝 불렀더니, 열에 열 사람 모두가 돌아보네요. 사원 한 사람 구하기 어렵다는데, 왜 이렇게 사장님은 흔한지 몰라요. 앞을 봐도 뒤를 봐도 몽땅 사장님." 대중가요는 당대 사회의 분위기를 잘 전해주므로, 이 노래를 통해 이 시대에 '사장님'이 벌써 대중적 호칭이었음을 알 수 있다.

이 노래가 나온 지 거의 60년이 되어가는 지금, 사장이라는 단어에서 회사의 책임자라는 의미는 거의 없어진 것으로 보인다. 사장이라는 단어는 CEO라는 영어로 바뀌었고, 이제 사장님은 상대방을 부를 때 사용하는 말이 되었다. 요즈음 웬만한 가게에서 조금 나이가 든 손님에 대한 호칭은 대개 '사장님'이나 '사모님'이고, 좀 더 큰 매장에서는 '고객님'이 되었다. 한 동안 쓰이던 '선생님'이라는 남자에 대한 호칭은 이제 점차 줄어드는 것 같다.

현재는 거의 쓰는 사람이 없지만, 한때는 일반직 6급 공무원의 직급인 '주사'를 호칭으로 쓴 적도 있다. 공무원이 아닌 사람들끼리, 상대방의 성에 주사를 붙여 '김주사', '이주사'라고 부르는 것을 흔히 볼 수 있었다. 이렇게 관직의 명칭이나 특정한 자격을 일반적인 호칭으로 쓴 것은 오래 되었다. 정3품과 종2품의 벼슬아치를 이르던 말인 '영감'이 나이 먹은 남자를 일컫는 말이 된 것도 그런 예의 하나이다.

아래에서 다루는 '낭청郎廳'은 정3품에서 종6품 사이의 벼슬을 말하는데, 이 벼슬 이름을 엉뚱한 데서 썼다. 조선후기에 지방관으로 부임하는 원님들은, 자신이 아는 사람을 사적으로 데리고 가서 비서 역할을 맡겼다. 역사에서는 이런 사람을 '책방冊房'이라고 말하는데, 이들을 부를 때는 '낭청'이라고 했다. 예를 들면, 이 씨 성을 가진 책방을 부를 때 '이책방'이라고는 부르지 않고, '이낭청'이라고 불렀다.

책방을 '낭청'이라고 불렀다는 사실은 공식 기록에서는 좀처럼 보기 어렵다. 조선시대 각 고을의 원님들은 모두 책방을 데리고 갔으므로, 19세기 한 세기 동안에만 수천 명 이상의 책방이 있었다고 볼 수 있다. 그러나 이들 책방에 관한 내용은 거의 알려지지 않았고, 또 이들을 부를 때 '낭청'이라고 했다는 사실도 잘 모르고 있다. 책방을 낭청이라고 한다는 것은 『춘향전』을 통해서 알 수 있으니, 만약 『춘향전』같은 소설이 없었다면, 책방의 호칭이 낭청이었다는 사실은 후대에 전해지지 않았을지도 모른다.

제5장 제도

책방

지방관의 비공식 수행원인 책방은 책객冊客, 아객衙客, 책실冊室 등 몇 가지 다른 이름으로도 불렸다. 언제부터 이런 제도가 생겼는지는 정확히 알 수 없으나, 영조 초기의 기록에 이미 나타나므로, 적어도 18세기 초부터는 있었던 것이 분명하다. 그런데 책방에 관한 기록은 18세기 말부터 자주 나오는 것으로 보아, 이 시기에 이르면 상당히 보편적인 제도로 자리 잡았음을 알 수 있다.

먼저 책방에 관한 조선시대 기록 두 가지를 보기로 한다. 하나는 윤기(1741~1826)의 『무명자집』에 들어 있는 내용이고, 다른 하나는 정약용(1762~1836)의 『목민심서』에 들어 있는 것이다. 윤기는 다음과 같이 말했다.

> 친인척이나 오랜 친구 중에 지방으로 부임하는 사람이 있으면, 따라가서 함께 생활하는 자가 반드시 있다. 세상에서는 이를 책방이라고 말한다. 대체로 지방관은 혼자 있기가 어려우니, 반드시 책객을 데리고 가서 형제나 아들 또는 조카 같이 친하게 대해 준다. 아전과 하인을 통솔하는 일, 서울로 뇌물을 보내는 일, 공공사업을 감독하는 일 등을 그에게 맡겨서 자신이 할 일을 시킨다. 그리고 외부의 사정을 몰래 살피도록 하여 정보를 많이 얻는다.

정약용은 『목민심서』에서, 책객을 두지 말아야 한다면서 다음과 같이 말했다.

> 요즈음 관청의 풍속 중에 책객이라고 부르는 사람이 회계를 맡아서 장부의 기록을 검사하는데, 이는 법도에 어긋나는 것이다. 관청의 회계는 사적이건 공적이건 모두 기입하는 것으로, 아전과 하인들도 관련되지 않는 사람이 없다. 그러므로 직위도 없고 명목도 없는 사람에게 회계 전체를 관리하는 권한을 주어, 돈을 관리하고 장부를 기록하는 아전이나 하인과 다투게 하는 것이 어찌 이치에 맞는다고 하겠는가.

두 사람은 거의 같은 시기에 살았고, 조선의 문제를 논리적으로 지적할 수 있는 능력을 갖춘 인물들이므로, 이들이 말하는 책방(책객)의 문제는 정확한 것이라고 볼 수 있다. 18세기 인물인 임성주도 책방에게 회계를 맡기지 말라는 말을 한 것으로 보아, 책방이 회계에 간여하는 문제는 일찍부터 논란이 있었던 것임을 알 수 있다. 앞에서 본 내용을 통해 책방을 정의해보기로 한다.

첫째, 책방은 정식 관원이 아니다. 지방에 부임하는 지방관이 사적으로 데리고 가는 사람으로, 대부분 지방관의 친구나 친척이다.

둘째, 책방은 처음에는 지방관의 말동무를 해주는 정도의 역할이었다. 그러나 점차 시간이 지나면서, 고을의 정보를 수집하는 일을 맡는다든가, 심지어 지방관의 업무를 대신 수행하는 사람도 있었다. 특히 지방관이 서울의 윗사람에게 뇌물을 바치는 일과 아랫사람으로부터 뇌물을 받는 일은 주로 책방이

제 5 장 제도

맡아서 처리했던 것으로 보인다.

 셋째, 책방은 관청의 회계장부를 검토하는 일을 맡는 경우가 많았으므로, 자연스럽게 회계 부정에 연루되는 일이 생겼다.

 이상의 몇 가지로 책방이라는 존재가 무엇인가를 모두 설명할 수는 없지만, 대체로 책방은 이런 역할을 하는 사람이었다고 보면 될 것이다. 정약용이 정확하게 지적했듯이, 책방은 '직위도 없고, 명목도 없는 사람'이다. 이처럼 책방은 공식적인 직책이 아니므로 역사 기록에 등장하는 일이 많지 않아서, 실제로 책방이 무슨 일을 하면서 지냈는지를 밝히기는 쉽지 않다.

부정적 이미지의 책방

책방은 조선시대 여러 기록에 나타나지만, 대부분 부정적인 면이 강조되고 있을 뿐이다. 영조 12년(1736)에 임금이 지방에서 책방이 폐단을 일으킨다는 말을 한 적이 있으니, 이때에 이미 책방의 문제가 드러나고 있었다는 것을 알 수 있다. 책방과 관련된 조선시대 기록은 대체로 비리에 연루된 것인데, 지방관의 묵인 아래 비리를 저지르기도 하지만, 책방이 독자적으로 자신의 이익을 챙기기도 했다. 이러한 예는 상당히 많은데, 그중 몇 가지를 보기로 한다.

 정조 14년(1790)에 평안도 감사가 올린 보고서에는 영변 고을 책방의 비리가 여러 가지 나열되어 있다. 이 책방은 고을의 아전을 임명하는 일에 간여하여 뇌물을 받고, 부유한 사람들이 아전 자리를 차지할 수 있도록 했으며, 백성들로부터 좁쌀 180석을 구입하면서 구매대금의 반만 주어서 5백 냥 이상을 착복했다.

순조 8년(1808)에 경기도 암행어사가 올린 보그서에는 포천 현감 허임에 대한 평가가 있는데, 허임은 그저 착하기만 하고 다스리는 데는 일정한 규율이 없었다고 한다. 그리고 남씨 성을 가진 책방이 뇌물을 끌어 모으고 정사에 간여하여, 포천 고을에는 '남씨 현감, 허씨 책방'이라는 노래가 퍼졌다는 보고 내용도 있다. 그리고 같은 해의 충청도 암행어사 보고서에는, 남포현의 권세는 모두 책방에게 있어서, 재판의 결과나 아전의 임명 등이 모두 책방에게 달렸다고 했다.

책방의 문제는 고종 때까지도 계속되어서, 암행어사의 보고서에는 책방의 비리가 자주 등장한다. 고종 11년(1874) 충청도 암행어사의 보고서에는, 서천 군수가 간사한 책방과 협잡하여 백성의 재물을 갈취한 내역이 자세히 나와 있다. 그 중 몇 가지를 보면, 두 집안이 화목하지 않다는 것을 트집 잡아 두 집에서 7백 냥의 뇌물을 받고 무마해준 일이 있고, 절을 헐겠다고 협박하여 승려로부터 1천 냥의 뇌물을 받기도 했으며, 물건을 사고는 값을 주지 않는 등 다양한 방법으로 백성의 돈을 뜯어냈다. 군수가 이런 악행을 저지를 때 책방이 도왔음은 말할 것도 없다.

고종 29년(1892) 전라도 암행어사의 보고서에도 책방의 문제는 등장하는데, 만경 현령은 관직에 있은 지 1년 동안 모든 일을 책방에게 일임하였고, 옥과 현감도 모든 일의 결정을 책방에게 맡기고 자신은 아무 일도 하지 않았다고 보고했다. 또 고종 41년(1904) 평안남도 관찰사의 보고에 따르면, 영원 군수는 4년 동안 모든 일을 책방에게 맡겨서 백성들이 소요를 일으키기에 이르렀다고 했다.

이처럼 2백 년이나 되는 동안에 끊임없이 책방의 문제가 드러났으나, 조선이 끝날 때까지 지방관이 책방을 데리고 부임하는 일은 계속되었다. 그리고 이 지방관의 사적인 개인 비서가 각 지방의 공적 행정에 간여하고 이권에 개입하는 일이 끊임없이 벌어졌다.

춘향전 속의 책방

앞에서 역사 기록에 나타나는 책방을 살펴보았는데, 이런 기록을 통해서는 책방의 구체적 모습을 알아내기가 대단히 어렵다. 또한 대부분의 자료가 책방의 비리를 적발해놓은 내용이므로, 책방의 부정적인 면을 주로 기술해놓았다. 게다가 당대의 사람들은 책방이 무엇인지 잘 알고 있어서, 따로 책방에 대해 설명해놓을 필요성을 느끼지 않았다. 그러므로 역사 기록만을 통해서 책방이 어떤 일을 했는지 알아내기는 쉽지 않다.

책방의 일상을 서술해놓은 자료를 찾기란 매우 어려운데, 이런 자료로 소설을 생각해볼 수 있다. 이광수의 『일설춘향전』이나 홍명희의 『임꺽정』같은 소설에 책방이 등장하지만, 이는 근대소설이다. 19세기 소설 중에 책방이 등장하는 작품으로는 『춘향전』이 있다. 『춘향전』에는 두 명의 책방이 나오는데, 한 명은 이도령의 아버지가 데리고 온 책방이고, 다른 한 명은 그의 후임인 변사또가 데리고 온 책방이다. 작품에서 책방이 등장하는 대목을 잘 읽어보면, 책방이 구체적으로 어떤 존재였는지에 대한 정보를 얻을 수 있을 것이다.

이도령의 아버지는 이도령이 책을 열심히 읽는다는 말을 하인에게 듣고, '책방 조낭청'에게 자신이 선조의 무덤을 좋은 자리로 옮겼더니 아들이 공부를 열심히 한다는 말을 한다. 그런데 책방 조낭청은 이 한 대목에만 등장하기 때문에, 책방이 어떤 일을 하는지 알아보기에는 부족하다. 다만, 두 사람이 나눈 얘기가 매우 사적인 것으로 보아, 책방과 이도령 아버지가 스스럼없는 사이라는 것은 어느 정도 짐작할 수 있다.

변사또의 책방은 상당히 여러 장면에 등장하는데, 이를 통해 19세기 책방의 역할이 무엇인지 어느 정도 파악할 수 있다. 이야기의 진행 순서대로 변사또의 책방이 등장하는 대목을 보기로 한다.

춘향이 관가에 잡혀 오자, 변사또는 책방 이낭청에게 춘향의 인물이 어떤지 평가해보라고 하며, "이 사람, 이낭청. 춘향의 소문은 그리 높더니 지금 보니 유명무실이로군."이라고 떠보듯이 말한다. 앞에서 이도령 아버지의 책방도 '조낭청'이라고 했고, 변사또도 책방을 '이낭청'이라고 불렀으므로, 당시 책방에 대한 호칭이 '낭청'이었음을 분명히 알 수 있다.

소설에서 변사또의 책방에 대해서 언급한 대목을 보면, "이 이낭청이라는 자는 서울서부터 쓰던 인물로, 크고 작은 일을 이낭청과 의논하면. 콩을 팥이라 하여도 곧이듣는 터이다"라고 하여, 변사또가 서울에 있을 때도 데리고 있었고, 또 변사또의 비위를 잘 맞추는 인물이라고 했다. 그리고 변사또와 이낭청의 대화를 통해, 변사또가 평안도의 여러 지방에서 근무할 때도 이낭청이 책방으로 따라다녔다는 것을 알 수 있다.

변사또의 책방에 대해서는, "코에 걸면 코걸이 귀에 걸면 귀고리"라든가 "누구에게나 두루두루 좋게 대하는 사람"이라고 하여, 줏대도 없을 뿐 아니라, 남의 비위를 잘 맞추는 사람이라고 했다.

책방은 과거에는 급제하지 못한 인물로, 지방관을 따라다니면서 그의 잔심부름을 해주는 사람이다. 그러므로 지방관의 의도를 미리 알아차려서 그 일을 처리하고, 또 지방관이 직접 하기 어려운 일은 자신이 대신하여 지방관의 이익을 챙겨주는 일을 맡았다고 하겠다.

책방과 기생

조선후기 지방관에게 일어나는 문제 중 하나로 방폐房嬖가 저지르는 비리를 들 수 있다. '방폐'는 원님의 사랑을 받는 기생을 가리키는 말인데, 방폐가 지방관의 권세를 믿고 뇌물을 받거나 인사에 간여하여 문제가 되는 일이 많았다. 그런데 이 방폐가

신윤복 «연소답청», 간송미술관

책방과 함께 짝을 지어 비리를 저지르는 일도 있어서, "책방이 고을을 다스리는 일에 간여하고, 방폐가 권세를 부리는 일이 있다.", "고을의 일에 책방과 방폐가 중간에서 농간을 부린다.", 또는 "방폐와 책방이 뇌물 받는 문을 활짝 열어놓았다." 등등의 기록을 심심치 않게 볼 수 있다.

원님에게 사랑을 받는 기생이 구체적으로 어떤 비리에 관련되었는지 자세히 기록한 문서는 찾아보기 쉽지 않다. 그런데 방폐가 구체적으로 어떤 이권을 차지하는지 알 수 있는 내용이 『춘향전』에 나온다. 춘향이 변사또의 수청을 거절하고 감옥에 갇힌 후에, 새로 옥선이라는 기생이 변사또의 수청을 든다. 변사또는 옥선에게 몹시 반해서 밤낮으로 이 기생을 끼고 놀면서 여러 가지 이권을 주는데, 구체적인 내용은 다음과 같다.

제5장 제도

> 남원 읍내의 크고 작은 일을 옥선에게 먼저 청탁하면 백발백중 영락없고, 변사또가 옥선의 아버지는 군관의 우두머리를 시켰으며, 옥선의 오빠는 서쪽 창고의 책임자를 시켜주었다. 옥선의 재산은, 볍씨 열 섬을 뿌리는 정도 넓이의 논과 보름 정도 갈아야 하는 넓이의 밭이 있으며, 그 밖에 집안의 기물이 5~6천 냥 정도이다.

소설 속의 내용이지만, 지방관이 기생에 빠져서 이런 정도의 이권을 주었다는 것을 알 수 있다. 일찍이 다산 정약용은 방폐의 폐단을 말하면서, 지방관으로서 이 문제를 어떻게 대처해야 하는가를 말한 적이 있다. 정약용은, "여색을 조심해야 한다. 방폐는 뜻을 거칠게 하며, 정사를 어지럽게 하는 것이니, 무릇 방폐가 있는 자는 그 기생이 뇌물을 받았는지 받지 않았는지에 관계없이 모두 죄가 있다"라고 강하게 말했다. 지방관으로 부임해서 기생을 가까이 하는 것 자체가 잘못이라는 것이다.

정약용은 책방과 관련해서 다음과 같은 말을 했다. "회계를 보는 아전들이 속인다 하더라도 그 손실은 1년에 1백 냥을 넘지는 않는다. 그런데 책방에게 1년 동안 들어가는 경비는 3~4백 냥은 된다." 이 말은, 책방이 장부 검사를 잘해서 1백 냥을 절약한다 하더라도, 책방에게 들어가는 경비를 생각하면, 고을의 경비는 2~3백 냥이 더 드는 셈이라는 것이다. 그러므로 명목도 없고 실리도 없는 책방은 마땅히 없애야 한다는 것이 정약용의 주장이었다.

책방은 공식적인 직책이 아니라 지방관이 데리고 다니는

사적인 개인 비서일 뿐이다. 그런데 이런 사람을 5품이나 6품 벼슬의 명칭인 낭청이라고 부른 것은 참으로 가소로운 일이다. 이처럼 명목과 실제가 맞지 않는 일이 오랜 기간 계속되면서, 사장이 아닌 사람을 사장님이라고 부르는 현재에 이르게 된 것으로 보인다. 요즈음 말하는 '비선'이나 '비선실서'의 원조가 조선시대 책방인지도 모르겠다.

4 중인과 잡과

의사, 법조인의 위상 변화

현재 대학입시를 앞둔 학생이나 학부모가 선호하는 학과를 꼽는다면, 문과에서는 법과이고, 이과에서는 의과라고 해도 크게 잘못은 아닐 것이다. 현재 우리 사회에서 의사와 법률가가 차지하는 위상을 생각한다면, 이는 당연한 일이라고 할 수 있다. 그리고 의사나 변호사가 되기 위해 의과대학(의학전문대학원)이나 법과대학(법학전문대학원)에 들어가려면, 영어와 수학을 잘해야 하는 것은 말할 것도 없다.

현재의 직업과 그 성격이 똑같지는 않지만, 조선시대에도 법률가와 의사가 있었다. 조선시대의 의사라고 하면, 웬만한 사람은 『동의보감』의 저자인 허준을 떠올릴 것이다. 그런데 허준 이외에 유명한 의사는 더 이상 생각나지 않고, 법률가로 알려진 사람도 기억나는 사람이 없는 것 같다. 오백 년이나 존속한 조선인데, 금방 이름이 생각날 정도로 유명한 의사나 법률가가 없다는 것은 이상한 일이다.

조선시대 유명한 법률가나 의사를 우리가 잘 떠올리지 못하는 이유는, 어떤 인물이 있었는지 중고등학교에서 배운 일이 없기 때문일 것이다. 조선시대 의사와 법률가는 양반이 아니라

대부분 중인이었는데, 중인은 조선의 지배층이 아니므로 중요하게 여기지 않았다. 양반 정치가나 군인들처럼 지배층에 속한 조선시대 인물에 관한 자료는 매우 많이 남아 있지만, 지배층이 아닌 중인 신분의 의사나 법률가에 관한 자료는 그렇게 많지 않다.

이렇게 이들에 관한 역사적 자료가 적으니까, 자연히 이를 연구하는 연구자도 많지 않고, 사회적 관심도 적을 수밖에 없다. 그러므로 전문적으로 조선시대 의학이나 법학을 연구하는 사람이 아니고는, 당대의 의사나 법률가에 대한 정보를 가진 사람은 그렇게 많지 않다. 우리가 중고등학교에서 조선시대의 법률가나 의사에 대해서 배운 일이 많지 않다는 것은, 이들에 관한 역사적 자료가 적고, 이 분야를 연구하는 연구자가 적다는 의미이다.

21세기 한국에서 의사와 법률가는 누구나 되고 싶어 하는 최상층의 직업이지만, 조선시대에 이들은 전문적인 기술과 지식으로 양반의 통치에 봉사하는 중인에 불과했다. 그리고 기술과 전문지식을 갖춘 사람들의 신분이 양반이 아니었다는 사실은, 조선에서는 전문지식을 그다지 중요하게 생각하지 않았음을 보여주는 것이기도 하다.

지금 좋은 대학을 가기 위해서는 반드시 영어와 수학을 잘 해야 하지만, 조선시대에 양반들은 외국어를 배우지 않았고, 수학을 공부할 필요성도 거의 느끼지 않았다. 수학이나 외국어가 필요한 직업은, 대부분 중인계층의 사람들이 맡아서 일하는 분야였다. 그러나 국가를 운영하기 위해서는 의학이나 법학은

양평군 허준상 (허준박물관 [ccsa] wikimedia commons)

물론이고 외국어와 수학을 잘 하는 사람들이 필요하므로, 조선은 건국 초기부터 이런 능력을 가진 인력을 선발하는 제도를 갖추고 있었다.

과거시험의 잡과

조선시대 관리가 되기 위해서는 반드시 과거에 합격해야 하는 것은 아니지만, 과거에 급제한 사람이 출세가 빨랐던 것은 사실이다. 그런데 과거제도를 얘기할 때면 주로 문과만을 얘기하기 때문에, 무과의 존재에 대해서 사람들은 별로 관심이 없다. 조선의 최고위직 관료인 정승(영의정, 우의정, 좌의정)을 지낸 사람들은 거의 문과 출신인 것만을 보더라도, 조선시대에 문과가 무과보다 훨씬 중요했다는 점은 분명하다.

조선시대 궁중에서 임금에게 문안을 드리고 정사를 논의할 때, 문관은 동쪽에 서고 무관은 서쪽에 섰으므로, 문관은 동반이라 하고 무관은 서반이라고 했다. 조정에서 조회할 때 서 있는 방향에 따라 동반과 서반이라 했고, 이 둘을 합해서 양반이라고 한 것이다. 이처럼 양반이라는 말은 원래 문관과 무관을 함께 일컬을 때 쓰는 용어였는데, 후에 양반은 지배층을 의미하는 단어가 되었다.

조선시대의 양반들은 문관과 무관 이외의 일은 하지 않았으므로, 국가에서 필요한 수많은 전문기술직은 양반이 아닌 계층의 사람들이 맡아서 했다. 그런데 이런 일을 맡을 사람의 수준을 일정 정도 유지하기 위해서는, 적절한 선발과정을 거칠 필요가 있었다. 이들 전문직 인원을 선발하기 위한 시험이 바로 과거의 잡과雜科이다. 조선시대 문과와 무과 이외에 잡과라는 과거시험이 있었다는 사실에 대해서는, 이 방면에 특별히 관심을 가진 사람이 아니면 잘 모를 수도 있다.

원래 과거시험은 3년에 한 번 치르는 것이 원칙으로, 이를 식년시式年試라고 불렀다. 식년시는 육십갑자에 자子·묘卯·오午·유酉자가 들어가는 해에 치르는 과거시험이었다. 그리고 나라에 경사가 있을 때 실시하는 증광시增廣試가 있었다. 그런데 조선후기로 가면서, 식년시와 증광시 이외에 다양한 이름의 과거가 생겨났다. 이런 종류의 과거 중에는 단 한 차례의 시험으로 급제자를 결정하는 것이 많았다.

특히 19세기에 들어오면 문과와 무과는 3년에 한 번씩 치르는 식년시 이외에 단 한 차례로 급제자를 결정하는 부정기 시험이 더 자주 있었다. 한 번에 10만 명 이상이 서울에 모여서 시험을 치르는 일은 많았고, 19세기 중반이 되면 20만 명 이상이 치른 시험도 여러 차례 있었다. 그러나 이런 부정기 과거시험은 문과와 무과만 실시했고, 잡과는 실시하지 않았다. 잡과는 식년시와 증광시에서만 실시했다.

같은 과거시험이라 하더라도 잡과는 문과나 무과에 비해 격이 떨어진다고 말할 수 있는데, 우선 '잡과'라는 이름부터 그렇게 중요하지 않다는 인상을 준다. 실제로도 문과와 무과는 3단계의 시험을 거치지만, 잡과는 2단계뿐이었다. 문무과는 제2단계 시험의 합격자를 임금이 친히 참석한 자리에서 다시 시험을 보아 최종 합격자를 정했지만, 잡과는 제2단계의 시험에서 합격자를 결정했다. 그리고 합격증서에 찍는 도장도, 문무과는 붉은색 종이에 어보(임금의 도장)를 찍었지만, 잡과는 흰 종이에 예조의 도장을 찍었다.

잡과의 분야

조선시대에는 양반이 아니면서도 나라에 꼭 필요한 일을 맡는 사람들이 많이 있었다. 그들의 직업은 매우 다양한데, 그 중에 대표적인 것으로는 통역관·의사·음양학자·법률가 같은 것을 꼽을 수 있다. 국가에서 필요한 전문기술직은 다양하나, 이 가운데 위의 네 가지 분야에만 잡과가 설치되었다. 통역관 선발은 역과譯科, 의사 선발은 의과醫科, 천문학자나 지리학자의 선발은 음양과陰陽科, 법률가 선발은 율과律科를 통해서 이루어졌다.

잡과에서 선발한 인재들이 맡은 역할은, 통역관은 외국과의 외교에서 통역을 담당하고, 의사는 사람들의 건강을 돌보며, 음양학자는 달력 제작이나 묫자리의 선택 그리고 길흉을 점치는 일을 맡았고, 법률가는 수많은 법률 관련 서적과 임금의 명령을 체계적으로 정리해서 필요할 때 바로 해당 법률을 적용하는 일을 담당했다

과거시험 잡과의 네 분야 가운데 의과와 율과는 하위 분과가 없었고, 역과와 음양과는 하위 분과가 있었다. 통역관을 선발하는 역과에는 중국어·몽골어·일본어·만주어의 네 분과가 있었고, 음양과에는 천문학·지리학·명과학의 세 분과가 있었다.

잡과 합격자가 맡은 일

통역을 담당하는 관청은 사역원司譯院인데, 네 가지 외국어의 하위 분과가 있었다. 중국어는 한학漢學이라는 이름으로 불렀는데, 가장 중요한 분야였다. 19세기에 중국을 지배한 것은 만주족의 청나라지만, 중국과의 외교에서 사용하는 언어는 주로 중국어였다. 몽골어는 몽학蒙學이라 했다. 실제로 몽골어를 쓸

일은 별로 없었지만, 몽골이 한때 강성한 국가였으므로, 비상시를 대비해서 몽골어를 할 수 있는 인원을 확보해둘 필요가 있었던 것이다.

일본어는 왜학倭學이라고 했는데, 일본에 사절단이 가거나, 왜관의 일본인과 의사소통을 위해서 필요한 외국어였다. 만주어는 여진학女眞學 또는 청학淸學이라는 이름으로 불렀는데, 압록강을 경계로 조선과 마주한 여진족의 언어였다. 여진족은 자신들의 명칭을 만주족으로 바꾸었으며, 이들이 명나라를 없애고 청나라를 건국했으므로 중요한 외국어였다. 그러나 청나라를 세우기 이전에도 여진족과 의사소통을 위해서 만주어 통역관이 필요했다.

동서고금을 막론하고 의사는 반드시 필요한 존재였으므로, 조선시대에도 의사를 선발하는 과거는 반드시 필요했다. 그런데 의과에서 선발하는 의사는 일반 서민을 치료하는 의사를 뽑는 것이 아니었다. 이들 잡과의 의과 출신자들은, 내의원內醫院을 중심으로 한 조정의 의료기관에 근무했다. 그리고 이들이 맡은 가장 중요한 일은 왕을 비롯한 왕실 사람들의 건강을 돌보는 일이었다.

음양과를 담당하는 관청은 관상감觀象監이다. 음양과의 각 분과에서 하는 주된 일은, 천문학은 달력 제작이고, 지리학은 왕실의 묫자리 등을 잡는 일이며, 명과학命課學은 국가의 행사에 길일을 선택하는 일이었다. 천문학은 수학이 필요한 순수한 자연과학의 분야였지만, 지리학은 풍수지리를 말하는 것으로 지금의 지리학과는 다르다. 그리고 명과학은 운명과 길흉을

관상감 관천대 ([ccsa] wikimedia commons)

점치는 일이나 좋은 날을 잡는 것을 전문으로 했다.

율과는 법률을 담당하는 형조^{刑曹}의 소관이었다. 이들은 법률에 대한 전문지식을 바탕으로 상부의 질의에 답변하는 것이 임무였으나, 공부를 많이 한 관리나 수령에 비해 전문적인 지식이 못 미치기도 했다. 율과 합격자에게는 특별히 이권이 될 만한 것이 없으므로, 이들은 대부분 매우 곤궁했다고 한다.

조선시대에는 과거에 합격하지 못해도 관직을 얻을 수 있는 길은 여러 가지 있었다. 잡과에 해당하는 분야도, 과거시험보다는 수준이 떨어지는 시험을 통해서 필요한 관리를 충원했다.

그러나 해당 분야에서 출세하려면 역시 과거에 급제해야 했다. 예를 들면, 통역관을 총괄하는 관청 사역원의 가장 높은 벼슬은 정3품인데, 이 벼슬은 중국어 급제자가 아니면 임명될 수 없었다.

그리고 의사의 가장 높은 벼슬은 내의원이나 전의감의 정3품 자리인데, 이 자리도 의과에 급제하지 못하면 차지할 수 없었다. 특히 내의원에서 임금을 직접 진찰하는 의사를 내의內醫라고 하는데, 이들 가운데 당상관이 되면 어의御醫라고 불렀고, 어의 중에 가장 책임 있는 의사는 수의首醫라고 했다. 내의는 잡과의 의과 급제자만 될 수 있었다.

실무의 몇 가지 예

중국어 통역관이 하는 가장 중요한 일은, 중국에 가는 조선의 사신과 조선에 오는 중국 사신의 통역을 맡는 일이다. 그리고 일본어 통역관은 동래 왜관에서 일본인과 조선인 사이의 통역을 담당했다. 중국어 통역관은 중국과 조선 사이의 무역에도 관여하여, 상당히 많은 돈을 벌 수 있었다. 연암 박지원의 『허생전』에 나오는 변승업은 서울에서 가장 부자였는데, 그가 바로 중국어 통역관이었다. 중국에 가는 사신의 행렬에 통역으로 함께 가는 일은 가장 유능한 역관들이 맡았다. 중국어 통역관이 가장 바라는 일은 바로 중국 사행에 동행하는 것이었다.

중국어나 일본어 통역관은, 조선의 근해에서 표류하다 육지에 닿은 일본인이나 중국인의 통역을 위해서 해당 지역으로 출장을 가기도 했다. 19세기가 되면서 조선의 해안에 외국인이 나타나는 일이 잦아졌는데, 이들과 의사소통하는 데에는 당연히 문제가 생겼다. 이때 지방 관청에서 통역관의 파견을 요청하는 일도 있었다.

헌종 8년(1842)에 2월 25일 중국의 배가 난파해서 현재 충남 보령시 장고도에 닿았다는 보고가 충청병영으로 올라왔다. 충청병영에서는 서울에 이 사실을 보고하고, 현지에 관원을 파견하여 조사했다. 3월 11일에는 서울에서 중국어 통역관 김학면金學勉이 내려와서 난파선의 중국인들을 조사했다.

난파선이 발견된 지 약 보름이 지나서 서울에서 통역관이 와서 조사하고, 4월 2일에는 통역관 김학면이 중국인들을 인솔하여 서울로 갔다. 규정에 따라, 난파선의 중국인들은 육로로 중국으로 돌려보내기 위해서였다. 김학면은 순조 19년(1819)에 역과에 합격했고, 1832년 중국 사행에 통역관으로 간 기록이 남아 있는 것으로 보아, 오랜 기간 사역원에서 일한 유능한 인물이었음에 틀림없다.

의과에 합격한 의사에 관한 기록은, 다른 잡과 합격자보다 훨씬 많이 남아 있다. 왜냐하면, 의사는 임금을 비롯한 왕실의 건강을 책임질 뿐 아니라, 임금의 명령으로 국가에 중요한 인물의 건강도 돌보기 때문이다. 그리고 왕실 사람의 병을 고쳤을 때 커다란 보상을 받는 일이 많았으므로, 이들에 관한 기록이 많이 남아 있다.

제5장 제도

    철종 3년(1852)에 의과에 합격한 이장혁李章爀은 소아과가 전문이었다. 그는 고종 11년(1874) 2월 순종이 태어날 때 담당 의사였고, 그해 6월 순종이 수두를 앓을 때도 잘 치료했다. 고종은 이장혁에 대해, "이장혁의 의술이 매우 정밀하고 밝았다"라고 말할 정도였다. 고종은 이장혁에게 여러 차례 벼슬을 주었는데, 그가 역임한 수령 자리만 해도, 여주 목사, 삭녕 군수, 이천 부사, 교하 군수 등이 있고, 정2품의 정헌대부 품계를 주기도 했다.

    역과와 의과에 급제한 사람들은, 부와 명예를 얻을 수 있는 길이 많이 있었다. 이들에 비하면, 율과는 그렇게 큰 이익을 얻기는 어려웠던 것으로 보인다. 17세기 말에 유희춘은 잡과의 시험을 관리하는 시관이었다. 다른 과에 비해서 율과를 배우는 인원이 적은 것을 보고, 응시자들에게 그 이유를 물었더니, 율학을 공부해서는 먹고 살기가 어렵기 때문이라고 말했다고 한다.

    음양과의 천문학은 달력을 만드는 일이 가장 중요했다. 천문학자들은 청나라에서 서양 천문학 이론을 받아들인 것을 알고, 북경에서 이를 배워 와 조선의 실정에 맞는 달력을 만들기 위해 매우 애를 썼다. 천문학은 순수한 자연과학 분야의 지식을 바탕으로 한 학문인데 비해, 지리학은 풍수지리를 말하는 것이고, 명과학은 주로 점치는 것과 관련된 일이었다. 그러므로 음양과 급제자도 부와 명예를 얻기는 어려웠던 것으로 보인다.

    조선시대 잡과의 네 분야는, 21세기 대한민국에서도 여전히 중요하다. 의사와 법률가는 부와 명예를 모두 얻을 수 있어서, 사람들이 가장 부러워하는 직업이 되었고, 외국어를 배우기 위해서 학생은 물론이고 사회인들도 엄청난 시간과 돈을 투자하고 있다. 그리고 수학을 잘하지 못하면, 좋은 대학에 들어가기가 매우 어렵다.

조선시대와 성격은 다르다고 하지만, 잡과시험의 역학은 현재의 외교부, 의학은 보건복지부, 율학은 법무부 등과 연결시켜볼 수 있다. 조선시대와 달라진 위상을 갖게 된 분야는 음양학이다. 음양과 가운데 천문학은 기상청이라는 국가기관에서 그 전통을 이어간다고 하겠지만, 지리학과 명과학의 전통을 이었다고 볼 수 있는 국가기관은 없다.

일찍이 19세기 초에 다산 정약용은, 국가의 골격을 새롭게 짜고, 각 부처의 구성을 세밀하게 구상한 『경세유표』라는 책을 저술했다. 다산의 이 국가개혁 구상에는 관상감도 물론 들어 있다. 다산은, 관상감에는 달력을 제작하는 업무를 담당하는 천문학만 남기고 지리학과 명과학은 폐지해야 한다고 했다. 그는 풍수를 살펴서 부모를 장사지내거나, 혼인이나 제사를 위해 날짜를 고르는 것은 모두 올바른 일이 아니므로, 이런 일을 담당하는 지리학이나 명과학은 필요 없다고 말했다.

무덤자리를 고르거나 점을 쳐서 날짜를 잡는 일을 맡고 있는 정부 부서를 그대로 둘 필요가 없다는 다산의 생각은, 당시로서는 획기적인 발상이다. 왜냐하면 풍수지리나 날짜를 잡는 일은, 위로는 궁중으로부터 아래로는 일반 서민까지 모두 필요하다고 굳게 믿고 있었기 때문이다. 19세기 후반에 물밀듯이 외세가 밀려오기 전까지, 조선은 스스로 체제의 문제를 점검해보려는 생각을 하지 못하고 있었다.

5 풍수

풍수의 나라

현대에는 풍수를 미신이라고 생각하는 사람이 많이 있지만, 19세기 말 개화기 이전까지는 조선에서 풍수를 미신이라고 생각하는 사람은 별로 없었다. 서양 문물이 들어오면서, 기독고나 서구 과학지식의 영향으로 풍수를 미신으로 생각하는 사람이 늘어나기 시작했다. 근래에 국내 여러 대학의 학부나 대학원에 풍수지리 관련 학과가 상당수 있고, 또 대학의 부설기관에서 단기과정으로 풍수지리 강좌를 개설하는 곳도 많다.

풍수가 공론의 장에서 공개적으로 논의해도 크게 부끄럽지 않은 주제가 된 계기의 하나는, 서울대학교 지리학과의 최창조 교수가 풍수를 '학문적'으로 논의하기 시작한 것이다. 우리나라 최고의 대학에 풍수를 전문으로 다루는 교수가 있다는 사실은, 풍수를 미신으로 보는 시각을 바꾸기에 충분했다. 그런 의미에서, 2024년 초 세상을 떠난 최교수는 우리나라에서 풍수의 논의가 새로운 단계로 진입하는 데 상당한 역할을 했다고 말할 수 있다.

우리의 역사에서 풍수가 가장 활발했던 시기는 조선시대였다. 불교가 국가에서 공인하는 종교였던 고려시대까지는,

한양의 입지 ([ccsa] wikimedia commons)

풍수가 조선시대처럼 크게 위세를 떨치지는 못했다고 보아야 한다. 그러나 성리학을 국가의 통치이념으로 삼은 조선에서는 풍수를 매우 중요시했고, 후기로 갈수록 이러한 경향은 더욱 심해졌다. 불교를 배척하면 할수록, 상층 남성들은 풍수에 더 집착했던 것으로 보인다.

조선시대 풍수는 무엇이었을까? 또 조선 사람들은 풍수를 어떻게 생각하고 있었을까? 이런 얘기를 하면, 사람들은 묫자리를 잘 잡아서 과거에 급제했다거나 부자가 되었다는 전설을 떠올릴 것이다. 그러나 조선시대 과거시험의 잡과에는 풍수지리 전문가를 선발하는 지리학地理學이라는 분야가 있었으므로, 풍수는 엄연히 국가에서 공인한 학문의 한 분야였다.

조선의 왕이나 왕비가 세상을 떠났을 때, 그 묫자리를 잡는 일은 이 지리학을 전문으로 하는 상지관相地官이 맡았다. 그리고 이들만으로는 부족하다고 생각이 되면, 전국에서 유명한 지관地官을 서울로 불러와서, 임시로 벼슬을 주고 묫자리를 잡는 일에 동참시켰다. 또 이들 상지관은 대궐의 터와 왕실 사람들의 집터를 잡는 일이나 이 터의 길흉을 살피는 일도 맡아보았다.

조선시대 왕릉을 조성할 때 상지관들은 어떤 역할을 맡았나, 그리고 19세기에 조선 사람들의 일상생활에 풍수가 어느 정도 녹아들어 있었나 하는 것을 알아보기로 한다.

홍릉: 영조가 정한 능

숙종의 아들 영조는 여러 가지 정치적 위기를 넘기고 1724년 조선 제21대 국왕으로 즉위했다. 1694년에 태어난 영조는 1776년까지 생존하며 53년 동안 왕위에 있었다. 그는 조선시대에 가장 오래 산 임금이면서 재위 기간이 가장 긴 왕이기도 하다. 영조를 얘기할 때 빠지지 않고 등장하는 인물은, 그의 아들로 비극적 죽음을 맞이한 사도세자이다. 그리고 자연스럽게 영조의 뒤를 이어 즉위한 손자 정조도 떠올리게 된다.

영조는 승하하기 몇 달 전인 1775년 12월 10일부터 손자에게 자신을 대신해서 나랏일을 처리하도록 했으므로, 영조가 죽은 후 국정의 운영은 별로 문제가 없었다. 영조는 3월 5일 세상을 떠났는데, 정조는 신하들이 왕위를 이어야 한다는 여러 차례의 간청을 받아들이지 않고 '망극하다'라는 말만 계속했다. 이렇게 몇 차례 왕위를 사양하는 것은 대체로 조선시대 왕위를 계승할 때의 관례였다.

영조의 비 정성왕후의 무덤 홍릉, 국가유산청

3월 7일에는 신하들이 영조의 계비 정순왕후를 찾아가 세손이 왕위를 잇도록 해달라고 아뢰었다. 이에 정순왕후는 자신이 왕세손을 설득하겠다고 하고, 정조에게 왕위를 이으라는 뜻을 알렸다. 이렇게 하여 3월 8일에 정조가 왕위에 오르겠다는 승낙을 했고, 3월 10일에 즉위했다. 정조는 즉위하면서 영조의 능을 어디에 쓸 것인지를 살펴보라는 명령을 내렸다.

영조는 자신의 무덤 자리를 미리 마련해두었는데, 먼저 세상을 떠난 첫 번째 부인 정성왕후가 묻힌 바로 옆자리다. 정성왕후의 능은 현재 서오릉에 있는 홍릉弘陵으로, 홍릉에 가서 보면 왕후의 오른편 자리가 비어 있다는 사실을 알 수 있다. 이것은 영조가 자신이 준비해놓은 홍릉이 아닌 다른 곳에 묻혔음을 말하는 것이다.

영조의 무덤 자리가 홍릉의 정성왕후 옆이라는 것은 당시

제5장 제도

모두가 알고 있는 사실이었다. 영조는 홍릉의 오른쪽에 자신이 묻힐 자리를 표시한 돌을 묻어두었으므로, 3월 12일에는 영조의 능 이름을 이미 정해진 홍릉으로 쓰는 것이 좋겠다는 신하들의 의견이 있었다. 그리고 13일에는 영조의 장례 절차를 총괄하는 좌의정 신회申晦가 관리들과 함께 홍릉에 가서 묻어둔 표석을 캐내어 보고 왔다.

정조는 3월 16일에 총호사 신회가 추천한 지관 몇 명에게 다시 한 번 능 자리를 확인하도록 했다. 그리고 이틀 뒤에 정조는 이들 지관을 불러 홍릉의 산줄기 청룡과 백호에 관해서 물었는데, 지관 차형도와 장진익은 매우 좋다고 대답했다. 이때까지의 상황만 본다면, 영조의 능은 홍릉으로 정해진 것처럼 보였다.

원릉: 새로 정한 영조의 능

정조는 3월 19일 총호사 좌의정 신회를 파직하고, 영의정 김상철을 총호사로 삼았다. 영조의 장례에 관한 모든 일을 관장하는 총책임자인 신회를 파직한 이유는, 그가 실력이 없는 지관을 추천했다는 것이었다.

이날 신하들이 세 번째로 홍릉을 살펴보고 돌아오자, 정조는 묫자리가 어떤가 물었다. 홍봉한은 대체로 무난하다고 대답했다. 그런데 이 말을 들은 정조는, 전부터 그곳이 마땅치 않다는 얘기가 있었다고 하며, 신중하게 결정하는 것이 좋겠다

원릉 ([ccsa] wikimedia commons)

고 말했다. 신하들은 임금의 뜻이 그렇다면, 다시 좋은 자리를 찾아보겠다고 아뢰었다. 이런 논의를 하던 중에, 실력 있는 지관이 없다는 말이 나왔다.

정조가 실력이 있는 지관을 어떻게 구할 수 있느냐고 하자, 홍봉한이 민간에서 유명한 지관인 김태형, 김기량, 김상현 등 3인을 추천했다. 정조는 지방에 있는 지관은 빨리 올라올 수 있도록 말을 보내라고 말했다. 이렇게 지관이 바뀌면서 홍릉으로 정해졌던 논의는 없었던 일이 되었고, 새로운 묫자리를 찾는 작업이 시작되었다. 새로운 후보지로 떠오른 곳은 현재 파주시 광탄면에 있는 소녕원(영조의 생모 최씨의 묘소) 근처였다.

소녕원 근처에서 좋은 묫자리를 찾아냈다고 하여, 4월 1일에는 이 자리로 거의 결정되었다. 그런데 막상 능을 조성하기 위해 나무를 모두 베어내자, 벌목하기 전과는 모양이 아주 달랐다. 4월 7일 이곳에 갔던 신하들과 지관들은 소녕원 근처의 자리는 좋지 않다고 보고했다. 영조가 승하한 지 이미 한 달이 넘었는데 아직 묻힐 자리를 결정하지 못하자 모두 초조해 하였고, 정조는 현재 구리시의 동구릉에서 자리를 찾아보라고 명령을 내렸다.

다음날 현재 동구릉에 가서 묏자리를 살펴본 지관들이 마땅한 자리가 없다고 하면서, 한 자리가 있기는 한데 문제가 있다고 말했다. 이 한 자리는 원래 효종의 묘를 썼던 자리이다. 처음에 효종의 능은 현재 동구릉 안에 조성하고 그 이름은 영릉寧陵이라고 했는데, 후에 여주의 세종대왕 능 옆으로 옮겼다. 그래서 이 자리가 그대로 남아 있었다. 지관들이 좋은 자리라고 한 곳은 바로 효종의 묘를 옮긴 자리였다.

이 말을 들은 정조는 4월 9일 이 자리에 영조의 묘를 써도 괜찮은지 여러 신하와 지관에게 물어보았다. 모든 신하와 지관이 이 자리가 매우 좋다고 하자, 정조는 이곳에 영조의 능을 조성하기로 결정하고, 능의 이름을 원릉元陵이라고 정했다. 4월 13일 정조는 "세 사람 지관의 말을 들으니, 내 마음이 매우 좋다. 저들이 애를 썼으니 나중에 관례에 따라 상을 내리겠지만, 규정에 정해진 것보다 돈과 쌀을 후하게 지급하여 양식과 비용을 도와주도록 하라"고 지시했다.

장례를 치른 다음 관련된 사람들에게 상을 내리는 것은 일반적인 일인데, 장사가 진행되는 동안에 지관에게 상을 주라고 명령한 것은 특별한 일이다. 정조는 지관들의 공로를 칭찬하고, 할아버지의 묫자리를 이곳으로 정해 순조롭게 원릉을 조성했다.

민간의 풍수

조선 왕실에서 능을 조성할 때 지관의 역할은 막중했고, 국상이 끝나면 대부분 상을 받았다. 그러나 그렇게 중요한 일인 만큼 책임 또한 매우 컸다. 정조가 지관들을 모두 교체한 일에서 볼 수 있듯이, 잘못하면 떨려나거나 처벌받을 수도 있었다. 실제로 1835년 순조의 묫자리를 잡던 지관 중 한 명은 거짓말을 했다는 이유로 사형을 당하기도 했다.

왕실에서 무덤 자리를 정하는 일에 온 힘을 다 기울이는 이유는, 무덤을 좋은 자리에 써야 후손이 복을 받는다는 풍수사상이 그들을 지배했기 때문이다. 이와 같은 왕실의 행태를 당대의 양반들은 그대로 흉내 내었고, 그 외의 사람들도 능력이 되면 좋은 묫자리를 찾기 위해 애를 썼다. 19세기는 풍수가 조선에 만연한 시기였다. 어떤 연구자는 조선후기를 풍수사상이 "문화 유전자로 강하게 뿌리 내린" 시기라고 표현했다.(이기봉, 『우리 고을 명당이라오』)

당대의 일상을 잘 보여주는 소설 『춘향전』의 한 대목을 보기로 한다. 이도령이 춘향을 만나고 싶다고 크게 소리를 질러 이 소리가 이도령의 아버지에게 들리자, 아버지는 하인에게 무슨 소리인지 알아 오라고 한다. 하인이 이도령에게 무슨 소리를

제 5 장 제도

크게 내었느냐고 묻자, 이도령은 공부하다가 과거에 장원급제하고 싶다는 말을 크게 소리 질렀다고 했다. 이 말을 하인이 전하자, 이도령의 아버지는 옆에 있던 사람에게 말하기를,

> 지난번에 산소를 옮길 때, 홍천의 박생원이 덮어놓고 자기가 말하는 자리에 쓰라고 권하기에, 그 말대로 산소를 옮겼더니, 이제야 좋은 묏자리를 쓴 복을 받는 줄 알겠네.

라고 하며, 이도령이 공부를 열심히 하는 것이 묘를 옮긴 덕분이라고 한다. 이도령의 아버지가 말하는 '홍천의 박생원'은 홍천에서 사는 성이 박씨인 지관을 가리키는 말이다.

조상의 묘를 좋은 자리에 쓰면 후손이 과거에 급제할 수 있다는 발상은 중국에도 있는 것이었다. 중국의 신문화운동을 이끌었던 진독수陳獨秀(1879~1942)의 자서전에는 이런 대독이 있다.

> 과거시험에 합격하면 평생 먹고살 수 있었으므로, 도시와 농촌을 막론하고 급제하지 못한 사람들은 조상 묏자리의 풍수가 나쁘다고 원망하며 유골을 파내어 묘를 옮겨서 썼다. 그리고 이렇게 하는 것이 성인이 말씀하신 부모의 이름을 드날리는 효도라고 생각했다.

임진왜란 이후에 풍수지리가 유행하면서, 좋은 자리에 무덤을 쓰는 일을 이전보다 더욱 중요하게 생각하게 되었다. 특히 양반사회에서는, 위의 『춘향전』에 나오는 것처럼, 후손이 복을 받기 위해 조상의 묘를 옮기는 일이 자주 있었다.

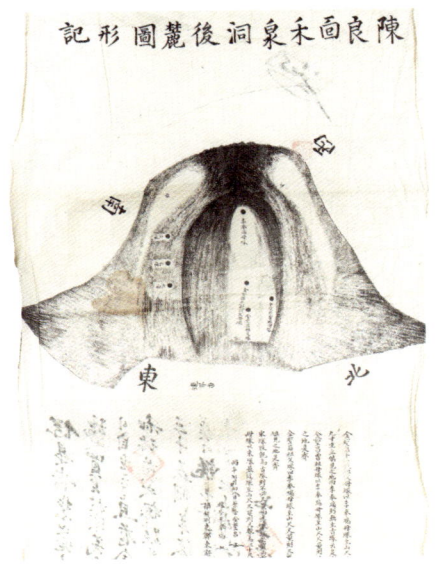

무덤이 있는 지형의 그림을 첨부한 산송 서류, 국립중앙도서관

19세기에 이르면 조상의 산소를 좋은 자리에 쓰기 위한 경쟁이 치열해지면서, 좋은 자리를 차지하기 위한 가문끼리의 싸움이 많아졌고, 자연히 이 문제로 법률적 분쟁이 빈번해졌다. 조선후기에 '산송山訟'이라는 단어가 새로 생겨났는데, 산소자리를 두고 다투는 재판을 일컫는 말이다. 다산 정약용의 『목민심서』에는 다음과 같은 구절이 있다.

> 묘지에 대한 소송은 이제 나쁜 풍속이 되었다. 싸움에서 일어나는 살인의 반 정도는 여기에서 생겨난다. 묘지를 파내는 이상한 일을 스스로 효도라고 생각하니, 묘지 관련 소송은 분명하게 하지 않으면

안 된다.

이 구절은 고을의 원님이 되어 재판할 때 유의해야 할 사항을 정리해놓은 것 중의 하나인데, 19세기 묘지를 둘러싼 소송의 폐해가 얼마나 심각한지 알 수 있는 자료이다.

풍수에 대한 비판

과거시험의 잡과에서 지관을 선발하는 지리학 시험의 지정 서적은 『청오경』, 『금낭경』, 『지리신법』 등으로, 모두 중국에서 나온 풍수 관련 서적이다. 조선의 지형은 중국과 다른데도 불구하고, 조선에서 지관을 선발하는 과거시험에 응시하는 학생들이 공부해야 하는 서적은 모두 중국인이 저술한 것이었다.

조선에서는 중국의 이론을 나름대로 응용해서 실제에 적용했지만, 그 기본적인 개념은 중국에서 온 것이다. 풍수는 땅속을 흘러 다니는 오행의 기운인 지기地氣를 살펴보는 기술이다. 눈에 보이지 않는 지기를 파악하는 일은 매우 주관적이므로, 풍수는 보는 사람에 따라 차이가 날 수밖에 없다. 그러므로 오래전부터 풍수에 대해서 비판적인 의견이 많이 있었다.

풍수와 관련된 전설 중에 유명한 것으로, 16세기 인물인 남사고가 부모의 묘를 아홉 번 옮기고 열 번째 장사를 지냈다는 이야기가 있다. 조선시대 가장 유명한 지관인 남사고도 부모의 묘지를 좋은 자리에 잡지 못했다는 내용인데, 좋은 묫자리를 잡기는 매우 어렵다는 것을 말하는 것이다.

　현대적인 시각으로 이 남사고 전설을 해석한다면, 풍수에 대한 비판적인 시각을 보여주는 것이라고 할 수도 있다. 그러나 19세기 조선 사람들은 풍수를 너무 굳게 믿고 있었으므로, 남사고 이야기를 풍수에 대한 비판으로 해석하기는 어려웠을 것이다. 이런 상황 아래서도 풍수를 비판하는 사람들은 있었으니, 그 대표적인 인물은 다산 정약용이다.

　다산은, 부모를 장사지낼 때 지관을 불러 좋은 묫자리를 잡으려는 것은 유교적인 효^{孝}에 어긋나는 것이라고 말했다. 왜냐하면 부모를 묻으면서 복을 바라는 것은 효자의 마음이 아니기 때문이다. 정약용은, 지관들이 좋은 묫자리라고 말하는 곳에 부모의 무덤을 쓰면 자손이 복을 받고 재물이 풍족해진다고 하는데, 그렇다면 왜 지관은 그곳에 자신의 부모 무덤을 쓰지 않느냐고 말했다. 정약용은 단순하지만 매우 명쾌한 논리로 풍수의 허구를 지적했다.

　다산의 풍수에 관한 비판은, 그의 정부 개혁안이라고 할 수 있는 『경세유표』에서도 잘 드러난다. 그는 관상감의 개혁안을 얘기하면서, 관상감에서 관장하는 천문학, 지리학, 명과학의 세 분야 중 지리학과 명과학은 없애야한다고 말했다.

　관상감은 현대의 기상청에 해당하는 기관이라고 말할 수 있다. 그런데 관상감에는, 달력을 만드는 일이 주된 업무인 천문학, 풍수를 담당하는 지리학, 인간의 운명을 점치는 명과학의 세 분야가 있었다. 다산은, 관상감에서는 달력을 만드는 일에 집중하여 더 많은 정보를 넣은 달력을 만들도록 힘써야 한다고 했다. 그리고 지리학이나 명과학처럼 풍수나 좋은 날짜를 잡는 일을 맡는 정부 기관은 필요 없다고 말한 것이다.

조선후기에는 산소를 두고 벌이는 소송인 산송이 너무 많아져서, 각 고을의 원님들이 이 재판에 너무 많은 시간을 쓸 정도였다. 이미 18세기 초에 영조는, 임금에게 직접 자신의 억울함을 호소하는 상언의 대부분이 산송과 관련된 것이라는 점을 지적하면서, 법률에 따라 엄격하게 처리하라고 말한 적이 있다.

산송이 일어나는 이유는 아주 간단한데, 누군가 자신의 소유가 아닌 남의 산에 무덤을 써서 생겨나는 것이었다. 그리고 이렇게 남의 땅에 자기 부모나 처자를 몰래 묻는 이유는, 그 자리가 명당이라고 생각하는 풍수사상에 젖어 있었기 때문이다. 조선시대 형법에는 남의 땅이나 산에 몰래 묘를 쓰거나 억지로 묘를 쓰는 행위는 물론이고, 이런 행위를 유도한 사람을 엄격하게 처벌하는 규정이 있었다. 그럼에도 불구하고 끊임없이 산송이 일어난 것은, 법률을 어기면서라도 좋은 자리에 묘를 쓰기 위해서였다.

현재 우리나라의 주거 형태는 주택에서 아파트로 바뀌고, 장례는 매장에서 화장으로 바뀌어서, 풍수는 예전만큼 큰 위력을 발휘하지 못하는 것으로 보인다. 그러나 어떻게 해서든지 복을 받고 싶다는 인간의 욕망은 변하지 않으니, 21세기의 대학에서도 이 욕망을 충족시키기 위해 풍수를 강의하고 있는 것이다.

제6장

외국 관련

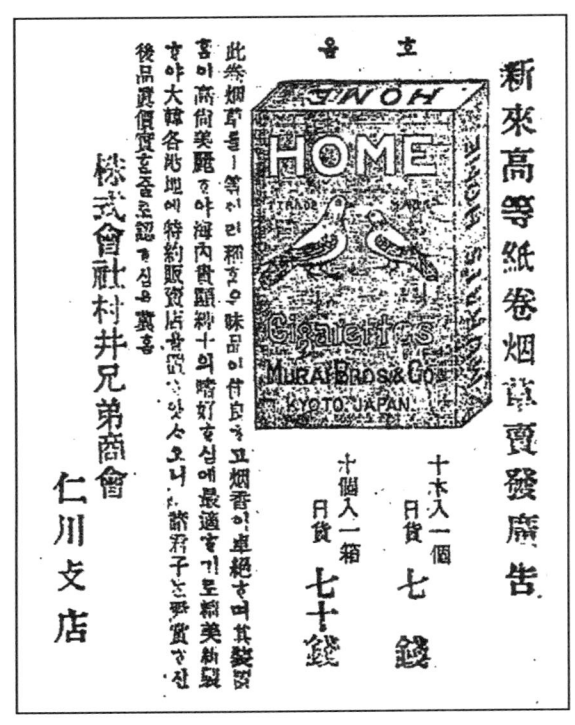

양담배 '호움'의 광고(1900), 《황성신문》

1 비단

양잠의 추억

필자가 병역의 의무를 수행하던 1960년대의 군대는 지금과는 다른 면이 있어서, 복무 기간 중에 병역의 의무에 포함되지 않는 일도 많이 했다. 지금 들으면 우스운 말일지도 모르겠지만, 필자가 근무하던 부대에서는 누에를 키우는 일도 했다. 부대 안에는 뽕나무밭이 많았고, 누에를 치는 시기에는 병사들이 군사훈련보다 누에치기에 매우 힘을 썼다. 필자도 뽕나무에 거름 주는 일부터 시작해서, 새끼를 꼬아 누에 키우는 채반을 만들고, 뽕잎을 따서 누에에게 먹이는 일까지 누에고치를 생산하는 전 과정을 모두 해봤다.

양잠산업과 관련된 과거의 기록을 보니, 필자가 군대에서 누에를 치던 시기는 제2차 잠업증산 5개년계획을 실시하던 중이었다. 정부에서 누에고치에서 뽑아낸 생사를 중요한 수출품의 하나로 지정했기 때문에, 양잠산업은 국가 기간산업의 하나였다. 1964년 국가의 총 수출액이 1억 달러였을 때 생사 수출은 약 6%였고, 1970년 수출 10억 달러를 달성했을 때는 생사 수출액이 7천5백만 달러로 전체 수출액의 약 7.5%였다.

병역의 의무를 이행하는 군인들도 누에를 쳐서 수출의 역군으로 참여한 덕분에, 1970년대 중반 무렵에 우리나라 생사 생산량은 세계 3위였고, 이때 수출액은 3억 달러 가까운 수준이 되었다. 그러나 1970년대 중반부터 일본에서 한국 생사의 수입을 줄인데다가, 중국의 값싼 생사가 일본에 들어오면서 한국의 양잠산업은 사양 산업이 되어버렸다.

조선시대에도 일본에 생사를 수출한 일이 있었는데, 이때 일본으로 수출한 생사는 조선에서 생산한 것이 아니라 중국에서 들여온 것이었다. 조선의 상인들은, 중국에서 생사를 수입해서 이를 일본에 되파는 중계무역을 통해 돈을 벌었다. 또 상인들은 중국과 일본에서 비단을 수입해서 국내의 비단 소비를 촉진시켰다. 그러나 조선시대 비단은 사치품에 속했으므로, 비단 수입은 사치를 조장한다는 비난을 받기도 했다.

영조와 정조는 비단의 수입을 통제하는 강력한 정책을 썼고, 그 이후에도 이 정책은 명목상으로는 유지되었다. 그러나 19세기에 유행한 노래나 소설을 보면, 국가에서 사용을 금지한 고급 비단이 버젓이 유통되고 있었다는 사실을 알 수 있다.

조선시대 해외 무역

18세기에 조선의 주요 해외 무역 대상국은 중국과 일본이었다. 중국과의 무역은 매년 몇 차례씩 북경에 가는 사신의 일행에 무역상이 함께 가면서 이루어졌다. 그리고 일본과의 무역은 동래 왜관에서 이루어졌다. 이들 양국과의 무역은 공식적인 것도

김홍도 «길쌈», 국립중앙박물관

있고, 비공식적인 것도 있었으며, 심지어 불법적인 밀무역도 있었다.

역사학자들의 연구에 따르면, 17세기에서 18세기 전반까지 조선이 중국과 일본 두 외국과 거래한 중요 품목은 생사와 비단이었다고 한다. 조선의 상인들은 인삼을 일본에 팔아서 그 대금을 은으로 받고, 중국에서 생사와 비단을 수입할 때 일본에서 받은 은으로 대금을 결제했다. 그리고 중국에서 들여온 생사와 비단을 다시 일본에 팔 때도 은으로 결제했다.

제6장 외국 관련

조선은 중국의 생사와 비단을 수입해서 일본으로 수출하는 중계무역을 통해 상당한 이익을 얻었다. 이와 같은 중계무역이 가능했던 것은, 청나라와 일본이 직접 교역을 하지 않았기 때문이었다. 그러나 18세기 초에 일본과 중국이 직접 교역을 시작하면서 조선의 중계무역은 막을 내리게 되고, 조선 상인들은 이런 방식의 무역으로는 더 이상 돈을 벌지 못하게 된다.

연암 박지원의 작품 『허생전』의 주인공 허생은 원래 글만 읽던 선비였지만, 장사를 해서 큰돈을 버는 인물로 묘사되어 있다. 이 작품에서 주인공은 일본의 나가사키에 가서 조선에서 생산한 곡물을 팔아서 은 백만 냥을 버는 내용이 나오는데, 이런 이야기는 당시에 외국과의 교역을 통해 돈을 벌 수 있다는 사실이 잘 알려졌음을 보여주는 것이다. 박지원은 허생이라는 가공의 인물을 통해 자신의 가지고 있던 생각을 드러낸 것인데, 나라를 부강하게 하는 방법으로 허생이 반복적으로 얘기하는 내용 가운데 하나는 해외무역이었다.

19세기에 들어와서 많은 서양의 배가 와서 교역을 원했지만 조선은 이를 모두 거절했고, 조선의 해외무역은 이전과 마찬가지로 여전히 중국과 일본에 국한되어 있었다. 게다가 조선 정부는 해외 정보를 얻는 데도 별로 관심을 두지 않아서, 매해 몇 차례씩 청나라에 사신들이 갔으나 외국의 정보를 얻는 데는 별로 관심이 없었다.

비단 수입 금지령

영조 22년(1746)에, 왕은 중국에서 문단紋緞(무늬가 있는 비단)의 수입을 통제하는 명령을 내렸다. 겉으로 내세운 명목은 사치를 줄인다는 것이었지만, 실제로는 문단을 사 오는 데 드는 은이 너무 많았기 때문이라고 한다. 요즈음 개념으로 말한다면, 사치품의 수입으로 외환보유고가 너무 줄어들었기 때문에 수입을 통제한 것이다. 이 명령의 핵심 내용은, 왕과 왕비의 예복, 벼슬아치의 제복, 고위층 부녀자의 예복, 군대의 깃발을 만들기 위한 것 이외의 문단은 수입할 수 없다는 것이었다.

문단을 수입하지 말라는 명령이 공식적으로 내려진 때는 영조 22년 11월 6일이었다. 이때는 수입하지 말라는 명령만 내렸지, 문단을 수입한 사람에게 어떤 형벌을 내릴 것인지는 아직 정해지지 않았다. 그런데 12월 15일에 이 명령을 어기고 중국에서 무늬 있는 비단을 사 온 관리가 적발되자, 영조는 신하들에게 어떤 형벌을 내리는 것이 옳은지 물었다.

신하들의 의견은 크게 두 가지로 갈렸는데, 하나는 금지하는 물건을 몰래 사 오는 것은 목을 벤다는 법률이 있으므로 사형을 시키는 것이 옳다는 의견이고, 다른 하나는 구체적으로 법조문이 정해지지 않았으므로 죽여서는 안 된다는 것이었다. 영조는 다수의 의견에 따라, 죽이지는 않고 귀양을 보내는 것으로 처벌의 수준을 낮췄다. 그리고 무늬 있는 비단을 몰래 사 온 사람을 처벌하는 법조문을 정해서, 통역관이나 무역상 중에 문단 밀무역이 발각된 자는 먼저 목을 벤 후에 보고하도록 했다.

　이처럼 조선에서 엄격하게 문단의 수입을 통제하자, 중국의 비단 상인들은 무늬가 없는 비단을 시장에 내놓았고, 조선의 상인들은 중국에서 무늬가 없는 비단을 사 오기 시작했다. 그러자 영조는 무늬가 없는 비단의 수입도 금지했다. 그러나 영조의 중국 비단 수입 금지령은 그렇게 성공적이지 못했던 것으로 보인다. 정조 때 다시 이 문제가 조정에서 논의되고, 임금은 무늬 있는 비단의 수입을 재차 금지시켰다.

　정조 11년(1787) 9월 29일 임금은 영조 때의 무늬 있는 비단의 수입을 금지한 법이 해이해졌음을 지적하고, 자세한 규정을 책자로 만들어 배포하라고 명령했다. 이와 같은 명령이 나오게 된 직접적인 이유는, 영조 때는 궁중의 여인들도 문단으로 지은 옷을 입지 못하게 했는데, 정조 11년 무렵에는 궁중은 말할 것도 없고, 일반 가정의 여인들도 무늬 있는 비단옷을 입었기 때문이다.

　정조는 신하들과 이런 논의를 하면서, 대궐 안에도 문단으로 지은 옷을 입은 사람들이 많다고 얘기하고, 신하들의 집안에도 반드시 문단으로 지은 옷이 있을 것이라고 말했다. 그리고 며칠 후에 무늬 있는 비단의 수입을 금지하는 명령을 내리고, 이 명령을 책자로 만들어서 배포하도록 한다.

금문사목

정조 11년 10월에 배포한 무늬 있는 비단의 수입을 금지한 내용을 실은 명령의 명칭은 『금문사목禁紋事目』인데, 전체 12장으로 된 책자에 그 내용이 실려 있다. 이 책자는 세 부분으로 되어 있다. 첫째는 영조 때 문단의 수입을 금지할 때 내린 명령의 내용이고, 둘째는 정조가 내린 명령이며, 셋째는 부록으로, 중국에 가지고 가거나 중국에서 수입할 수 없는 물건의 항목과 이를 어겼을 때의 처벌 규정이다.

정조는 『금문사목』을 배포하면서, 먼저 선왕인 영조의 명령을 실어서, 자신의 명령이 영조의 뜻을 잇는 것이라는 점을 강조했다. 영조는, 국가에서 필요한 것이 많은데, 비단 같은 사치품을 수입하느라고 국가의 돈을 낭비해서는 안 된다고 했다. 특히 아랫사람들은 윗사람을 흉내 내는 것이 심하므로, 윗사람들에게 무늬 있는 비단을 쓰지 않는 검소한 생활을 할 것을 주문했다. 그리고 이 명령을 어기면 엄격한 처벌을 한다는 점도 분명히 했다.

그러나 이와 같은 영조의 명령은 세월이 지나면서 흐지부지되어, 혼례나 잔치 때에 부녀자들이 무늬 있는 비단으로 만든 옷을 입는 일이 일상적이 되었다. 이러한 사실을 확인한 정조는 다시 문단을 금지하는 명령을 내렸는데, 이번 명령에는 자세한 규정을 붙여 놓았다. 그 핵심 내용은, 왕과 왕비의 옷이나 가마에 쓰는 비단이나 문신과 무신의 예복에 쓰는 비단은 무늬가 있는 것을 쓸 수 있지만, 그 외에는 문단을 쓸 수 없다는 것이다.

　무늬 있는 비단의 수입을 금지하는 강력한 명령을 내리면서, 정조는 중국과 무역할 수 있는 물건의 항목을 자세히 나열하고, 이 규정을 어겼을 때 내리는 형벌을 아울러 수록한 규정도 부록으로 함께 실어놓았다. 이 규정의 명칭은 '사행재거사목使行齎去事目'인데, "중국에 사신으로 가는 사람들이 물건을 가져가거나 가져오는 데 지켜야 할 규정"이라는 뜻이다. 그중 몇 가지를 보면 다음과 같다.

- 조선의 비밀을 누설하면 볼기 백 대를 맞고 중노동 3년에 처하는데, 중대한 비밀을 누설했다면 사형에 처한다.
- 조선의 책을 몰래 가지고 가면 볼기 백 대에 삼천 리 귀양을 보낸다.
- 인삼을 몰래 가져가면 사형에 처한다.
- 이단의 책을 들여오는 자는 중형에 처하고, 사신도 처벌을 받는다.
- 표범 가죽 같은 수입을 금지하는 물건을 들여오면 볼기 백 대에 중노동 3년인데, 보석이나 무기 같은 것을 들여오면 사형에 처한다.

　이상의 몇 가지 예에서 볼 수 있듯이, 조선의 조정에서는 엄격하게 무역을 통제했다. 그러나 이러한 엄격한 규정을 만들었다는 것은, 그만큼 불법적인 무역이 성행했음을 보여주는 것이기도 하다.

비단 가게

조선시대부터 전해지는 속담에, "선전 시정 비단 감듯"이라는 말이 있다. 이 속담은 『춘향전』에도 나오는데, 변사또가 춘향을 마당으로 끌어내리고 나졸에게 분부하는 대목에서, 나졸들이 "춘향의 머리채를 선전 시정 비단 감듯, 상전 시정 연줄 감듯" 감아쥐고 끌어내린다고 했다. '선전 시정 비단 감듯'이란 말은 서울의 비단 가게에서 비단을 감는다는 의미이고, '상전 시정 연줄 감듯'은 서울의 잡화를 파는 가게에서 연줄을 감는다는 뜻으로, 무엇을 잘 감는 것을 비유하는 말이다.

비단 파는 상점인 선전縇廛은 입전立廛이라고도 부르는데, 조선이 개국한 후 서울에 상점가를 만들 때 가장 먼저 세운 것이 이 선전이라고 한다. 그리고 여러 가지 업종 중에 선전의 규모가 가장 커서, 세금도 가장 많이 내었고 가게 수도 많았다. 19세기에 편찬된 『동국여지비고』를 보면, 선전은 현재 서울 종로구 견지동의 우정총국을 복원해놓은 곳 근처에 42개 점포가 있었고, 선전에서 취급하는 물품은 중국에서 수입한 비단이라고 했다.

영조와 정조가 무늬 있는 비단의 수입을 엄격하게 금지하는 명령을 내렸지만, 19세기에 들어와서도 중국비단을 판매하는 비단가게는 여전히 성업 중임을 알 수 있다. 『춘향전』에는 이도령이나 춘향이 입은 옷을 묘사하는 대목이 여러 군데 나오는데, 이런 대목 중에는 옷감도 구체적으로 얘기해놓은 데가 몇 군데 있다. 그 중에 춘향이 입은 옷을 묘사한 대목 하나를

제 6 장 외국 관련

양잠 진흥을 위한 제사인 선잠제 모형, 성북선잠박물관

보기로 한다.

> 중국산 모시로 지은 깨끼적삼, 초록색 갑사로 만든 곁마기에, 흰색 무늬를 넣은 항라 고쟁이, 분홍색 갑사 너른바지, 버들처럼 가는 허리에는 중국산 비단으로 만든 허리띠를 눌러 띠고, 용무늬를 넣은 갑사로 지은 분홍빛 치마를 잘게 주름을 잡아 떨쳐 입고,

이 대목을 보면, 춘향이 입은 옷 중에는 중국산 옷감으로 지은 것이 여러 가지 있고, 당시 엄격하게 금지하던 무늬 있는 비단으로 지은 옷도 있다. 특히 일반인은 사용할 수 없는 용무늬를 넣은 비단으로 만든 치마도 있는 것으로 보아, 19세기 중반에 문단금지령은 이미 유명무실해진 것으로 보아야할 것이다.

조선의 비단가게는 두 종류가 있었다. 하나는 앞에서 얘기한 선전이고, 또 하나는 면주전綿紬廛이다. 선전은 중국에서 들여온 비단을 파는 곳이고, 면주전은 국내에서 생산한 비단을 파는 상점이었다. 그런데 선전의 규모가 면주전보다 컸다.

조선시대 서울의 상점 가운데 정부의 허가를 받아서 운영하는 상점들은 나라에 일정한 액수의 세금을 냈다. 서울에 있는 여러 상점이 국가에 바치는 세금의 액수를 통해 그 업종의 규모를 파악할 수 있다. 이들 정부에서 허가한 상점이 국가에 내는 세금 전체를 100이라고 하면, 순조 8년(1808)에 선전이 부담하는 액수는 10이었고, 면주전이 내는 액수는 8이었다.

19세기 초에 서울 종로의 상점가에서 가장 큰 규모의 상점은 수입한 비단을 파는 선전이고, 두 번째는 목면을 판매하는 면포전이며, 세 번째가 국내산 명주를 파는 면주전이다. 이렇게 큰 규모를 자랑하던 면주전이, 19세기 후반이 되면 장사를 지탱할 수 없을 정도로 쪼그라들었다. 몇 차례의 대형 화재로 건물과 물건이 다 타버리는 일이 있었고, 또 중국만이 아니라 서양의 비단도 들어오기 시작했기 때문이다. 19세기 후반으로 가면서 국내의 비단 산업은 점점 위축되고 있었다고 말해도 무방할 것이다.

영조와 정조가 무늬 있는 비단의 수입을 금지한 가장 큰 이유는, 사치를 줄이고 검소함을 장려하기 위한 것이었다. 필자는 이 정책을 보면서 한 가지 의문이 들었다. 왜 조선에서는 무늬 있는 비단을 만들지 않았을까 하는 점이다. 문단을 만들 수 있는 기술이 없었던 것인지, 그렇지 않으면 이러한 문단 금지

정책이 무늬 있는 비단의 생산을 막은 것인지, 어느 쪽인지는 앞으로 이 방면의 연구를 통해 밝혀내야 할 필요가 있다.

무늬 있는 비단의 사용을 통제한 정책은 근본적인 한계를 가지고 있었는데, 왕실이나 관료들의 예복에 쓰는 무늬 있는 비단은 여전히 수입해서 쓸 수 있도록 했기 때문이다. 상위 계층의 사람들은 문단으로 지은 옷을 입을 수 있지만, 일반인은 입을 수 없는 불평등한 규정이었다. 그래서 대궐 안에는 무늬 있는 비단이 많이 있었다. 고종 6년(1869)에 있었던 절도 사건은, 19세기 중반에 무늬 있는 비단을 일반인이 구할 수 있던 길 중의 하나를 보여준다.

고종 6년 10월 22일, 대궐 안에서 잡일을 하는 군사 두 명이 여러 차례 궁녀의 방에 들어가서 옷감이나 돈을 훔치다가 붙잡혔다. 이들은 지난 1년 동안 여덟 차례나 도둑질을 했는데, 이들이 훔친 것 중에 무늬 있는 비단만을 보면, 금향색 무늬가 있는 비단, 초록색 벼 무늬가 있는 비단, 서양에서 들여온 무늬 있는 비단 치마, 복숭아나무와 석류나무 무늬의 비단 등이다. 도둑들은 이런 무늬 있는 비단을 선전의 상인들에게 팔았다고 자백했다. 이렇게 궁중에서 흘러나온 물건을 비단 가게에서는 일반인에게 판 것이다.

조선이 외국에 문호를 개방하면서, 물밀 듯이 들어오는 외국의 문물을 막을 길은 없었다. 이제 무늬 있는 비단을 금지하는 명령 같은 것은 더 이상 의미가 없는 시대가 되어버린 것이다.

2 인삼

국가의 독점 품목

담배가 해롭다는 것을 모르는 사람은 없지만, 여전히 수많은 사람이 담배를 피우고 있다. 정부는 한편에서는 금연구역 지정 등의 법률적 조치를 통해 흡연을 규제하면서, 다른 한편으로는 막대한 담배소비세를 거둬들이고 있다. 오랫동안 담배의 생산과 판매는 국가가 관리해왔는데, 이른바 전매제도이다. 우리나라에서 외국산 담배를 공식적으로 수입할 수 있게 된 시기는 1986년인데, 그 이전에는 외국산 담배를 피우다 적발되면 벌금을 내야 했고, 심지어 교도소에 갈 수도 있었다. 당시에 외국산 담배를 단속하는 공무원만 2백 명 이상이었다고 한다.

담배의 생산과 판매를 독점하던 기관은 지금은 사라진 '전매청'이라는 행정기관인데, 전매청에서 관리하는 품목은 담배 이외에 인삼이 더 있었다. 공식적으로 담배를 수입하게 되면서 전매청이라는 국가 행정기관은 더 이상 존립할 의의가 없어졌으므로, 정부는 전매청을 '한국전매공사'로 바꾸었다가, 민영화하면서 '한국담배인삼공사'로 명칭을 변경했다.

요즈음 거리에 다니는 트럭 중에 'KT&G'라는 로고를 붙인 차가 있는데, 이 로고가 바로 전매청의 후신인 '한국담배인삼공사'의 영문 명칭 'Korea Tobacco and Ginseng'의 약자이다. 그런데 한국담배인삼공사에서 인삼 부문을 분리해서 '한국인삼공사'가 생겼으니, 엄밀하게 말하면 Ginseng(인삼)을 회사 이름에 넣을 수는 없다. 그러나 한국인삼공사의 지분을 KT&G가 100% 갖고 있으므로, 여전히 이 영문 명칭을 쓰고 있다.

오랫동안 담배와 인삼은 국가 재정에 상당히 많은 도움을 주었다. 조선시대 서울의 담배 상인들이 부담하는 세금은 시장 상인이 내는 세금 전체의 5% 정도로 상당히 컸고, 인삼은 각 지방에 배당된 특산품의 하나로, 매년 일정량을 국가에 바쳐야 했다. 담배는 수출 품목이 아니었지만, 조선의 인삼은 중국과 일본에서 인기 있는 상품이었다.

조선시대 인삼은 고가의 약재였으므로, 일반인들이 쉽게 복용할 수 있는 것은 아니었다. 특히 자연산인 산삼은 시간이 지나면서 점점 더 희귀해져서, 인삼의 수요에 응하기 위해서는 인삼의 인공적 재배가 필요하게 된다. 18세기 후반부터 인삼 재배가 성행하면서, 19세기에는 많은 지역에서 인삼을 재배하게 된다. 특히 개성 지역은 인삼재배에 알맞은 기후와 토양을 가지고 있는데다가 홍삼의 제조 기술이 뛰어나서, 조선인삼의 중심지가 된다.

시판중인 풍기 인삼 ([ccsa] wikimedia commons)

희귀해지는 산삼

요즈음 우리가 시중에서 볼 수 있는 인삼은 수삼, 백삼, 홍삼 등 세 가지로 나눌 수 있는데, 밭에서 뽑아낸 인삼을 물로 씻은 것이 수삼이고, 이를 말린 것이 백삼이며, 수삼을 증기로 쪄서 말린 것이 홍삼이다. 그런데 지금 시장에서 거래되는 인삼은 모두 재배한 것이고, 자연에서 채취한 산삼은 시장에서는 볼 수 없다. 산삼은 아주 희귀한 물건이 되어서, 가끔 산삼을 캤다는 뉴스가 언론에 보도될 정도가 되었다.

18세기 중반까지 조선에서 생산되는 인삼은 산삼이었고, 각 지방에서 국가에 바치는 인삼도 바로 이 산삼이었다. 그러나 산삼이 점점 귀해지면서, 여러 가지 문제가 생기게 된다. 영조 19년(1743) 영의정 김재로가 임금에게 다음과 같이 아뢰었다.

제 6 장 외국 관련

> 근래에 관동지방에서 진상하는 인삼이 점점 예전만 못합니다. 수년 전에는 인삼의 크기가 작은 것으로 겨우 무게를 채우는 경우가 많았는데, 비록 지극히 보잘것없지만 진품이었습니다. 그런데 그 뒤에는 외형을 조금 크게 보이려고 아교로 서로 붙였습니다.

나라에 바치는 인삼(산삼)도 아주 작은 것밖에는 구할 수 없어서, 이 작은 산삼을 아교로 이어 붙여 크게 만들어서 바쳤다는 얘기이다. 18세기 중반에는 산삼의 최대 산지인 강원도에서도 크기가 괜찮은 자연산 인삼을 구하기 어려웠음을 알 수 있다. 시간이 지날수록 산삼은 점점 더 희귀해졌는데, 정조 14년(1790) 양산 군수 남학문의 상소에서는 경상도의 상황을 다음과 같이 말했다.

> 옛날에 영남은 산삼이 나는 고장이라고 했으나, 근래에 산삼이 점점 귀해져서 집에서 재배하는 것이 유행하고 있습니다. 제가 이 고을에 부임하여 들어 보니, 산삼을 나라에 바친 것이 세 번이나 퇴짜를 맞았다고 합니다. 그 까닭을 알아보니, 담당 아전이 인삼 상인에게 속아 산삼과 재배한 인삼을 합쳐 만든 것을 사다 바쳤기 때문에 여러 번 퇴짜를 맞았다고 합니다.

국가에 바치는 산삼의 숫자는 정해져 있는데, 자기 고을에서는 산삼을 구할 길이 없으므로, 서울의 약국에서 산삼을 사서 나라에 바치는 일이 많았다. 18세기 말에 경상도에서 국가에 바치는 산삼은, 대부분 서울의 약국에서 구매해서 나라에 바치는 것이었다고 한다. 그런데 서울의 상인들에게 속아서 가짜 산삼을 사서 나라에 바치다 퇴짜를 맞는 일이 빈번했다.

18세기 중반부터는 이미 나라에 바치는 산삼을 구하는 일이 쉽지 않았는데, 시간이 지나면서 사정은 점점 더 나빠졌다. 철종 6년(1855) 청나라 사신 행렬을 따라 중국에 간 서경순은 북경에서 중국인과 인삼에 관해서 얘기하던 중, "과거에 우리나라에서는 산삼이 났으나 근래에는 아주 드물다"라고 말한다. 이 말을 통해, 19세기 중반이 되면, 조선에서는 이미 산삼을 구하기 어려워졌음을 알 수 있다.

가짜 산삼

인터넷에서 '가짜 산삼'이라고 검색해보면, '가짜 산삼'과 관련된 수많은 정보를 얻을 수 있다. 인삼이 아닌 것을 인삼이라고 속이거나, 재배한 인삼을 산삼이라고 속이기도 하고, 또 외국산을 국내산 산삼이라고 속이는 방법 등 다양한 사기 수법이 있다. 돈이 되는 일이면 사기꾼이 꼬이는 것은 예나 지금이나 마찬가지인데, 조선시대의 기록에서도 가짜 산삼에 관한 얘기를 심심찮게 볼 수 있다.

조선시대에 가짜 산삼의 대표적인 것은, 부삼^{附蔘}과 조삼^{造蔘}이라고 할 수 있다. 18세기 말에 나온 법령집인 『전율통보』에는 "부삼이나 조삼 같은 것은 은전^{銀錢}을 위조하였을 때 처벌하는 법률에 따른다"라고 했다. 은전의 위조는 화폐를 위조하는 범죄였으므로 사형에 처하게 되어 있었는데, 부삼이나 조삼 같은 가짜 인삼을 만드는 일도 마찬가지로 그 죄가 사형에 해당되었다.

부삼^{附蔘}은 본래 인삼에 다른 인삼을 아교나 풀로 붙여서 크기를 크게 늘리는 방식으로 만든 인삼을 말한다. 작은 것끼리 붙여서 크게 만들기도 하고, 다른 인삼을 큰 인삼에 덧붙이기도 하는데, 때로는 인삼이 아닌 더덕과 같은 다른 이물질을 넣거나 붙이는 방식으로 크기를 늘리기도 했다.

조삼^{造蔘}은 가짜 산삼을 만드는 것으로, 여기에는 여러 가지 방법이 있었다고 한다. 산삼 뿌리의 머리 부분을 재배한 인삼의 몸통에 붙이기도 하고, 산삼의 껍질에 다른 것을 채워 넣어 산삼 모양을 만들기도 하며, 인삼과 관련이 없는 식물로 인삼의 모양을 만드는 방법도 있었다.

이덕무^{李德懋}(1741~1793)의 『청장관전서』나 이학규^{李學逵}(1770~1835)의 『낙하생집』에는 가짜 산삼을 만드는 방법이 자세히 나온다. 『청장관전서』에는 해방풍^{海防風}이라는 약초를 여러 가지 약초 삶은 물에 넣어서 가짜 인삼을 제작하는 방법이 쓰여 있고, 『낙하생집』에는 작은 인삼으로 큰 인삼을 만드는 여러 가지 방법이 실려 있다.

산삼이 희귀해지면서, 나라에 바치는 공물의 숫자를 채우기 위해서 가짜 산삼을 만드는 일도 있었을 것이다. 그러나 19세기에 들어와서는 가짜 산삼을 만들어서 큰 이익을 남기려는 조직적인 범죄가 있었던 것으로 보인다.

인삼의 재배

문화재청(현재는 국가유산청)은 2020년 12월 1일부터 '인삼 재배와 약용문화'를 국가무형문화재로 지정했다. 2016년부터 전통지식 분야에도 무형문화재 지정이 가능해졌는데, 농경 분야에서 무형문화재가 지정된 것은 인삼 관련 분야가 첫 번째 사례라고 한다. 무형문화재 가운데는 종목만을 지정하고 특정 보유자나 보유단체는 지정하지 않는 종목이 있는데, '씨름'이나 '장 담그기'와 마찬가지로 '인삼재배와 약용문화'도 보유자를 따로 지정하지 않았다.

 인삼을 재배하고 가공하는 기술과 함께 약으로 쓰는 문화를 국가에서 무형문화재로 지정한 이유는, 우리나라에서 인삼 관련 문화의 역사가 오래되었고, 전국적으로 전승되기 때문이다. 게다가 우리나라의 인삼은 오래전부터 동아시아에서 그 명성이 자자했고, 현재도 그러한 명성은 변함없이 유지되고 있다. 조선시대에도 중국과 일본에 인삼을 수출했고, 베트남에서도 조선인삼이 유통되었는데, 21세기에 들어와서는 중국과 일본은 물론이고 미국과 베트남 등 100여 개국에 수출한다. 인삼통계자료집에 의하면, 2022년의 인삼 수출액은 2억 7천만 달러라고 한다.

 18세기 중반부터 산삼이 귀해지면서 자연스럽게 인삼을 재배하는 기술이 나오게 되는데, 재배한 인삼을 가삼家蔘이라고 불렀다. 재배한 인삼이 나오기 전에는 인삼이라고 하면 자연산 산삼을 말하는 것이었지만, 18세기 후반이 되면 재배한 인삼인 가삼이 퍼지게 된다. 유득공은 인삼을 재배하는 방법에 대한 기록을 남기면서 가삼의 가격에 대해서도 다음과 같이 언급했다.

> 근래에 약방에서 영남 사람이 재배한 가삼을 많이 판다. 산삼에 비해 맛과 효력이 조금 떨어지지만, 값은 3분의 1밖에 안 되어서, 약을 복용하는 사람들이 편리하게 여긴다.

이 기록을 통해, 1800년 무렵 서울의 약방에서 판매하는 가삼의 가격은 산삼의 3분의 1 정도였음을 알 수 있다. 유득공은 인삼의 재배가 경상도에서 시작되어 충청도로도 퍼지고 있다고 하면서, 경상도에는 인삼을 재배해서 돈을 번 사람도 꽤 있다고 말했다. 유득공은 산삼을 나라에 바치느라고 백성들이 너무 고생한다는 것을 잘 알고 있었다. 그래서 인삼을 재배해서 나라 안에 인삼이 풍부해지면, 백성들의 삶이 좀 나아질 수 있다고 생각해서, 인삼을 재배하는 방법을 적어놓는다고 했다.

조선시대 인삼의 재배가 전국적으로 이루어진 시기가 언제인지는 전문 연구자들도 확실하게 얘기하지 못하고 있다. 유득공은 1807년에 세상을 떠났는데, 그가 생존했던 동안에는 인삼의 재배가 전국적으로 이루어지지는 못했던 것으로 보인다. 인삼재배에 관한 기록은 유득공 이외에도 서유구의 『임원경제지』, 이학규의 『낙하생집』 등에도 나타나는데, 특히 서유구와 이학규는 인삼재배에 관해 상당히 자세한 기록을 남겼다.

조선의 인삼재배에서 흥미 있는 내용을 기술한 사람으로는 한치윤이 있다. 그는 『해동역사』라는 역사서를 저술한 인물인데, 이 역사책에 조선의 인삼재배에 관한 내용을 다음과 같이 남겼다.

> 북쪽을 향한 깨끗한 땅의 오래 묵은 땅을 골라서, 씨를 뿌려 인삼 뿌리를 기른다. 그리고 발을 짜서 그 위를 덮어 소낙비와 따가운 햇볕을 가려 준다. 10월이 되면 인삼을 모두 캐내어, 구덩이를 파서 인삼을 넣고 두텁게 흙을 덮어 겨울에 어는 것을 막는다. 다음 해 청명 무렵에 다시 꺼내 전해에 한 것과 같이 심는다. 3~4년이 지나면 크기가 뱀딸기만 한 열매가 달리는데, 가을에 따서 햇볕에 말려 약에 넣는다.

이 인삼재배 방식은 현재의 방식과 크게 차이가 없다. 다만 흥미 있는 것은, 인삼은 뿌리를 쓰기 위해서 재배하는 것인데, 한치윤은 열매를 약용으로 쓰는 것을 말했다는 점이다.

18세기 말에 퍼지기 시작한 인삼의 재배는, 거의 없어지다시피 한 산삼을 대체했을 뿐만 아니라, 새로운 인삼 제품인 홍삼을 내놓게 된다.

제 6 장 외국 관련

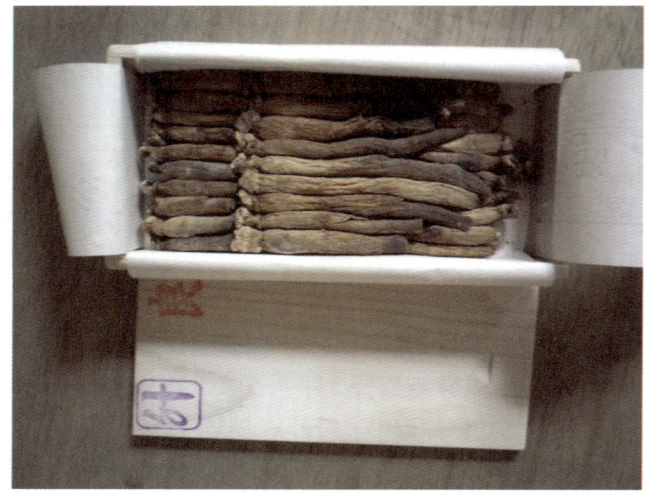

홍삼 ([ccsa] wikimedia commons)

홍삼

우리나라 건강식품 시장에서 홍삼이 차지하는 비율은 전체의 약 4분의 1이라고 한다. 문자 그대로 홍삼은 건강식품의 대명사라고 할 수 있다. 홍삼을 언제부터 만들었는지는 분명하지 않지만, 중국 송나라 사신이 고려에 왔다 돌아가서 쓴 『고려도경』에 이미 인삼을 쪘다는 기록이 나타난다. 그러나 지금과 같은 제조방식의 홍삼이 나타나는 시기는, 18세기 후반 인삼의 재배가 성행한 이후라고 보는 것이 일반적이다.

정조 21년(1797)에 국가에서 정한 인삼에 관한 법률에는, 인삼의 무역은 중국어 통역관과 서울의 상인들이 전담하게 되어 있었다. 그러나 여기에 중국과 국경을 맞대고 있는 의주의 상인들도 끼어들게 되면서, 인삼 무역은 서울과 의주의 상인들이 통역관들과 함께 담당했다. 이때 수출하는 인삼은 재배한 인삼을 쪄서 만든 홍삼으로, 홍삼 제조 공장은 서울에 있었다.

홍삼을 제조하기 위해서는 먼저 건물을 짓고, 건물 안에 대나무를 가로로 꽂아서 시렁을 만든다. 그리고 시렁 위에 인삼을 차례로 놓아둔 다음, 밑에서 숯불을 피워 인삼을 말린다. 말리는 동안 인삼의 색이 검게 변하지 않도록 하고, 또 가끔 꺼내서 바람과 햇볕을 받도록 한다. 이와 같은 방법으로 인삼을 말려 홍삼을 제조하는 공장을 증포소蒸包所라고 하는데, 초기에 증포소는 서울의 한강변에 있었다.

인삼의 재배는 다른 지역에서 시작되었지만, 19세기 초에 조선의 인삼 생산 중심지는 개성이 된다. 순조 11년(1811)에 서울의 한강변에 있던 증포소를 개성으로 옮겼다. 이때가 되면 개성에서는 인삼재배가 성행해서 많은 인삼을 생산하는데, 홍삼을 만들기 위해 서울까지 인삼을 운반하는 어려움을 해결하기 위해 증포소를 개성으로 옮긴 것이다.

증포소를 개성으로 옮긴 이후부터 홍삼의 제조는 개성에서 도맡게 되고, 허가받지 않은 사람은 홍삼의 제조를 할 수 없었다. 순조 21년(1821) 개성유수 오한원이 왕에게 올린 상소를 보면, "개성 주민 중 많은 사람이 인삼재배를 생업으로 삼고 있는데, 매년 북경北京에 들어가는 홍삼은 전부 이곳에서 생산하는 것입니다"라고 말했다. 개성의 홍삼 제조업자들은 허가받지 않고 홍삼을 제조하는 자들을 색출하는 일도 하고 있었다.

홍삼은 중국에서 특히 인기가 있어서, 중국에 사신으로 간 사람 중에는 중국인과 홍삼 관련 대화를 기록해놓은 자료들이 있다. 19세기의 어떤 자료에는, 중국인이 백삼과 홍삼 중 어떤 것이 나은지 물었다는 내용이 있는데, 조선 사람이 홍삼이 낫다고 하며 값도 홍삼이 조금 비싸다고 했다. 19세기에 중국에 수출하는 인삼이 홍삼으로 바뀌면서, 홍삼에 대한 국가의 통제가 매우 강화된다.

허가 없이 홍삼을 만드는 것은 금지했으며, 홍삼을 몰래 외국에 파는 일도 국가에서 철저히 금지했다. 철종 14년(1863) 개성 사람 민치각은, 홍삼을 몰래 만들다가 적발되어서 매를 백 대 맞고 경상도 인동(현재 구미시)으로 귀양을 갔다. 그리고 1866년 개성상인 박경담은 홍삼을 몰래 제조하다가 붙잡혀서 먼 곳의 섬으로 평생 귀양을 갔다.

이렇게 홍삼 제조는 국가에서 철저하게 통제했는데, 홍삼에서 거둬들이는 세금이 많았기 때문이었다. 그런데 허가받지 않고 홍삼을 외국에 가지고 가서 팔다가 적발되면 사형에 처했다. 고종 3년(1866) 몰래 홍삼을 중국에 팔려고 하다 황해도에서 적발된 두 사람을 체포했는데, 이들은 황해도의 바다를 통해서 중국인에게 팔려고 했다. 조정에서는 이 두 사람을 사형에 처하되, 사람들을 많이 모아 놓고 형을 집행하여 백성들에게 경종을 울리라고 했다.

1987년 전매청이라는 국가기관이 폐지되기 이전까지는 개인이 인삼을 자유롭게 재배해서 판매할 수 없었다. 그런데 국가가 인삼의 재배와 판매를 독점하는 이 제도는 18세기 말부터 있었고, 식민지시기를 거쳐 20세기 말까지 존재했다. 이처럼 인삼의 제조와 판매를 국가가 독점하는 이유는 이 사업에서 나는 이익이 많기 때문이다.

지금은 인삼이나 홍삼도 흔하고, 인삼이 들어간 다양한 상품을 시중에서 볼 수 있으며, 값도 그렇게 비싼 편이 아니다. 그러나 조선시대에 산삼은 주로 궁중에서 쓰는 귀한 약재였고, 백삼이나 홍삼도 일반인은 쉽게 복용하기 어려웠다. 19세기에 개성이 인삼재배와 홍삼 제조의 중심이 되어 많은 양을 생산했다고 하지만, 인삼은 여전히 비싼 약재였지, 지금 같은 건강식품은 아니었다.

3 통역

기구한 삶의 통역사

현재 우리나라에는 러시아를 연구하는 연구자도 많고, 또 러시아어를 잘하는 전문 통역사들도 상당수 있지만, 러시아(당시는 소련)와 국교를 맺기 전인 1980년대까지는 상황이 달랐다. 오랜 기간 러시아는 적대국이었으므로, 러시아 유학은 생각할 수도 없었고, 또 러시아어로는 직업을 구하기도 어려웠다.

1990년 6월에 미국 샌프란시스코에서 노태우 한국 대통령과 미하일 고르바초프 소련 대통령의 정상회담이 열렸고, 그해 10월 1일에는 국교를 맺었다. 그리고 12월에 노태우 대통령이 모스크바를 방문하고, 다음 해 4월에는 고르바초프 대통령이 제주도를 방문했다. 이처럼 급격하게 두 나라 사이의 관계는 변하는데, 당시 우리나라에는 러시아 전문가가 많지 않았다.

국교를 맺을 당시 언론에 보도된 많은 내용 가운데는 러시아어 통역에 관한 것도 들어 있다. 노태우 대통령이 모스크바를 방문해서 두 나라 정상이 연설할 때, 한국 대통령의 연설 통역을 소련 대통령의 통역사가 했다는 것이다.

한국 외무부 소속의 통역사를 제쳐두고 소련 정부 소속의 통역사가 맡은 이유는, 노태우 대통령의 즉흥 연설을 우리 측

노태우-고르바초프 정상회담, 대통령기록관

통역관이 러시아어로 통역하기 어려울 것으로 예상했기 때문이라고 한다. 당시 한국 외무부 소속의 러시아어 통역관도 미국에 거주하는 교포를 임시로 채용한 것이었다고 하니, 당시 상황을 알 만하다.

그 무렵 여러 차례 양국 정상이나 고위층의 회담에서 러시아 쪽에서 통역을 맡았던 유학구 씨는, 경상남도 진주가 고향인 사람이다. 그는 고향에서 고등학교를 졸업한 후, 만주 하얼빈의 대학에서 러시아어를 전공했다고 한다. 대학을 다니던 중 1945년 8월 8일 소련이 일본에 선전포고하자, 실질적으로 만주를 지배하고 있던 일본은 조선인 학생들도 군대로 끌고 갔다. 유학구 씨도 징집되었는데, 며칠 만에 일본이 항복하며 그는 러시아의 전쟁포로가 되었다.

모국어인 한국어, 식민지시기의 국어인 일본어, 대학에서 배운 러시아어 모두에 능통한 유학구 씨는 러시아에서 필요한 인재였으므로, 그는 러시아 국적을 취득하고 모스크바대학에서 역사학을 전공하여 박사학위도 받았다. 이후 전문 연구원으로 연구하며 일본에 통역으로 파견되기도 했는데, 한국이 러시아와 국교를 맺는 과정에서 양국 국가 원수의 통역까지 맡았다.

어쩌면 기구한 운명이라고 말할 수도 있는 유학구 씨의 일생은, 마지막의 10년 정도를 한국에서 마무리함으로써 그나마 약간의 위안을 얻었다고 할 수 있을 것 같다. 자신의 의지와는 관계없이 전쟁에서 포로가 되어, 상대방의 통역이 되는 어이없는 일은 어느 시대 어느 곳에서나 있었던 일이다. 조선시대에도 물론 이런 일이 있었다.

왜군 장수 박춘

오성과 한음이라는 조선 중기 두 인물에 관한 설화는 상당히 많이 퍼져 있는데, 오성은 이항복이고 한음은 이덕형이다. 두 사람 모두 임진왜란 때 병조판서 등의 요직을 맡아 조선을 구하는 데 큰 역할을 했고, 후에는 가장 높은 벼슬인 영의정에도 올랐다. 이항복의 호는 백사白沙인데, 그의 글을 모아놓은 문집 『백사집』에는 임진왜란과 관련된 내용의 글이 많이 들어 있다.

그중에 일본군 장수가 된 조선인 이야기는 상당히 흥미로운데, 의외로 잘 알려지지 않았다. 먼저 이 이야기의 줄거리를 보기로 한다.

　전라도 임피(현재 군산시 동부 지역)에 살던 재인 박세동의 아들 박춘은 역시 재인이었다. 재인은 놀이판에서 재주를 넘는 기술을 가진 사람으로, 노래도 하고 악기도 연주하는 하층민이다. 임진왜란이 일어나자, 박춘은 조선 군인으로 금산에서 싸우다가 적의 포로가 되었다. 그런데 포로가 된 박춘을 일본은 자국의 군사로 만들었고, 그는 군대 내에서 공을 쌓아 장수가 되었다.

　정유재란 때 박춘은 천 명의 군사를 거느리고 전라도로 들어왔는데, 그는 고향을 찾아보려고 자원했다고 한다. 여러 군데 옮겨 다니다가 고향 임피의 자기 집을 가보았더니, 집은 허물어지고 빈터만 남아 있었다. 그는 한글로 주춧돌에 다음과 같은 내용의 글을 써놓았다.

> 나는 이 집 주인 박춘이다. 적이 나에게 천 명의 군사를 주어 선봉을 삼았다. 내가 거느린 천 명 중에 3분의 2는 조선인이다. 나는 조선인 부하 중 믿을 만한 사람들과 비밀히 약속하기를, 본국의 군대를 만나면 일시에 투항하기로 했다. 그러나 본국 군대를 한 번도 못 만나서 내 계책을 이루지 못했다.

　그때 박춘의 부대에 잡혀 온 열 살쯤 된 여자아이가 있었는데, 재인 임세붕의 딸이었다. 여자아이가 일본군이 얘기하는 것을 들으니, 그 중 몇 명이 조선말로 자기들끼리 말하면서, '임세붕이 살아 있는지 모르겠다'라고 하는 것이었다. 임세붕의 딸은 깜짝 놀랐는데, 이들이 왜 조선말을 하며, 또 자기 아버지 이름을 어떻게 아는지는 알 수 없었다.

그날 밤에 박춘은 여자아이와 얘기하다가, 그 아이가 임세붕의 딸이라는 사실을 알게 되었다. 그리고 임세붕은 조선군대에 근무하고 있으며, 여자아이의 어머니는 왜병에게 죽었다는 것도 알았다. 며칠 후 박춘은 여자아이를 놓아주면서, 임세붕에게 전하는 편지를 주었다. 그리고 자기 아버지에게도 편지를 전했는데, 그 내용은 주춧돌에 써놓은 것과 같았다고 한다.

이 이야기는 한두 군데 더 전하는 문헌이 있지만, 모두 이항복의 『백사집』에 있는 내용을 옮겨 적은 것이다. 이 이야기를 통해, 임진왜란 때 조선인 포로들이 일본의 군사가 되어 조선군과 싸웠다는 사실을 알 수 있다. 이항복이 이 이야기를 기록해놓은 이유는, 이야기 자체가 기이하기도 하지만, 박춘이 조선에 항복하려고 했다는 사실을 전하고 싶었던 것 같다.

청나라 통역관 정명수

근래 소설이나 영화 또는 드라마에 등장하여 대중에게 꽤 알려진 정명수는, 조선인으로 청나라의 통역관이 된 인물이다. 『인조실록』에 나오는 내용을 보면, 정명수는 원래 평안도 은산현의 하인이었다고 한다. 그는 일찍이 조선의 군인으로 후금(후에 청나라)의 군사와 싸우다가 저들의 포로가 되어, 거기서

벽제관 사진, 朝鮮写真絵はがきデータベース

만주어를 익혔다고 한다.

정명수가 어떤 과정을 거쳐 청나라의 조선어 통역관 임무를 맡았는지는 알려진 것이 없으나, 그는 청나라 최고위층의 신임을 얻어 조선과의 외교업무를 맡았다. 병자호란 이전부터 그는 조선에 청나라 통역으로 파견되었는데, 병자호란 때는 남한산성에서 조선과 청 두 나라 사이의 외교업무를 도맡았다. 초기에는 단지 통역이었으나 후에는 정식 사신이 되었으므로, 정명수의 권세는 대단했다.

조선의 관리는 물론이고, 임금까지도 그에게 밉보일까 전전긍긍했다는 얘기가 실록 등의 당시 기록에 많이 실려 있다. 정명수는 조선시대 내내 조국을 배반한 악질 통역으로 알려졌고, 그에 대한 이러한 이미지는 현재도 계속되고 있다. 그의 '악행'에 관한 조선시대 기록 몇 가지를 보기로 한다. 가장 이른

제6장 외국 관련

시기에 보이는 기록은, 병자호란이 일어나기 몇 해 전의 다음과 같은 내용이다.

> 청나라 통역관 정명수는 은산현의 하인이었는데, 평산 현감 홍집이 일찍이 은산 현감으로 있을 때 정명수에게 곤장을 때린 적이 있습니다. 이 일로 그를 싫어하였기 때문에, 갑자기 관아에 뛰어들어 홍집에게 심한 모욕을 주었으니, 매우 가증스러운 일입니다.

이 보고서는 황해도 감사가 보낸 것인데, 황해감사는 정명수가 원래 조선인이었으니, 조정에서 처벌해주기를 바란다고 덧붙였다. 그러자 비변사에서, 정명수가 원래 조선인이라고 하지만, 현재는 청나라의 관리로 조선에 온 사람이므로, 아무리 우리가 벌을 주고 싶어도 줄 수 없다고 말했다.

이 기록을 통해 알 수 있는 것은, 정명수가 통역관으로 온 초기에는, 그가 원래 조선의 천한 계층의 인물이니 함부로 대해도 괜찮을 것이라는 생각이 있었다는 점이다. 그러나 시간이 지나면서, 정명수는 조선에서 함부로 대할 수 없는 인물이라는 점이 점차 드러난다. 그가 조선 측의 말을 어떻게 전하느냐에 따라 청나라의 대응이 달라지기 때문이다.

인조 15년 병자호란 당시 좌의정 홍서봉은, 정명수를 통해 유리한 조건으로 강화조약을 맺으려고 그에게 뇌물을 주는 것이 좋겠다고 했다. 이러한 건의에 대해 인조는, "옛날에도 이런 계책을 시행한 일이 있었다. 반드시 몰래 주어 이런 말이 새어나가지 않도록 하라"고 말하고, 정명수에게 은 1천 냥을 주라고 지시했다. 이런 기록은 그 이후에도 여러 차례 나타난다.

인조 18년(1640)에는 은 1천 냥을 뇌물로 주었고, 인조 23년에는 왕이 은 3천 5백 냥을 주고 세자도 1천 냥을 주었다. 인조 24년에는 정명수가 통역이 아닌 칙사로 왔는데, 공식적으로 칙사에게 주는 은 7백 냥 이외에 은밀히 3천 냥을 주었으며 세자도 8백 냥을 따로 주었다. 또 인조 25년에는 비밀리에 정명수에게 주라고 2천 3백 냥을 의주로 보냈다는 기록도 있다.

이렇게 뇌물을 준 것만 아니라, 정명수에게 관작도 주었다. 그가 받은 품계나 직위를 보면, 정3품 무관 벼슬인 첨지, 정2품 정헌대부, 그리고 정1품 영중추부사 등이다. 또 정명수가 자기 친척이나 지인에게 벼슬을 주거나 승진시킬 것을 요구하면, 조선에서는 대부분 들어 주었다. 때로 조선의 고위 관료를 파직하라는 요구도 했는데, 인조 21년에 형조판서 원두표를 파직한 것은 정명수의 요구로 이루어진 일이었다.

정명수의 위세는 효종 때까지도 계속되었지만, 효종 4년(1653)에 그가 청나라에서 처벌받으면서 끝나게 된다. 그 이후로 정명수가 조선에 왔다는 기록은 나타나지 않는다.

일본 통역관 아메노모리 호슈

앞에서 노태우 대통령의 러시아어 통역과 관련된 얘기를 했는데, 통역과 관련된 일화를 하나 더 소개하기로 한다. 1990년 일본 방문에서, 노태우 대통령은 일본 에도시대 조선어 통역관이었던 아메노모리 호슈를 언급했다.

아메노모리 호슈雨森芳洲(1668~1755)는 일본의 유학자로, 대마도에서 조선과 외교를 담당하는 관리로 근무했던 인물이다. 노태우 대통령은 5월 24일 일본 국왕 주최 만찬 자리의 답사에서 "270년 전 조선과의 외교를 담당했던 아메노모리 호슈는 '성의와 신의의 교제'를 신조로 삼았다고 합니다"라그 말했다. 한국은 물론이고 일본에서도 거의 알려지지 않았던 인물인 아메노모리 호슈는, 한국 대통령의 언급으로 갑자기 유명한 인물로 떠올랐다.

그 후, 한국과 일본의 학계에서 아메노모리 호슈 연구가 많아졌고, 조선시대 일본에 간 외교사절단인 통신사 행렬을 재현하는 행사가 양국에서 열리게 된다. 그리고 한일관계에 껄끄러운 상황이 생기면, 그는 선린외교의 상징으로 한 번쯤은 소환되는 인물이 되었다.

아메노모리 호슈에 관한 조선 측의 기록은 여러 군데 있지만, 신유한申維翰(1681~1752)이 쓴 『해유록』에 가장 많이 들어 있다. 신유한은 숙종 45년(1719) 일본에 파견된 외교사절의 일원으로, 그의 주된 임무는 사절단과 관련된 일체의 기록을 담당하는 것이었다. 『해유록』에는 신유한과 아메노모리 호슈

아메노모리 호슈 ([ccsa] wikimedia commons)

의 대화도 많이 실려 있는데, 이 대화는 말로 하는 것이 아니라 글로 하는 것이었다.

한 사람이 한문으로 글을 써서 보여주면, 상대방이 또 한문으로 글을 써서 보여주는 방식이다. 이렇게 글을 써서 의사소통하는 것을 필담筆談이라고 한다. 말이 통하지 않는 외국인이라 하더라도, 한문을 아는 사람끼리는, 이 방법을 통해 서로 의견을 주고받을 수 있었다.

조선시대에 필요한 외국어는 중국어와 일본어였다. 중국과 일본 이외의 나라와는 외교관계가 없었으므로, 그 이외의 다른 나라 언어는 익힐 필요가 없었다. 만주어와 몽골어를 전문으로 하는 인력도 양성했으나, 이들이 실제로 이 언어로 소통하는 일은 거의 없었다. 만주족이 세운 청나라의 정권이 안정되면서부터는, 청나라와의 소통은 중국어로 이루어졌다.

조선의 양반들은 외국어를 배우지 않았기 때문에, 중국이나 일본과의 외교관계에서 통역을 맡은 사람들은 양반 계층이 아닌 중인들이었다. 그리고 이들 외국어 통역을 맡은 사람들은 대를 이어가며 이 일에 종사했다. 19세기 말 여러 서양 국가와 외교관계를 맺으면서, 중국어와 일본어 이외의 다양한 외국어 인재가 필요하게 된다. 이제 외국어를 중인에게만 맡겨둘 수 없는 세상이 된 것이다.

19세기 영어학교

조선시대 중국어와 일본어를 할 수 있는 통역관은 국가에서 양성했는데, 19세기 후반에 서양 세력이 들어오면서 이들과 소통할 수 있는 서양어 통역관의 양성이 필요해졌다. 조선 정부에서는 영어를 교육하는 학교를 설치하고 학생을 뽑아서 가르치기 시작했다. 고종 20년(1883) 3월 22일 『승정원일기』에는 "통리교섭통상사무아문에서 김만식을 동문학同文學 책임자로 추천한다"라는 내용과 함께, 임금이 이를 허락했다는 기사가 있다.

통리교섭통상사무아문은 외교와 통상을 담당하는 관청으

로, 여기에 새로 신설하는 동문학의 책임자로 김만식을 추천했고, 이를 왕이 허가했다는 내용이다. '동문학'은 영어를 배우는 학교인데, 1883년 3월에 그 설치를 준비하고 있었음을 알 수 있다. 동문학이라는 명칭은, 청나라의 동문관同文館에서 따온 것인데, 동문관은 서양 여러 나라의 언어를 습득하기 위해 1863년 국가에서 설립한 교육기관이다.

동문학은 약 3년 정도 운영하다 폐지되었고, 1886년에 영어로 수업을 진행하는 육영공원育英公院을 설립했다. 『승정원일기』 고종 23년(1886) 7월 11일 기사에는, 임금이 육영공원을 설치하여 학생을 선발하라는 명령을 내렸다는 내용이 있다. 그리고 8월 10일에는 육영공원의 학생 자격을 정했다는 기사가 있는데, 한 반은 젊은 문인과 무인 중에서, 그리고 또 한 반은 아직 벼슬하지 않은 선비 중에서 선발하도록 했다는 내용이다.

동문학과 육영공원은 영어가 가능한 인재를 육성한다는 공통점이 있으나, 가장 큰 차이점은 두 학교에 재학한 학생들의 신분이라고 볼 수 있다. 동문학의 학생은 주로 중인 중에서 선발했는데, 육영공원의 학생은 이미 과거에 급제해서 벼슬을 하는 사람이나 과거시험 준비를 하는 사람 중에서 뽑았다. 이것은 대단히 커다란 변화로, 벼슬하는 양반들도 외국어를 익히지 않으면 안 된다는 현실을 보여주는 것이다.

그러나 재정 사정 등으로 육영학원도 1894년에는 폐교하게 되고, 새로운 영어 교육기관으로 영어학교가 만들어졌다. 이 영어학교의 설립을 전후해서, 일본어·프랑스어·러시아어·중국어·독일어 등을 가르치는 관립학교가 연이어 만들어졌고,

외국어 교육을 위한 법령이 제정되었다.

19세기 말이 되어 외국에 문호를 개방하면서 조선은 뒤떨어진 나라라는 자각이 들자, 외국의 문물을 받아들이기 위해 외국어를 익힐 필요성이 점점 커졌다. 이제 외국어는 중인들이나 배우는 하급 기능이 아니라, 출세를 위해서는 반드시 갖추어야 할 중요한 조건이 되었다. 20세기 중반까지 한국사회의 저명인사 중에는 관립영어학교 출신들이 상당수 있었는데, 이는 마치 해방 후에 미군정이 설립한 군사영어학교 졸업생이 한국군의 핵심이 된 것과 비슷하다고 볼 수 있다.

시인 김수영(1921~1968)은 모국어인 한국어, 식민지시기 공식 언어인 일본어, 그리고 따로 배운 영어를 훌륭하게 구사할 수 있었다. 한국전쟁이 일어났을 때, 그는 서울에 있다가 북한의 인민군에 징집되어 의용군으로 복무했고, 후퇴하는 인민군과 함께 평양까지 갔다가 탈출해서 서울로 돌아왔다. 그런데 남한 경찰은 그를 인민군이라고 체포해서 포로수용소로 보냈다.

김수영은 포로수용소의 야전병원에서 영어 통역을 했다. 시인 김수영이 6.25라는 전쟁에서 통역을 맡은 상황은 유학구씨와 다르다고 하겠으나, 전쟁에서 포로가 되어 통역을 맡는 오랜 역사의 한 장면을 보여주는 것이라고도 할 수 있다.

4 황당선과 이양선

서해라는 공간

서해에서 중국어선의 불법조업이 심하다는 것은 어제오늘 일이 아닌데, 특히 봄과 가을의 꽃게잡이 철에는 더욱 심해져서 언론에서도 자주 보도한다. 일반 국민의 여론도 별로 좋지 않고, 해당 지역의 어민들은 생업에 관련되는 문제이니만큼 정부에 강력한 조치를 요청한다. 정부는 해양경찰 등의 기관을 통해 단속을 강화하면서, 다른 한편으로는 이 문제를 해결하기 위해 외교채널을 통해 중국과 협의한다.

정부에서 발표한 불법조업 외국어선 단속 현황을 보면, 2023년에는 외국어선 54척을 나포했다고 한다. 2016년의 불법조업 외국어선 248척을 나포한 것과 비교하면 상당히 줄어든 것이고, 정부는 앞으로도 이 수치는 감소할 것으로 예상한다. 그러나 서해에서 외국어선의 불법조업 문제가 해결되고, 불법조업이 완전히 없어지기는 쉽지 않을 것이다. 왜냐하면 이익이 생기는 곳에는 언제나 사람이 몰리기 마련이고, 불법을 저질러서라도 돈을 벌겠다는 사람은 어디에나 있기 때문이다.

조선시대에도 중국인들이 불법으로 수산물이나 임산물을 채취하는 일이 있었다. 내국인이 외국인을 만나는 것이 금지되어 있었고, 외국인의 출입 또한 엄격하게 통제하던 조선시대에, 중국인이 조선에 와서 해산물이나 임산물을 불법으로 채취할 수 있었다는 것은 이상한 일이다. 그러나 이익이 있는 곳에는 언제나 사람이 몰린다는 것을 생각해보면, 크게 이상한 일이 아닌지도 모른다.

　서해안에 와서 불법으로 해산물이나 임산물을 채취하는 중국인이 18세기까지의 외국인 문제였다면, 19세기에 들어오면 중국인만이 아니라 서양인이 문제를 일으키기 시작한다. 중국인의 불법조업 문제는 서해안 일부 지역에서 일어나는 국지적인 일이었으므로, 조선 정부에서는 이를 큰 문제로 삼지 않았다. 그러나 서양인은 국가 간의 공식적인 교역을 요구하는 외교문제였으므로 불법조업과는 차원이 다른 문제였다.

　서양인의 배가 와서 교역을 요구한 이 문제는, 세계 질서가 새로운 형태로 재편되고 있는 상황에서 일어나는 것이었으므로, 조선은 어쩔 수 없이 이 질서로 들어갈 수밖에 없게 된다. 그러나 조선은 새로운 세계 질서로 편입되는 것을 완강히 거부하며 기존의 질서를 고집했다. 여기서는 조선에 들어온 외국 선박 얘기 몇 가지를 보기로 한다.

황당선

흔히 쓰는 말 중에 '황당하다'라는 단어가 있다. 말이나 행동 따위가 참되지 않고 터무니없다는 의미의 이 말은, 한자로는 '황당荒唐하다'라고 쓴다. 여기서 한자 '황荒'은 거칠다, '당唐'은 터무니없다는 의미이다. 18세기까지 조선의 여러 기록에서 쉽게 볼 수 있는 '황당선荒唐船'이라는 단어는, 이 '황당'에 배라는 뜻의 한자 선船을 붙여서 만든 단어이다.

황당선은 어느 나라의 배인지 알 수 없는 배를 일컫는 말이다. 18세기까지 조선의 바다에 출몰하는 황당선은 거의 중국이나 일본의 배였고, 가끔 유구국(지금의 오키나와)이나 필리핀 사람이 탄 배가 있었다. 18세기까지 조선의 해안에서 발견되는 외국 선박은 대부분 폭풍 등으로 표류하는 것이었는데, 중국의 황당선 가운데는 해산물 등을 불법으로 채취하기 위해 조선 해역에 들어오는 배가 많았다.

『청장관전서』라는 방대한 저술을 남긴 이덕무는, 당대 최고의 지식인이며 개성이 뚜렷한 글을 써서 나라 안팎에 이름이 떨쳤지만, 서자였으므로 제대로 된 벼슬을 할 수 없었던 인물이다. 그는 28세 때인 1768년에 집안일로 서울에서 황해도 서쪽 끝의 장산곶 근처까지 갔다 오면서 여행일기를 남겼는데, 이 일기에는 다음과 같은 대목이 있다.

> 4월에 파도가 잔잔해지면 황당선이 와서, 육지에서는 약재인 갯방풍을 캐고 바다에서는 해삼을 건져 내어, 8월에 바람이 거세지면 돌아가기 시작한다.

제 6 장 외국 관련

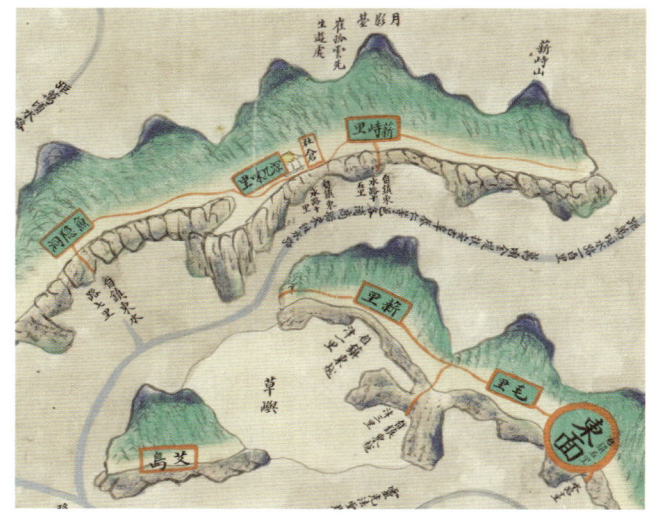

1848년 프랑스 선박이 좌초한 고군산의 지도, 규장각

> 8~9척에서 10여 척의 배가 몰려오는데 배 한 척에는 70~80명에서 큰 배는 1백여 명까지 타고 온다.

이덕무는, 황당선을 타고 오는 사람들은 산동반도에 거주하는 사람들로, 서해를 건너 조선에 와서 해산물과 약초를 채취해 간다고 말했다. 그런데 관청에서도 이들을 쫓아내기 어려워서, 내버려 둘 수밖에 없다고 했다. 관리들은 이들에게 언제 돌아갈 것이냐고 물어서, 그 날짜가 되면 상부에 황당선을 쫓아냈다고 보고하는데, 상부에서도 그 보고가 거짓인 줄 알지만 더 이상 묻지 않는다고 적어놓았다.

『조선왕조실록』에서도 이와 같은 내용의 기사는 많이 볼 수 있다. 황해도의 관리들이 중국인의 불법을 제대로 막지 못하고,

심지어 중국인의 불법어로를 막던 병사가 저들에게 구타당하거나 무기를 빼앗기는 일도 있었다. 게다가 이런 일을 제대로 상부에 보고하지 않고 감추기 때문에, 이 문제를 공론화시키지 못했다. 중국인의 불법조업 문제는 공공연한 비밀이었는데, 이 문제에 대해서 『영조실록』을 편찬한 사관은 다음과 같이 말하기도 했다.

> 바닷길을 잘 아는 중국인들이 해삼을 채취하기 위하여 매해 여름과 가을에 황해도 쪽 바다에 오는데, 오는 자들이 더욱 많아져서 배가 몇 백 척이나 되는지 알 수 없다. 지방의 수령과 장교들이 그들을 쫓아내려고 하지만, 저들은 수효가 많고 우리는 수효가 적으니, 몰래 술과 양식을 주어서 그들을 달래어 돌아가도록 하기도 한다. 지식 있는 사람들은 이를 걱정한다.

중국 어민들이 조선 해역에서 불법어로를 하는 일은 19세기에도 계속되었다. 고종 17년(1880) 전라 감사 심이택은, "중국 어선 38척이 고군산도 근처에 와서 촘촘한 그물을 널리 치고서 고기 잡는 길을 막아, 우리 백성들의 어업이 어렵게 되었다"라고 말하고, 이들의 불법조업을 금지하고 방어하는 일을 열심히 하겠다고 임금에게 보고했다.

제 6 장 외국 관련

프리깃 함 ([ccsa] wikimedia commons)

이양선

헌종 14년(1848) 12월 29일 『조선왕조실록』에는 다음과 같은 내용이 실려 있다.

> 올해 여름과 가을 이후에 이양선이 경상도, 전라도, 황해도, 강원도, 함경도 등 다섯 도의 바다에 들락거리며 나타났다 사라졌다 한다. 이들은 흩어져 있어서 종적을 알기 어려운데, 육지에 내려 물을 긷기도 하고, 고래를 잡아 양식으로 쓰기도 한다. 그 숫자를 거의 셀 수 없을 정도이다.

이양선異樣船은 글자 그대로 모양이 이상한 선박을 말하는 것으로, 그때까지 본 중국이나 일본의 선박과는 다른 모양을 하고 있었기 때문에 붙인 이름이다. 이양선은 바로 서양의 배를 말한다. 위의 실록 기사는, 19세기 중반에 조선의 바다에는 서양의 배가 자주 나타났다는 것을 잘 보여준다.

서해를 건너 옹진반도로 온 중국인이 불법으로 해산물을 채취하는 일이나, 조선인이 몰래 바다로 나가 중국인이나 일본인을 만나 밀무역하는 정도가 18세기까지 조정의 걱정거리였다. 그러나 18세기 후반부터 서양인이 조선 해역에서 보이기 시작하다가, 19세기 중반이 되면, 그 숫자를 셀 수 없을 정도로 많은 서양의 선박이 조선의 바다에 출몰하게 된다. 비교적 초기의 이양선 몇 가지를 보기로 한다.

정조 21년(1797) 8월에 현재 부산시 남구 용당동의 신선대 부근으로 정체를 알 수 없는 선박이 들어왔다. 50여 명의 선원은 모두 코가 높고 눈이 파란데, 이들의 말은 알아들을 수 없었다. 중국어·만주어·일본어·몽골어 등으로 의사소통을 해봤으나 통하지 않았고, 글자를 써보라고 붓을 주니, 구름이나 산을 그린 것 같은 모양의 글자를 써서 내용을 알 수 없었다.

순조 16년(1816) 7월 충청도 비인현 마량진(현재 충청남도 서천군 서면 마량리)에 두 척의 이양선이 정박했다가 며칠 후에 떠났다. 한 척은 수백 명이 탄 큰 배고, 다른 하나는 작았는데 팔구십 명 정도 타고 있었다. 비인 현감과 마량진 장교가 두 배를 조사하고 상부에 올린 보고서에 의하면, 이들과 의사소통을 전혀 할 수 없어서 본 것만을 써서 보고한다고 했다. 그리고 이들에게 책 세 권을 받았다는 사실도 보고서에 기록해두었다.

순조 32년(1832) 6월 26일 이양선 한 척이 충청도 홍주 고대도(현재 충남 보령시 오천면 삽시도리 고대도)에 정박했다. 홍주 목사 등이 이 배를 조사해보니, 영국 배로 조선과 교역하기를 원한다고 말했다. 이 배에 탄 선원은 67명으로 모두

알세스트 호, 서천 성경전래기념공원

상업에 종사하는 자들이었다. 조선의 관리들이 배 안을 자세히 조사하려 했으나, 교역하기 전에는 보여줄 수 없다고 하였고, 교역 문제로 약 20일 정도 서로 실랑이하다 돌아갔다.

1797년에 부산에 온 배는 프로비던스(Providence)호였고, 1816년 마량진에 온 두 척은 알세스트(Alceste)호와 라이라(Lyra)호였으며, 1832년에 고대도에 정박한 배는 로드 앰허스트(Lord Amherst)호였다. 이들은 모두 영국의 선박이었는데, 선원들이 남긴 기록을 통해 이들이 조선인과 나눈 대화나 행위 등이 상세하게 알려지게 되었다.

이 기록을 바탕으로 몇 가지 흥미 있는 일이 일어나게 된다. 2001년 영국 왕실의 앤드류 왕자가 영국 군함이 한국에 처음 온 것을 기념하기 위해 부산의 신선대를 방문하고 기념비를 세웠다. 그리고 마량진에 정박한 알세스트호의 선장이 조선인에게 준 책이 성경이라고 하여, 개신교에서는 마량리에 '한국 최초 성경 전래 기념관'을 2016년에 세웠다. 또 1832년 고대도에 온 영국 배에 타고 있던 칼 귀츨라프가 개신교 선교사라고 해서,

보령시에서는 이를 기리는 '칼 귀츨라프 마을'을 2024년에 개관했다.

난파선

풍랑 등의 사정으로 난파한 배가 조선 해역으로 들어오는 일이 많았는데, 18세기까지는 주로 중국과 일본 선박이었다. 그러나 19세기가 되면 서양의 선박도 조선의 해역에서 좌초하거나 파손되는 일이 일어나면서, 조선에서는 이제 서양 선박의 문제까지 맞닥뜨리게 되었다.

조선시대 외국의 난파선에 대한 대책은, 기본적으로 인도적 지원이 우선이었다. 외국의 배가 표류하다 조선 땅에 닿으면, 배를 수리할 수 있으면 수리해서 돌려보내고, 배가 아주 못 쓰게 되었으면 선원들을 육로나 해로로 돌려보냈다.

숙종 46년(1720)에 거의 백여 명의 중국인이 탄 배가 황해도 옹진에 표류했는데, 그 지방의 관장이 배를 수리해 주고, 또 땔나무와 먹을 양식까지 지급한 뒤 그 배에 태워서 돌려보냈다. 그리고 경종 2년(1722)에는 수십 명의 중국인을 육로로 송환했다. 일본인은 해로를 통해 돌려보냈는데, 출신 지역에 따라 쓰시마나 나가사키를 통해 돌려보냈다.

조선인이 일본이나 중국에 표류했을 때, 일본과 중국에서도 각기 정해진 규정에 따라 조선인을 본국으로 보냈다. 중국에 표류한 조선인은 북경으로 보내서 조선에서 온 사신이 귀국할 때 돌려보냈고, 일본에 표류한 조선인은 쓰시마를 통해 동래의 왜관으로 보내는 것이 일반적이었다.

19세기에 들어와 서양 선박이 조선 해역에서 난파하거나 좌초하는 일이 발생했다. 그런데 이들은 그 이전까지 중국이나 일본의 난파선과는 다른 양상을 보였다. 조선에서는 이들 서양인을 이전에 중국인이나 일본인을 대하던 방식으로 대했으나, 서양인들은 이와 같은 조선의 처리방식을 순순히 따르지 않으려고 했다. 흥미로운 것 중 하나는, 난파선 선원들에게 식량과 식수 등을 공급하는 문제였다.

조선에서는 규정에 따라 이들에게 식량이나 땔감 등을 무상으로 공급하였으나, 서양인들은 조선에서 공급하는 생필품의 대금을 치르겠다고 말했다. 이를 통해, 각기 다른 방식으로 형성된 고도의 문화를 갖고 있는 조선과 서양 사람들이 만났을 때, 이들이 각자 어떤 주장을 펼쳤는지를 볼 수 있고, 또 각기 어떻게 자기합리화를 해나갔는지도 알 수 있다.

1848년 프랑스 선박의 좌초

헌종 13년(1847) 6월 30일 오후 세 시쯤에 돛대가 세 개인 이양선 두 척이 전라도 부안현 계화도 뒤쪽 바다에 정박했다. 최초의 보고는 이 지역의 책임자인 고군산의 유진장留鎭將에게 파수를 담당하는 군사가 올린 것이었다. 유진장 조경순은 바로 현장으로 가려 했으나, 바람이 심해 배를 운항할 수 없어서, 다음 날 7월 1일 새벽에야 현장으로 갈 수 있었다. 현장에서 확인해보니, 두 척 모두 모래에 걸려 좌초한 것이었고, 이미 배에 물이 새어들어 10여 척의 작은 배로 큰 배의 물건을 실어내어 근처의 섬으로 옮기고 있었다.

지방 관리들이 저들과 소통하여 알아낸 정보에 의하면, 두 척의 배는 프랑스 군함으로 모두 6백 명의 군인이 타고 있었고, 그들이 실어내고 있는 물건은 대부분 화약이나 총기 등이었다. 프랑스인들은 현재 전라북도 군산시 옥도면 신시도리에 진을 치고 여기로 물건을 옮겨 놓았다. 조선의 관리들은 이곳으로 가서 프랑스인들과 수시로 문답하며 문제를 해결하려고 했다. 이때 지방에서 올린 상당히 많은 보고서가 남아 있어서, 당시 조선에서 이 문제를 어떻게 처리했는지 잘 살펴볼 수 있다. 보고서의 내용 중에 식량 공급과 관련된 내용 몇 가지를 보기로 한다.

조선 관리가 프랑스인에게 표류한 지 여러 날이 되어 부족한 것이 많을 텐데 물 사정은 어떠냐고 물었더니, 프랑스인은 물이 부족하니 물을 실어다 주면 반드시 값을 치르겠다고 말했다. 조선 관리는, "목마른 사람에게 물을 주는 것은 예의이며 의리이다. 어찌 값을 논할 것이 있겠는가. 당연히 가져다줄 것이다"라고 했다. 그러자 프랑스인이 쌀과 각종 음식도 사고 싶다고 했는데, 조선 관리는 물은 길어다 줄 수 있으나, 쌀과 음식은 상부의 지시를 기다려야 한다고 대답했다.

그리고 상관의 지시를 받기까지는 10일 정도 걸릴 것이라

제6장 외국 관련

고 하자, 프랑스인은 10일 동안 버틸 양식이 없다고 하며, 만약 식량을 공급받지 못하면 각처로 흩어져 각자 빼앗아 먹을 수밖에 없다고 말했다. 그러나 조선 관리는 규정이 그러므로 자신으로서는 어쩔 수 없다고 하고, 자신이 할 수 있는 일은 빨리 상관의 회신을 받도록 하는 것이라고 말한다.

난파한 배에 실려 있는 식량의 상당량은 이미 먹을 수 없게 되었으므로, 좌초한 지 보름이 지났을 무렵에 프랑스인들은 하루에 두 끼만으로 버티고 있었다. 프랑스 측에서는, 식량과 필요한 물건을 자유롭게 구매할 수 있으면, 굳이 관원들에게 식량을 사달라고 요구하지 않아도 된다고 말했다. 그러자 조선의 관원은, 외국인과 물건을 사고파는 일은 법으로 금지되어 있으니, 다시는 번거롭게 그런 말을 하지 말라고 했다. 이 말을 들은 프랑스인들은, 그 법은 사람을 굶어 죽게 하는 법이라고 말한다.

각기 다른 부서의 조선 관리들이 와서 같은 질문을 계속하자, 프랑스인 책임자는, 죄수를 대하듯이 매일 심문하니 너무 무례한 일이라고 말한다. 좌초한 지 20일쯤 되서, 임금의 명령이 도착하여 양식을 주게 되는데, 부족한 것은 계속 보내주겠다고 했다. 이 말을 들은 프랑스인이 물건 값을 주겠다고 하자, 조선 관리는, 조선이 비록 작은 나라지만 난파한 배에 탄 사람을 도와주는 것이므로 돈을 받을 수는 없다고 말한다.

프랑스인들은 처음에는 조선에서 배를 빌려 중국으로 가려고 했고, 조선에서도 무료로 배를 빌려주겠다고 했다. 그러면서도 프랑스 측에서는 작은 배에 선원을 태워 중국 상해로 브내 영국에 구조를 요청했고, 7월 27일 영국 선박 3척이 도착했다. 그러나 영국 배에 모든 짐을 다 실을 수 없어서, 조선에서 빌려주겠다는 배도 쓰려고 했으나, 조선의 배는 작고 둔해서 쓸 수 없다고 포기했다.

1847년 6월 고군산군도 바다에서 좌초하여, 한 달 이상 조선에서 생활한 약 6백 명의 프랑스 군인들은, 이들을 구조하러 온 영국 배를 타고 8월 5일 새벽에 조선을 떠났다. 기존에 이 사건에 대해 알려진 내용은, 프랑스 측의 자료를 중심으로 엮은 것이 대부분이다. 그러나 조선 측 사료도 상당량 남아 있으므로 균형 잡힌 시각을 갖기 위해서는 양측 자료를 다 자세히 보아야 할 것이다.

좌초한 프랑스 선박에 대한 대응에서 볼 수 있듯이, 19세기 중반쯤 되면, 조선 해역에 들어온 외국 선박에 대한 조선의 대응이 체계를 갖추게 되었다는 것을 알 수 있다. 그러나 조선은, 중국과 일본과는 전혀 다른 문화와 정치체제를 갖고 있는 서양을 잘 이해할 수 없었고, 또 이해할 생각도 없었던 것으로 보인다.

종장 : 춘향전과 한국 교육

대학수학능력시험

매년 11월에 실시하는 대학수학능력시험(수능)은, 대학에 진학하는 학생이 대학 교육을 얼마나 잘 따라갈 수 있는가 하는 능력을 측정하기 위한 시험이다. 수능의 목적은 대학이 학생을 선발할 때 사용할 수 있는 자료를 제공하기 위한 것으로, 그 출제 범위는 대체로 고등학교에서 배운 내용을 벗어나지 않는다.

그러므로 대학입시를 준비하는 학생과 이들을 가르치는 교사에게 가장 중요한 일은, 수능에 나오는 문제를 잘 풀 수 있는 실력을 기르는 것이 되었다. 또 대학입시를 전문으로 하는 학원이라면, 수능에 나올 문제를 미리 얼마나 잘 맞혔는가에 따라 그 학원과 강사의 평판이 좌우된다. 우리나라 고등학교 교육의 목표는 대학입시에 맞춰졌기 때문에, 수능에 출제될 가능성이 없는 지식은 별로 필요하지 않다고 보는 것이 교육현장의 현실이다.

필자는 오랫동안 『춘향전』을 연구하면서, 기존에 학계에서 잘못 알고 있는 여러 가지 내용을 바로잡아서 연구 결과를 발표해왔다. 그러나 필자가 이처럼 바로잡은 연구 결과는, 중고등학교 교과서 편찬자나 학교 현장에서 교육을 담당하고 있는 교사까지는 전달되지 않고 있다. 이들은 오래전에 나온 잘못된 지식을 바탕으로 교과서를 만들고, 이 잘못된 지식을 학생들에게 가르치고 있다.

고전문학의 대표 작품이라고 말할 수 있는 『춘향전』이 언제 어떻게 만들어졌으며, 원본이 어떤 과정을 거쳐 다양한 분화를 이루었고, 또 판소리와 소설은 어떤 관계인가에 대한 기존의 잘못된 연구는 필자에 의해서 비로소 바로잡혔다. 그 대표적인 것이 소설 『춘향전』은 판소리 가사를 옮겨놓은 것이 아니라, 판소리 '춘향가'가 소설의 내용을 노래한 것이라는 필자의 연구 결과이다.

현재 고등학교에서는 이와 반대로 소설 『춘향전』은 판소리 '춘향가'의 사설을 문자로 정착시킨 것이고, 판소리계소설은 이렇게 노래의 가사를 옮겨놓은 것이라고 가르치고 있다. 그렇다면 어느 쪽이 맞는 것인가? 필자의 견해가 올바른 것인가, 그렇지 않으면 현재 고등학교에서 가르치는 내용이 맞는 것인가?

이 책을 마무리하면서, 19세기와 20세기에 『춘향전』은 어떤 변화를 겪었는지, 소설과 판소리는 어떤 관련이 있는지 살펴보기로 한다. 그리고 소설과 판소리 중에 어떤 것이 먼저인가를 따지는 문제가 수능에 출제될 가능성이 있는지도 함께 알아보기로 한다.

필독서 춘향전

세계 유수의 대학에서는, 학생들이 반드시 읽어야 할 책이라는 명목의 필독서를 정해놓는 경우가 많다. 우리나라 대학에서도 필독서를 선정해놓는다. 서울대학교 기초교육원 홈페이지에는 서울대학교에서 선정한 권장도서를 소개한 것이 있는데, 여기에는 한국문학 17권, 외국문학 31권, 동양사상 14권, 서양사상 27권, 과학기술 11권 등 5개 분야의 책 100권이 들어있다. 이 권장도서에 대한 소개말은 다음과 같다.

> 모든 사회구성원에게 사고와 활동의 전범을 제시하는 것은 어렵겠지만, 그래도 이 책들은 지식과 품성의 교양을 갖춘 지성인으로 거듭나게 하고, 다양한 문화에 대한 이해를 가지게 도와준다. 나아가 독서력과 가독성을 감안하여 현재적 적실성이 높은 책들로 구성되어 있어서 창조적 지식인으로서 살고자 할 때 필독서라 할 수 있다.

연세대학교 도서관에서도 교수들로 구성된 '연세필독도서

종장 : 춘향전과 한국 교육

추천위원회'에서 선정한 고전 200선을 별도로 만들어서 서비스한다. 연세대학교의 필독서는 크게 문학 분야와 사상·이론 분야의 둘로 나뉘어 있다. 위 두 대학의 필독서 목록에는 동서양의 다양한 서적과 함께 『춘향전』이 들어 있어서, 이 소설은 대학생이 읽어두어야 할 상당히 중요한 책으로 자리 잡았다.

그런데 필독서로 지정된 책 대부분은 작자와 창작시기가 알려진 것과 달리, 『춘향전』은 언제 누가 지은 책인지 알 수 없고, 매우 다양한 버전의 작품이 시중에 나와 있다. 이 때문에 학생들은 많은 『춘향전』 가운데 어떤 것을 선택해야 하는지 당황하지 않을 수 없다. 연세대학교 도서관에서 '춘향전'을 검색하면 수십 종 이상이 나오고, 서울대학교 도서관에는 더 많다. 게다가 이 많은 『춘향전』은 책마다 내용이 상당히 다르므로, 제목은 같은 '춘향전'이라 하더라도 내용은 같은 책이라고 말할 수 없을 정도이다. 이처럼 『춘향전』은 필독서로 정한 다른 많은 책과는 다른 성격을 갖고 있다.

두 대학의 필독서 목록에 들어 있는 『맹자』를 예로 든다면, 번역자의 번역 태도에 따라 책의 내용에 작은 차이는 있을 수는 있다. 그러나 『맹자』라는 책의 원 텍스트는 같은 것이기 때문에, 누가 번역하더라도 그 내용이 달라질 수는 없다. 대부분의 필독서는 『맹자』처럼 정확한 원 텍스트가 있고 작자와 창작시기(또는 출판 시기)가 알려져 있는데, 『춘향전』은 누가 언제 쓴 것인지 알 수 없는 소설이다. 그리고 여러 종의 각기 다른 내용의 『춘향전』이 있으며, 그중에 어떤 것이 원본이고, 어떤 버전이 가장 좋은 것인가에 대해서는 다양한 의견이 있다.

그러므로 『춘향전』을 필독서로 정하기 위해서는, 현존하는 여러 가지 『춘향전』 가운데 어떤 것을 읽는 것이 좋다는 지침이 필요하다. 그리고 『춘향전』의 작자가 구체적으로 누구인지는 알 수 없더라도, 적어도 언제쯤 어떤 부류의 사람이 쓴 것인지는 독자들에게 알려줄 필요가 있다. 또 한글소설 『춘향전』은 왜 이렇게 다양한 버전이 나타났는지에 대한 개략적인 설명도 독자들에게 해주어야 한다.

19세기 춘향전

조선시대 한글소설은 최상층의 오락물로 시작된 것으로, 소설이 나타난 시기는 대체로 17세기 초중반 정도로 볼 수 있다. 이 무렵에 한글소설을 즐길 수 있는 계층은 왕족과 그 측근의 인물 정도였는데, 17세기 후반이 되면 상층 사대부 집안의 여자들까지로 그 범위가 넓어진다. 17세기 초까지는 주로 중국소설을 번역한 것을 읽었지만, 17세기 중반 이후가 되면 조선에서 창작한 소설도 나오기 시작한다.

왕실에서 즐기던 한글소설이 민간으로 퍼지게 되는 계기는, 왕비가 친정집에 자신이 보던 소설을 보내거나, 시집간 공주가 궁중의 소설을 가지고 간 것이다. 이렇게 왕실과 혼인 관계를 맺은 집안의 여성들 사이에서 한글소설이 읽히다가 다른 집의 부녀자들에게까지 퍼지면서, 차차 민간의 상층 부녀자들 사이에서 소설이 유행하게 된다.

종장 : 춘향전과 한국 교육

    그리고 이러한 소설의 열기는, 18세기 중반에 도서대여점(세책집)의 발생으로 이어진다. 여자들이 할 일은 안 하고 소설이나 빌려보면서 가산을 탕진한다고 탄식하는 양반 남성들의 글이 남아 있는 것을 보면, 18세기 후반에 한글소설이 양반집 부녀자들 사이에서 인기를 끌고 있었다는 사실을 알 수 있다.

    그러나 이런 한글소설을 읽을 수 있는 계층은 양반집 부녀자들 정도이고, 그 독서 범위는 서울에 한정된 것이었다. 18세기까지는 도서대여점의 독자도 상층 부녀자들뿐이었는데, 19세기부터는 점차 서민으로 독자의 범위가 확대된다. 『춘향전』은 바로 이 시기에 나타난 것이다.

    조선시대에 나온 한글소설은 작자와 창작시기를 알 수 있는 작품이 없는데, 『춘향전』도 다른 한글소설과 마찬가지로 언제 누가 지은 것인지 알 수 없다. 『춘향전』처럼 한글로 쓴 고전소설은 수백 편이 넘지만, 이 가운데 작자가 알려진 작품이 하나도 없는 이유는 무엇일까? 이 문제는 한글소설을 쓴 사람이 누구였을까를 알아봄으로써 해결의 실마리를 찾을 수 있다.

    조선후기에 소설을 창작해야 할 필요가 있던 곳은 두 군데이다. 하나는 궁중의 최상층 인물에게 소설을 공급하는 일을 맡은 사람들이다. 이들은 중국소설을 번역하거나 한글소설을 창작해서 왕실의 요구를 충족시켰는데, 이들 중 구체적으로 이름이 알려진 사람은 없다. 다른 하나는 도서대여점으로, 여기서는 독자를 끌어들이기 위해 새로운 소설을 만들어내었다.

    도서대여점을 운영하는 사람들은 돈을 벌기 위해서 새로운 작품이 필요했는데, 도서대여점 주인은 자신이 직접 소설을 쓰던가, 그렇지 않으면 어디선가 한글소설을 가져와야 했다. 도서대여점에서 책을 빌려 읽는 독자들은 자신이 읽는 소설이 누가 쓴 것인지에 대해서는 관심이 없었다. 그리고 도서대여점에 소설을 제공하는 작가들도 한글소설을 쓰는 일을 자랑스럽게 생각하지 않았으므로, 조선의 소설가는 자신의 이름을 드러낼 필요를 느끼지 못했다. 『춘향전』을 비롯한 수많은 고전소설의 작자가 누구인지 알 수 없는 이유는 바로 이 때문이다.

이익을 목적으로 민간에서 제작한 책을 방각본이라고 하는데, 19세기 중반이 되면 한글소설을 방각본으로 제작해서 판매하는 사람들이 나타난다. 상업출판업자들은 도서대여점에서 빌려주는 책의 분량을 3분의 1이나 5분의 1로 줄여서 방각본 소설을 제작했다. 이렇게 줄거리 위주로 짧게 제작한 이유는, 분량이 긴 소설은 도서대여점에서 빌려서 읽었기 때문이다.

서울의 도서대여점에서 빌려주던 『춘향전』은 몇 가지가 남아 있고, 또 방각본으로 간행된 것도 여러 가지 남아 있다. 도서대여점에서 빌려주던 책은 모두 붓으로 직접 쓴 '필사본'임에도 불구하고 내용이 거의 같은 데 비해, 방각본업자들이 제작한 것은 분량도 다르고, 내용도 각기 다른 다양한 버전이 있다. 19세기의 『춘향전』은 서울의 도서대여점에서 빌려주던 것과 방각본 두 가지가 있는 셈이다.

종장 : 춘향전과 한국 교육

20세기 춘향전

고전소설에 관해서 사람들이 흔히 잘못 알고 있는 것 가운데 하나는, 조선시대에 한글소설이 전국적으로 읽혔으리라고 보는 것이다. 그러나 사실은 그렇지 않다. 19세기 후반에 이르러서야 조선에서는 서울과 경기도 이외의 지역에서도 소설을 읽을 수 있게 되는데, 그 대표적인 지역이 전라도 전주이다. 전주는 서울 다음으로 상업출판이 나타난 곳으로, 한글소설 이외에도 다양한 책을 방각본으로 제작해서 판매했다. 전주에서는 1906년 무렵부터 서울의 『춘향전』을 바탕으로 여러 종의 방각본을 제작했다. 이 가운데 가장 유명한 것은 『열녀춘향수절가』이다.

『춘향전』이 전국적으로 읽히게 되는 시기는 1912년부터이다. 신소설 작가로 잘 알려진 이해조는 이 해에 신문에 『옥중화』를 연재했는데, 이 작품은 기존의 『춘향전』을 개작한 것이었다. 이해조의 이 신문연재소설은 단행본으로도 출판되어, 해적판까지 합치면, 수십만 부 이상이 팔리는 베스트셀러가 되었다. 『춘향전』을 전 국민이 다 아는 유명한 소설로 만든 작품은 바로 이해조의 『옥중화』이다.

많은 사람이 20세기 초에 전주에서 간행된 『열녀춘향수절가』를 『춘향전』의 원본으로 알고 있다. 중고등학교에서 배우는 『춘향전』도 모두 이 전주의 방각본 『열녀춘향수절가』이고, 판소리 창자들이 부르는 '춘향가'도 모두 이것이 대본이기 때문에, 『춘향전』의 원본을 『열녀춘향수절가』로 알고 있다.

그러나 이것은 서울의 『춘향전』을 바탕으로 개작한 것이므로 원본과는 거리가 멀다.

　1930년대에 『춘향전』을 연구한 당시의 연구자들은 조선시대 한글소설에 관한 지식이 깊지 않았기 때문에, 20세기 초에 전주에서 나온 『열녀춘향수절가』를 가장 오래된 원본 『춘향전』이라고 생각했다. 초기 연구자들의 이와 같은 잘못은 지금까지도 계속 이어져서, 가장 나중에 나온 것을 가장 오래된 것으로 잘못 알고 있는 사람이 많다.

　1930년대 후반부터 몇몇 출판사에서 전주의 『열녀춘향수절가』에 간단한 주석을 붙인 '원본 춘향전'이나 '춘향전'이라는 이름의 책을 내기 시작했다. 그리고 광복 이후에 수없이 많이 생겨난 각 대학에서는 이런 책을 교과서로 사용해서 강의했고, 이를 배운 학생들이 국어 교사가 되어 중고등학교에서 가르칠 때 또다시 전주의 『열녀춘향수절가』를 『춘향전』의 원본이라고 가르쳤다. 그리고 1950년대 후반부터 소설 『춘향전』은 판소리 '춘향가'의 가사를 옮겨놓은 것일 가능성이 있다는 주장이 나타난다.

　소설이 판소리의 가사를 옮겨놓은 것이라는 학설은 학계의 호응을 얻지 못했는데, 1980년대에 갑자기 중등학교 교과서에 이러한 내용이 실렸다. 지난 약 40년 동안 이런 주장을 고등학교에서 가르쳤기 때문에, 학생들은 『춘향전』은 판소리 가사를 옮겨놓은 소설이라고 외우게 되었다. 그리고 이런 내용을 외운 학생들이 고전문학 연구자가 되면서부터는, 잘못된 이론을 검증해볼 생각조차 하지 않고 있는 것이 현재 학계의 실정이다.

종장 : 춘향전과 한국 교육

수능에 나올 수 있나?

현재 『춘향전』은 서울대학교나 연세대학교 같은 유명 대학교에서 필독서로 지정해놓은 중요한 책이며, 한국 고전문학을 대표하는 작품이다. 그러나 조선시대 지식인들은 한글소설을 천박하다고 말하며 거들떠보지도 않았으므로, 양반 사대부들이 한글소설 『춘향전』을 언급하는 일은 없었다. 『조선왕조실록』이나 『승정원일기』같은 조선의 공식 기록에서 '춘향전'이라는 단어를 검색해보면, 단 한 개도 나오지 않는다.

서민들이 즐긴 소설 『춘향전』이 유명해지면서, 이 소설의 한 대목을 당시의 광대(지금의 연예인이라고 할 수 있다)들이 노래로 부르기 시작했다. 청중들이 잘 알고 있는 내용을 노래로 부르면 쉽게 인기를 끌 수 있기 때문이었다. 지금 우리가 판소리 '춘향가'라고 하는 것은 이렇게 시작된 것이다.

20세기에 들어와서 『춘향전』은 소설뿐 아니라 창극이나 영화 같은 새로운 예술 장르로 그 형식을 바꾸면서 대중에게 다가갔고, 20세기 중반부터는 민족의 고전으로 학계에서도 높은 평가를 받기에 이르렀다. 그리고 때때로 수능에도 출제되는 중요한 고전소설이 되었다.

중고등학교 『춘향전』 수업에서, 교사는 이 소설을 판소리계소설이라고 정의하고, 판소리계소설은 판소리의 가사를 옮겨놓은 것이라고 가르친다. 그러나 이렇게 가르치는 것은 명백하게 잘못이다. 『춘향전』은 조선시대 이름이 전해지지 않는 어느 소설가가 창작한 것이고, 판소리 '춘향가'는 이 소설의 내용 가운데 한 부분을 노래로 부르는 것이다.

그러므로 소설 『춘향전』은 판소리 가사를 옮겨놓은 것이라고 가르치는 것은, 학계의 연구 성과를 바탕으로 가르친다고 말할 수 없다. 그것은 간단히 증명할 수 있는데, 그런 문제는 수능시험에는 나올 수 없기 때문이다. 현재 고등학교에서 가르치는 대로, 『춘향전』은 판소리 '춘향가'의 가사를 옮겨놓은 것이라는 문제는 수능에 출제될 가능성이 전혀 없다.

필자는 『홍길동전』을 연구하여 이 작품의 작자가 허균이 아니라는 사실을 밝혔고, 이제 이런 사실은 전문 연구자들 사이에서는 상식이 되었다. 아직도 입시학원이나 중고등학교 교육 현장에서는 『홍길동전』의 작자를 허균이라고 말하기도 하나, 전문 연구자라면 이런 말을 할 수 없다. 2018년 9월 한국교육과정평가원에서 출제한 수능 모의고사의 문제에서 『홍길동전』의 작자를 미상이라고 한 것은 이와 같은 학계의 상식을 반영한 것이다.

관행적으로 중등학교나 입시학원에서 『홍길동전』의 작자를 허균이라고 가르친다고 하더라도, 국가기관에서 실시하는 수능에는 『홍길동전』의 작자를 허균이라고 대답해야 하는 문제가 출제될 수 없다. 이와 마찬가지로, 소설 『춘향전』이 판소리 '춘향가'의 가사를 옮겨놓은 것이라는 것과 관련된 문제도 수능에 출제될 수는 없다. 왜냐하면 학계에 여러 가지 견해가 있어서 학자들 사이에 논란이 있는 문제를 수능에 출제할 수는 없기 때문이다.

종장 : 춘향전과 한국 교육

　『춘향전』교육은 이 작품을 읽는 것부터 시작해야 한다. 그리고 연구자가 『춘향전』과 관련된 연구를 하기 위해서는, 먼저 이 소설의 원문을 읽어낼 수 있는 능력을 갖춰야 한다. 『춘향전』의 연구와 교육에서 이런 것은 아주 당연한 일이다. 그런데 교사와 학생 모두 작품을 읽지 않고 『춘향전』을 가르치고 배우고 있거나, 연구자가 현대어로 풀이해놓은 책을 보고 논문을 쓴다면, 『춘향전』의 연구와 교육은 그 시작부터 잘못된 것이다. 우리나라 학문과 교육의 현장에서 이런 기본이 잘 지켜지고 있는지, 모두가 깊이 생각해보아야 할 것이다.